L'art du Mariage

en Islam

Les erreurs à éviter pour préserver votre couple

ABDERRAHMAN F.

D1722229

Dépôt Légal 06/2023 **ISBN 9798355284374**

« *Allah a interdit toute chose qui puisse causer l'aversion et l'inimité,* »
et a ordonné d'accomplir
ce qui permet de susciter l'amour et l'affection »
Cheikh Al Outhaymine

Table des matières

INTRODUCTION

Au nom d'Allah, le Tout Miséricordieux, le Très Miséricordieux. Prière et Salut sur Son Noble Messager, Mouhammed, ainsi que sur sa famille. J'atteste qu'il n'existe rien ni personne qui ne soit digne d'adoration en dehors d'Allah, et j'atteste que Mouhammed est Son Serviteur et Messager. « *Amma ba'd* ».

Al hamdoulillah, les louanges pleines et entières reviennent exclusivement à Allah qui nous a gratifié de l'Islam comme religion. Al hamdoulillah, les louanges pleines et entières reviennent exclusivement à Allah qui nous a donné le Messager d'Allah ﷺ comme modèle. Al hamdoulillah, les louanges pleines et entières reviennent exclusivement à Allah qui nous a donné le privilège de le reconnaître comme étant Le Seul digne d'adoration.

Contextualisation

Avant de se lancer dans le sujet, je pense qu'il est important de planter le décors. On oublie souvent le pourquoi qui justifie le comment. Pourtant, celui qui va très vite dans la mauvaise direction n'arrivera jamais à destination. Ça sonne comme une évidence, bosser dur n'a jamais suffit. Il te faut allier la connaissance à l'énergie pour être efficace *insha Allah*. Je vais te citer des versets que tu as dû entendre mille fois, mais qui revêtent une importance capitale. Allah a dit : *« Je n'ai créé les djinns et les hommes que pour qu'ils M'adorent. Je ne cherche pas d'eux une subsistance; et Je ne veux pas qu'ils me nourrissent. En vérité, c'est Allah qui est le Grand Pourvoyeur, Le Détenteur de la force, l'Inébranlable. »* (sourate 51 versets 56 à 58)

Allah nous a mis dans ce bas-monde pour l'adorer, en s'attachant à vivre Ses Ordres à la manière de Son Messager ﷺ dans chaque aspect de notre vie. À vivre la foi qu'Il a révélée pleinement, de tout son être, intérieurement et extérieurement. **Allah nous a créé pour Son adoration,** ça c'est le « pourquoi » qui justifie le « comment ». Ce qui sous-entend que les choix que tu vas faire seront toujours liés à cet objectif, que la manière dont tu vas t'y prendre sera lié à cet objectif, que les ambitions que tu nourris sont toujours liées à cet objectif... Allah dit : *« Dis: En vérité, ma Salât, mes actes de dévotion, ma vie et ma mort appartiennent à Allah, Seigneur de l'Univers. »* (sourate 6 verset 162)

Mission impossible ?

Il n'y a rien de plus facile en réalité. Tout acte du quotidien dans lequel tu mets l'ordre d'Allah et la tradition de Son Messager ﷺ est un acte d'adoration. Ainsi, manger, dormir, travailler, s'habiller, discuter avec les autres, **se marier,** gagner ton argent et le dépenser, tes amitiés, tes relations familiales, marcher, s'asseoir sont autant d'actes qui t'amènent vers ton objectif. Même quand tu assouvis un plaisir tel que le rapport sexuel, tu es dans cette démarche. Dès lors tu te rends compte que la religion est loin d'être cette objet d'oppression fantasmé par bon nombre d'ignorant(e)s.

Et s'il t'arrive de chuter, et ça va se produire, Allah a mis un moyen d'expiation dans les bonnes actions que tu accomplis (le Messager d'Allah ﷺ dit par exemple : *« Fais suivre la mauvaise action par la bonne, et voilà qu'elle l'efface »*). Ce n'est pas tout, Il a mis à notre disposition, la demande de pardon et le repentir. Tu imagines ? Le fait de tomber, d'être tordu et faible ne te disqualifie pas tant que tu t'accroches fermement à ces cordes que sont le repentir et la demande d'absolution. Ibn Taymiyya (qu'Allah lui fasse miséricorde) disait : *« Pour une larme de regret, Allah peut pardonner un océan de péchés »*. Pour parler avec un vocabulaire d'entrepreneur, le domaine des bonnes actions est fait d'opportunités qui sont facilement accessibles, innombrables et variées. *Al hamdoulillah.*

Oui, d'accord, mais tout ça, c'est pour ce qui vient après la mort pourrais-tu me rétorquer. En quoi vivre pour adorer Allah m'aide dans ma vie de tous les jours ?

Allah t'appelle à ce qui te rend meilleur dans tout ce que tu vis ici et maintenant. Allah te l'annonce en disant : *« Celui qui a créé la mort et la vie afin de vous éprouver (et de savoir) qui de vous est le meilleur en œuvre, et c'est Lui le*

Puissant, le Pardonneur. » (sourate 67 verset 2).

Le Messager d'Allah ﷺ a dit : « **Certes Allah, Exalté soit-Il, est Bon et n'accepte que ce qui est bon.** » (rapporté par Mouslim) ou encore : « **Rapprochez-vous de la perfection, rectifiez continuellement votre conduite (...)** » dans une autre narration rapportée par Mouslim (Riyad Salihin n°86)

Avec un tel état d'esprit, tu es gagnant sur tous les tableaux. Quel que soit le domaine, tu t'engages à toujours faire de ton mieux pour être heureux et rendre les autres heureux, tout en préparant ce qui arrive *insha Allah* après la mort. Le profit de la foi et des bonnes actions ne se limitent donc pas à l'au-delà, pas du tout ! L'éthique musulmane a un impacte énorme sur la qualité de vie de l'être humain.

Bon...malgré tout, je dois admettre qu'il y a dans le verset cité plus haut, un mot qui pique, qui fait grincer des dents. Il s'agit du mot « éprouver ». Pourquoi ? Parce qu'il renvoie à la notion de difficulté, de souffrance, et toutes les idées du même ordre. Ça ne donne pas envie, c'est clair... Sauf si on aborde le sujet sous un autre angle...

Que fait un culturiste pour développer sa masse musculaire ? Non, il ne se dope pas (avoue tu y as pensé). Il soulève des poids qui mettent ses muscles à l'épreuve. Pourquoi ? Parce que plus les muscles sont éprouvés, plus ils se renforcent en tissus musculaires et donc prennent du volume. L'épreuve n'est alors pas une punition mais un moyen de se renforcer et de grandir !

Allah nous met à l'épreuve pour extraire le meilleur de ce qu'il y a en nous, pas pour nous humilier ou nous punir. C'est dans ce sens qu'il faut vivre les choses *insha Allah*. **L'épreuve comme opportunité, pas comme fatalité.** Et puis, il n'y a pas de belles histoires sans adversités, cela enlèverait la beauté du dénouement. Toutes les situations par lesquelles tu passes, la manière dont tu les acceptes, l'abnégation avec laquelle tu les traverses, tout cela renvoie à l'idée de mérite. Les épreuves sont alors des « prétextes » auprès d'Allah pour élever ton rang, effacer tes péchés et te récompenser sans compter. Allah dit notamment : *« Ceux-là auront pour récompense un lieu élevé (du Paradis) à cause de leur endurance »* (sourate 25 verset 75) et le Messager d'Allah ﷺ a dit : *« Lorsque Allah a déjà attribué à un serviteur un rang qu'il n'a pas atteint par son action, Il l'éprouve dans son corps, ses biens, ou ses enfants. Il lui permet alors d'endurer cela afin de l'amener au rang qu'Allah lui a précédemment assigné »* (rapporté par Ahmed et Abou Daoud)

Deuxième élément de contexte : Allah nous a créé dans ce bas-monde pour une vie de lutte. Il nous dit : *« Nous avons, certes, créé l'homme pour une vie de lutte. »* (sourate 90 verset 4). « *No pain, no gain* », comme dirait l'autre... À qui vas-tu devoir faire face dans ce cheminement vers ton accomplissent ? Ibn Al Qayyim en cite quatre : Ton ego (*an-nafs*), le diable, tes passions, et l'amour de ce bas-monde.

Les deux premiers, ton ego et le diable, si tu les laisses faire, transforment le rêve en cauchemar. Allah, à plusieurs reprises dans le Coran nous rappelle à cette réalité : le diable est pour vous un ennemi déclaré. *« Ô hommes! La promesse d'Allah est vérité. Ne laissez pas la vie présente vous tromper, et que le grand trompeur (Satan) ne vous trompe pas à propos d'Allah! Le Diable est pour vous un ennemi. Prenez-le donc pour ennemi. Il ne fait qu'appeler ses partisans pour qu'ils soient des gens de la Fournaise. »* (sourate 35 versets 5-6)

Quand on parle de *nafs* ici, on fait référence aux *« mauvais penchants de l'âme humaine »*, c'est pour cela qu'on a tendance à le traduire par « *ego* ». L'ego désignant la tendance de l'être humain à l'orgueil, l'agression, l'ingratitude et d'autres défauts de ce genre. Reste que *nafs* désigne aussi l'âme seule ou l'être vivant dans son ensemble (corps et âme). Ainsi ce qu'on appelle «purification du *nafs*» pourrait se traduire par l'effort d'améliorer ses états intérieurs autant que ses actions extérieures. Pour visualiser ce qu'on est en train de dire, tu peux imaginer une terre. Soit tu l'optimises en l'entretenant pour y faire pousser des plantes dont tu vas tirer profit. Soit tu l'abandonnes. Dans ce cas, tu vas voir apparaître de mauvaises herbes, cet endroit va être le refuge de nuisibles qui vont causer du tort à tous ceux qui sont à proximité. En résumé, soit tu fais l'effort sur ton *nafs* pour évoluer vers le meilleur, soit tu le laisses te dominer et t'emporter vers ce qu'il y a de pire en toi. Cette lutte n'est malheureusement pas facultative. Une fois sur le ring si tu refuses de lutter, ton adversaire va te démolir. L'apathie (incapacité à réagir) n'est pas une solution. Il y a une citation qui résume bien mon propos : *« **certains ne font rien de peur de prendre une décision. Mais ne rien faire est déjà une décision !** ».* La vie que tu as est le fruit des décisions que tu prends.

Les dégâts causés par la suivie de ses passions et l'amour de ce bas-monde sont tout aussi destructeurs. Les avertissements du Messager d'Allah ﷺ à ce sujet sont nombreux. Il ﷺ dit par exemple que l'amour de ce bas-monde est la tête de tous les péchés. Est-il nécessaire d'en rajouter ? Dresse la liste des pires crasses qu'un individu puisse faire à ses semblables. C'est fait ? Tu les as en tête ? Dis-toi que l'amour de ce bas-monde en est sûrement à l'origine. Imagine les pires torts qu'une personne puisse se faire à elle-même, là encore, en remontant le fil des choses c'est l'amour de ce bas-monde qui en est le point de départ. Impossible de toucher du doigt le bonheur lorsque l'on est touché par ce type de maladie spirituelle. Il faut absolument en guérir !

L'individu soumis à ses passions n'est plus clairvoyant sur les choix qu'il fait. Pire, il se drape parfois d'une forme de déni nocif qu'il appellera « liberté ». Sa seule préoccupation étant de satisfaire un ego insatiable, et ce par tous les moyens possibles y compris les plus mauvais, il agit comme un prédateur sans foi ni loi. Comment peut-il s'épanouir ou être cause d'épanouissement ? C'est malheureusement impossible. Personnellement, j'ai le sentiment que la toxicité d'une personne vient essentiellement de ces maladies de l'âme, car soumise à ses passions, à son ego ou à l'amour de ce bas-monde elle se comporte en prédateur. Le Messager d'Allah ﷺ dit par exemple : **« *Deux loups affamés lâchés dans un troupeau ne sont pas plus dangereux que ne le sont pour votre religion, votre empressement derrière l'argent et les honneurs.* »**

Quel rapport avec le mariage ?

Le mariage est un acte d'adoration dans lequel tout ce dont on vient de parler va se manifester au grand jour. Il faut déconstruire certains mythes du couple parfait, formé de deux personnes absolument parfaites, vivant une vie parfaite dans le sens le plus matérialiste qui soit. La réalité est bien moins glamour. Tu viens avec la lutte intense que tu dois mener contre les quatre dont on vient de parler. Ta moitié vient elle-aussi avec la lutte qu'elle doit mener contre ces quatre. Oui, désolé, on est loin d'une histoire d'amour à l'eau de rose, mais cette réalité de la lutte intérieure de chacun ne peut pas être évincée, ça n'est pas possible. La vie de couple étant un levier majeur de ta progression, elle ne doit pas être limitée à un moyen de « ne pas être dans le *haram* ». Ça va beaucoup plus loin que cela ! Tu partages ton quotidien avec quelqu'un d'autre. Vous allez *insha Allah* fonder une famille ensemble, élever et éduquer vos enfants. Respecter et honorer un certain nombre de droits et de devoirs. Vivre des situations bonnes et mauvaises. Vous allez avoir l'occasion d'accomplir énormément d'actes qui rapprochent d'Allah. Vous serez éprouvés par le bien et par le mal, pour grandir en tant qu'homme, femme, croyant et croyante. Je me suis souvent dit que si Allah a mis la moitié de la religion dans le mariage, (c'est-à-dire la moitié de notre élévation) c'est qu'il s'y trouve aussi la moitié de notre éducation.

Le concept du couple comme « lieu d'éducation pour nos âmes » n'est pas très attrayant à première vue, mais il ne faut pas en avoir peur. Quand tu fuis l'éducation tu ne fais que t'éloigner de la progression. Et celui qui ne s'améliore pas, régresse. Il devient alors un danger pour lui-même et pour les autres. Allah a dit : *« A réussi, certes, celui qui la purifie. Et est perdu, certes, celui qui la corrompt. »* (sourate 91 versets 9-10) en parlant des âmes. Il est important d'éclaircir certains termes que j'utilise : Quand on parle d'épreuve, il faut l'entendre dans le sens de *« ce qui permet de juger la valeur de quelque chose ou quelqu'un ».* Allah dit même concernant certaines de nos interactions sociales : *« Et Nous avons fait de certains d'entre vous une épreuve pour les autres, endurerez-vous avec constance? »* (sourate 25 verset 20). L'idée de se dire que l'autre va nous « éduquer » est insupportable pour l'ego. On aura tendance à penser *« mais il se prend pour qui lui ?? »,* parce qu'en réalité on oublie que Celui qui éprouve et qui juge. Celui devant qui on doit faire ses preuves, *le Mourrabi*, c'est-à-dire l'Éducateur n'est autre qu'Allah ! Les causes restent des causes ! Elles ne sont qu'un voile entre notre Seigneur et nous. Elles n'agissent pas d'elles-mêmes et ne peuvent pas sortir du plan divin. Chacun(e) est là pour participer à l'éducation (dans le sens d'élévation) de l'autre même sans le vouloir. Malheureusement, par fierté on pense s'opposer à sa moitié alors qu'en fait on s'oppose à Allah. Le Messager d'Allah ﷺ a dit : *« Quand Allah aime des gens, Il les éprouve. Celui qui accepte l'épreuve aura la satisfaction d'Allah et celui qui lui oppose son mécontentement, Allah sera mécontent de lui. »* (rapporté par Attirmidhi).

Le mariage est en même temps une base dans laquelle vous allez trouver repos, réconfort, et plaisir. Comment fournir un effort soutenu et constant si tu n'as aucun refuge pour te ressourcer ? Compliqué. Très compliqué. **Le couple est un refuge.** Ta parole est une source de motivation et de réconfort pour l'autre et vice-versa. De même que ta présence, ton écoute, ou encore le fait d'assouvir un plaisir ensemble. Vous devrez veiller à maintenir cet état d'esprit à travers les années et les aléas de la vie. Pour que cela ait lieu, chacun devra comprendre les engrenages du couple, les entrelacements des besoins de chacun et le rôle que l'un et l'autre jouent là-dedans. Tout cela fait partie intégrante de ce que j'appelle l'éducation. Tu es là pour renforcer ta moitié comme elle-même est là pour te renforcer. Tu es là pour répondre à certains de ses besoins (émotionnels, physiques, matériels...) comme elle l'est pour répondre aux tiens. Votre relation vous renforce parce qu'elle vous apaise et vous permet d'être focus sur la lutte à mener contre les quatre dont on a parlé. C'est peut-être parce que le mariage doit comporter tous ces éléments que le Messager d'Allah ﷺ a dit : *« Lorsque le serviteur se marie, il a certes complété la moitié de sa religion alors qu'il craigne Allah pour l'autre moitié ».* (Rapporté par Tabarani). Vous vous nourrissez de cette force pour avancer et progresser ensemble, en ayant l'agrément d'Allah dans le viseur.

J'ai été un peu long dans cette première partie, j'ai jugé nécessaire de contextualiser afin que notre vision des choses soit le plus claire possible. Pour conclure je dirais que le mariage rentre pleinement dans ce magnifique projet qu'est l'entrée au Paradis *insha Allah*. Mais entre le départ et l'arrivée, vous allez passer par des étapes. Il y aura des pièges à éviter, des défis à relever et des chemins à ne pas prendre. C'est justement l'objet de ce livre *insha Allah*. Découvrir les facteurs d'échec. Décortiquer les cheminements, les mécanismes qui brisent le couple. Analyser les finalités de nos comportements pour éviter de tomber dans ces pièges. *« Connais ton ennemi et connais toi toi-même, eussiez-vous cents guerres à mener, cent fois vous serez victorieux. »* (Sun Tzu, L'art de la guerre). C'est l'état d'esprit de ce livre.

Constat

Les couples ont des durées de vie de plus en plus courtes. Pourquoi ? Qu'est-ce qui transforme l'amour en haine ? Qu'est-ce qui transforme la complicité en guerre d'ego ? Comment passe-t-on de la confiance à la méfiance ? Comment passe-t-on d'unis pour la vie au divorce ? La religion ne nous apporte-t-elle pas de réponses suffisantes ?

J'ai voulu baser la trame du livre sur ces questions. Qu'on puisse réaliser par quels mécanismes on en arrive à la cassure. Les gens n'aiment généralement pas qu'on aborde un sujet de manière pragmatique, pourtant il est aussi important de savoir comment devenir un bon époux et une bonne épouse, que de connaître les pièges par lesquelles on va droit dans le mur. Houdheyfa (qu'Allah l'agrée) disait que tout le monde interrogeait le Messager d'Allah ﷺ sur le bien, tandis que lui, l'interrogeait sur le mal. Il agissait ainsi pour apprendre les choses dont il devait se préserver. Des vers de poésie disent en ce sens : *« J'ai appris le mal du bien pour m'en préserver, car celui qui ne connaît pas le mal finit par y tomber »* C'est le parti que j'ai pris dans ce livre.

Les ouvrages traitant des règles du mariage, des droits et devoirs existent déjà. Ce n'est de toute façon pas mon domaine. Les savants sont seuls aptes à dire ce qui est obligatoire ou pas, ce qui est licite ou pas etc...Ce n'est pas l'objet de ce livre. Cependant je peux m'appuyer à certains moments sur ces thèmes, mais je ne donnerai jamais mon avis, je me contenterai de citer l'avis des savants sur le sujet. Les livres t'expliquant ce qu'est un bon époux et une bonne épouse sont aussi nombreux, *al hamdoulillah.* Malheureusement ce type de livres est abstrait pour celles et ceux qui ont du mal à passer de la théorie à la réalité. Le fossé entre ce qui est lu comme injonctions à être une bonne épouse et un bon mari et ce qui est vécu est tellement grand, que c'est la frustration qui finit par prendre le pas... J'ai eu envie d'être terre à terre, qu'on se parle franchement pour démystifier tout cela. Faire du couple une fondation solide est possible. En faire un argument en notre faveur au Jour Dernier est possible. En faire une cause de bonheur ici-bas est possible. La question est de savoir qui est prêt à livrer bataille pour que ce soit le cas ? Qui est prêt à sortir de ses modes de fonctionnement erronés ? Qui a le courage de changer pour atteindre cet objectif ?

J'ai souhaité débuter ma réflexion par la définition de la confiance et son incidence dans la relation de couple. En réalité, tout le livre va tourner autour de ce principe de confiance. Ensuite, j'ai exposé les actes qui selon moi la brisent. Puis j'ai proposé des pistes pour changer ce qu'il y a à changer, réparer ce qu'il y a à réparer. Évidemment, l'avant-dernière partie traitera du divorce. Surtout de la perception que nous en avons aujourd'hui, qui est peut-être le reflet de notre vision de la relation à l'autre. Je vais, en toute fin de livre, te donner « mes critères » pour un(e) prétendant(e) sérieux(se).

Tu verras les mots « parfois » « peut-être » « sûrement » très régulièrement dans cet ouvrage, car toute analyse nécessite un peu de nuance. Je ne peux pas être catégorique, dans toutes règles il existe des exceptions, dans toute situation, cent pour cent des gens ne réagissent pas de la même manière. J'ai trouvé qu'il était injuste de ne pas le mentionner par ces mots. Tu peux aussi ne pas partager mon point de vue, je n'ai pas forcément raison.

Nous allons tenter de définir les qualités qui permettent de dire de quelqu'un « *il ou elle est dans la religion* ». Ça aussi c'est un sujet aujourd'hui. Le Messager d'Allah ﷺ a dit : *« Lorsque vient à vous pour demander la main, celui dont vous êtes satisfait de sa religion et de son comportement, alors mariez-le. Si vous ne le faites pas il y aura sur la terre une épreuve et un grand désordre »*. (Rapporté par Attirmidhi dans ses Sounan n°1084). Qu'est-ce-qui permet de déterminer qu'une personne est dans le *dîne* ou pas ? Par quoi reconnaît-on la religiosité d'un individu ?

Il ne s'agit pas de juger l'autre, mais avant tout d'opérer sa propre introspection. De dénouer les nœuds à l'intérieur de soi. Allah dit : *« Et quiconque lutte, ne lutte que pour lui-*

même, car Allah peut Se passer de tout l'univers. » (sourate 29 verset 6) et le Messager d'Allah ﷺ a dit : *« Le combattant est celui qui lutte contre lui-même. »*. Et c'est Allah qui accorde le succès.

Pour finir, il est important de noter que ce livre convient aussi bien à des personnes en difficultés, qui, en réalité peuvent sauver leur couple, qu'aux futurs mariés qui souhaitent se préparer, autant qu'aux couples qui ont à cœur de préserver leur relation. J'ai bâti ce livre en utilisant les sources religieuses, c'est la base. Je me suis servi de mon expérience, marié à 19 ans, père de 5 enfants, j'ai aujourd'hui à 43 ans, un certain recul sur le sujet. Les nombreux échanges que j'ai eu avec des frères m'ont aussi beaucoup apporté. Les écouter me décrire leurs situations, tenter de trouver des solutions à leurs problématiques. Tout cela à contribuer à forger une certaine vision du contexte actuel. J'ai enfin écouté un prédicateur que j'aime pour Allah sans même l'avoir rencontré, il s'agit du professeur Rachid Haddach (qu'Allah lui fasse miséricorde). Il a pendant une vingtaine d'années été médiateur de couples et a écouté les plaintes des uns et des autres. Il en a déduit que l'immense majorité avait des problèmes qu'ils étaient capables de résoudre. Lui parlait de près de 99%. De son expérience, seulement 1% nécessitait réellement le divorce. Tout ce « *background* » m'a renforcé dans l'idée de traiter des causes de la déliquescence du couple. J'ai la forte impression qu'on passe à côté de quelque chose dans nos vies de couple et que le diable s'en réjouit au plus haut point... Si toi qui lis ces lignes tu es divorcé(e), ne penses pas que je veuilles te faire culpabiliser, pas du tout. Dans certains cas, l'action qui doit être appliquée est le divorce, clairement. Ceci étant, ce que j'ai modestement écrit t'apportera peut-être quelque chose si tu es amené(e) à te remarier un jour *insha Allah*.

Je demande à Allah le Très-Haut d'en faire une cause de bien pour la communauté jusqu'au Jour du Jugement. Qu'Il en fasse un argument en ma faveur au Jour où je vais Le rencontrer. Si tu y trouves un bien, sache qu'il vient d'Allah, si tu y trouves autre chose, cela ne provient que de ma propre personne, et je te demande de bien vouloir m'en excuser. Comme à l'accoutumé, chaque point est agrémenté de versets et de *ahadiths,* de paroles de Compagnons ainsi que de ceux qui les ont suivi parmi les pieux et les savants de notre communauté. Quand je l'ai pensé utile, j'ai mis entre parenthèse la définition du mot que j'utilisais. Le but est de donner accès à la compréhension au plus grand nombre, je ne suis pas partisan de l'utilisation d'un langage soutenu à outrance. Cela donne l'impression de mettre le message hors de portée du commun des gens, comme si la lecture était l'affaire exclusive d'une classe sociologiquement « élevée ».

J'ai utilisé le site *https://coran.oumma.com/* pour la traduction des versets du Coran. Pour les traductions des *ahadiths*, je me suis appuyé sur le site *http://www.hadithdujour.com/* notamment. J'ai trouvé des éléments dans les articles du cheikh Anas Ahmed Lala de l'île de la Réunion *https://www.maison-islam.com/articles/* que je vous recommande chaudement.

Je n'utilise quasiment que des *ahadiths* que je connais par cœur au minimum en français, le recours au copier-coller dans la retranscription des paroles Prophétiques n'a été utilisé que pour me faciliter la tâche. Toutefois, je ne suis pas partisan de cette méthode en temps normal. Il est important pour nous d'étudier la Parole d'Allah et de Son Messager ﷺ, de l'apprendre, de la pratiquer et enfin de la propager. Cela passe par la lecture des ouvrages de référence en la matière. On ne peut raisonnablement pas apprendre sa religion par bribes et bouts de citations sur les réseaux sociaux. J'ai moi-même pris l'habitude de lire des *ahadiths* quotidiennement seul ou en compagnie de ma famille depuis plus d'une dizaine d'années, tout en recherchant les explications des savants qui les concernent. Nous en avons mémorisé un certain nombre avec le temps, *bifadlillah*. J'ai tenu à apporter cette précision car nous vivons une époque où tout est flou, les amateurs du copier-coller sont nombreux et je ne souhaite pas qu'on puisse m'associer à eux. Et c'est Allah qui accorde le *tawfiq*.

Pour conclure, j'ai utilisé les dictionnaires en ligne quand j'ai eu à définir certains mots. La compréhension des mots aidant à la compréhension des idées, il s'avère parfois utile d'apporter des éclaircissements. Maintenant que les présentations sont faites, il ne me reste plus qu'à te souhaiter bonne lecture.

Abderrahman Fred.

LA CONFIANCE

Qu'est-ce la confiance ?

Commençons par définir ce que l'on entend par confiance, notamment quand il s'agit des relations sociales, ce qui inclut le couple. Dans le Larousse il est rappelé que le mot confiance vient du latin « *confidentia* » avec l'influence de l'ancien français « *fiance* » qui signifie « *foi* ». Faire confiance, c'est donc avoir foi en quelqu'un, croire en lui, pouvoir se fier à lui, sans nécessité de contrôle absolu de ma part. Faire confiance, c'est « se sentir en sécurité ». Lorsque je fais confiance à une personne, je m'attends à ce que son comportement envers moi soit bienveillant. Je suis convaincu de sa bonne foi et de sa sincérité. C'est là que l'on s'aperçoit que les notions de confiance et de sincérité sont étroitement liées. « *La confiance permet de suspendre ses peurs, ses appréhensions liées aux relations* ». Cette phrase est issue d'un article : http://www.elveor.com/le-principe-de-confiance/

Dans ce même article il est dit que « *c'est la confiance qui permet les relations sociales* », que «*sans confiance je bâtirais un mur infranchissable (...) autour de moi*».

La confiance induit l'ouverture, l'exposition de soi à l'autre. C'est pourquoi la confiance est directement corrélée au sentiment de sécurité, et de ce fait à celui de vulnérabilité. On peut dire que la confiance permet d'exprimer sa vulnérabilité sans se sentir en danger. Et qui dit sentiment de sécurité, dit apaisement, quiétude et donc libération. Ne peut se sentir totalement libérée qu'une personne dont le cœur est apaisé. La confiance est alors un élément indispensable pour être totalement soi avec les autres, y compris son mari ou son épouse.

Quand vous vous faites confiance, vous avez « foi » l'un dans l'autre, ce qui fait disparaître ce besoin insatiable de contrôle, celui-ci laissant sa place à un sentiment de sérénité. Faire confiance, c'est être capable de s'en remettre à quelqu'un d'autre que soi parmi les créatures. Abou Hourayra (qu'Allah l'agrée) rapporte que le Messager d'Allah ﷺ a dit : *« Le meilleur d'entre vous est celui en qui l'on ne rechigne pas de placer sa confiance et dont on est à l'abri de ses méfaits (...) »* (rapporté par Attirmidhi qui le juge sahih)

C'est pourquoi accorder sa confiance revêt une valeur hautement morale. Car qui dit confiance, dit respect de ses engagements, de *« tenir ses engagements au service du besoin de l'autre »* (sic. http://www.elveor.com/le-principe-de-confiance/). La confiance est alors ce sentiment d'être soutenu, écouté, conseillé avec sincérité. Elle s'exprime par cette sensation de ne pas avoir à affronter les mers tumultueuses de la vie seul. Confiance rime ici avec sincérité, soutien, et loyauté. Djarir Ibn Abdillah (qu'Allah l'agrée) a rapporté ce qui suit : *« **Je me suis engagé vis-à-vis du Prophète** ﷺ **à accomplir la prière, à verser l'aumône légale (Zakât) et à faire preuve de sincérité et de loyauté envers tout musulman.** »* (Al Boukhary, Mouslim)

La confiance permet la coopération. Elle renferme le sentiment que l'autre œuvre dans mon intérêt autant que dans le sien. La confiance facilite ainsi le passage à l'action. Elle est source d'entrain, de motivation, et de légèreté, ce qui facilite grandement la transformation d'une idée en action. On est plus enclin à prendre des risques. Quel que soit le challenge, si je suis sûr de toi, j'avance. Tous les protocoles de protection liés à la méfiance, à la peur ou à l'incertitude, qui d'habitude sont des freins à la coopération, n'existent plus dès lors que l'on arrive à se faire confiance. La confiance comme facteur d'une bonne communication, constructive, empathique et donc, efficace. Au delà des questions de leadership, faire confiance c'est réussir à s'allier à l'autre. C'est accepter le rôle de chacun, sans se sentir en danger quant à sa personnalité, ses besoins, ou son cheminement personnel. C'est seulement à ce moment-là que la coopération est possible et qu'elle donne des fruits appréciables pour tous.

La confiance est un principe qui admet les limites de chacun et qui n'impose à personne l'infaillibilité. Ainsi, confiance rime avec empathie, pardon, et miséricorde. Ce sentiment d'avoir avec soi une personne qui fait de son mieux pour avancer, est un des fruits de ce qu'on appelle « *Housnou Az-Zann* » c'est-à-dire la bonne opinion que l'on a de l'autre. C'est cela qui permet d'accepter les erreurs des autres plus facilement, de ne pas être dans une forme de défiance permanente. La méfiance, elle, interprète toute action et toute parole en mal. Omar Ibn Al Khattab (qu'Allah l'agrée) a dit : **« *Ne pense pas mal d'une parole prononcée par un musulman, alors que tu peux lui trouver une bonne interprétation.* »** (Revivification de la spiritualité musulmane de Al Ghazali). Cela est d'autant plus accessible quand l'un et l'autre arrivent à se faire confiance.

Se faire confiance, c'est être capable de s'accepter mutuellement dans l'intimité. La confiance dans la sincérité des sentiments de l'autre est la clé de l'ouverture intime de soi. Confiance rime ici avec épanouissement, plaisir et estime de soi. La sexualité n'est pas qu'une question de besoin même si celui-ci existe bel et bien et qu'il est à prendre en compte. Le degré de confiance régnant dans le couple détermine le degré d'abandon à l'autre. C'est lui qui permet de « se lâcher » sans craindre le jugement. C'est lui qui alimente l'attirance mutuelle. Tout ceci est impossible dans un climat de méfiance qui induit la suspicion et tout ce que j'ai cité plus haut concernant l'absence de « la bonne opinion ». On se sent perpétuellement sur ses gardes, prêt à se défendre car convaincu que tout est mis en œuvre pour nous nuire ou pour profiter de nous.

La confiance enlève toutes les zones d'ombres sur les valeurs et principes de l'autre. Elle supprime toute l'insécurité que génère le doute quant aux réactions que l'autre personne peut avoir. Je sais quelles sont les valeurs que tu incarnes, pour lesquelles tu te bats. Je sais quelles sont tes limites et les domaines dans lesquels tu t'interdis d'entrer. Cette sensation d'être aligné dans la manière de concevoir les choses alimente la confiance. Je sais que l'on est fermes sur nos appuis quand il s'agit de faire face aux diverses difficultés de la vie. Je pense à la fois où le Messager d'Allah ﷺ a envoyé Othmane Ibn 'Affan (qu'Allah soit satisfait de lui) à La Mecque, alors que les idolâtres de la ville sainte empêchaient les musulmans d'accomplir le pèlerinage. Parmi les musulmans, certains pensèrent que Othmane allait en profiter pour accomplir le pèlerinage. Mais le Messager d'Allah ﷺ avait une totale confiance en lui et leur a dit qu'il ne le ferait pas. À son retour, Othmane annonça que jamais il n'accomplirait le pèlerinage avant le Messager d'Allah ﷺ. Ce qui est vrai ici dans la fraternité, l'est aussi dans la vie de couple. Même à distance, tu ne doutes pas de la personne, et la personne ne doute pas de toi.

Se faire confiance, c'est savoir que je couvre tes arrières comme tu couvres les miens, que tu préserves mon honneur comme je préserve le tien. Ibn Al Qayyim parle de cette compatibilité en disant : *« La compatibilité entre les âmes est l'une des causes les plus fortes de l'amour »* (Rawdat Al Mouhibine 66-74). Ici la confiance rime avec complicité, vécu, fidélité et authenticité. Cette facette de la confiance comme sous d'autres aspects repose grandement sur l'expérience partagée dans le couple. Il est connu que les actes sont bien plus éloquents que les discours. De même que certaines toiles prennent énormément de valeur avec le temps, la confiance est une force redoutable du couple, lorsqu'elle est forgée par des années d'expérience et de partage.

Enfin, faire confiance, c'est respecter l'autre et le valoriser, tout comme se montrer digne de confiance c'est respecter l'autre et le valoriser. La confiance est ainsi l'élément fondateur d'une relation respectueuse et pleine de réciprocité, où chacun s'efforce, soit de faire confiance, soit de se montrer digne de la confiance qu'on lui accorde. Faire confiance rime ici avec respect, réciprocité, et dignité. Pour cimenter dans nos esprits l'importance que revêt la notion de confiance, citons Omar Ibn Al Khattab (qu'Allah l'agrée) qui dit ceci : *« Jeûnez autant que vous le voulez, priez autant que vous le voulez, mais sachez qu'il n'y a pas d'Islam pour une personne qui n'est pas digne de confiance. ».* Autant dire que la confiance est un pilier d'une relation maritale épanouissante. C'est pourquoi tout le livre va tourner autour de ce principe, de ce qui le renforce, le fragilise ou le détruit.

Ce qui détruit la confiance

1. LE MANQUE DE SINCERITÉ ET D'AUTHENTICITÉ

Le premier point que l'on va aborder est la trop grande différence qu'il y a parfois entre les paroles et les actes, entre les prétentions et les réalités. C'est une plainte récurrente *« Au début il n'était pas comme ça ! »*, *« Il (ou elle) m'a fait croire qu'on allait faire ceci et cela »*, *« Il (ou elle) est venu(e) avec des apparences religieuses, j'y ai cru, mais ce n'était pas vrai »* ...

Prétentions et réalités

Avant l'expérience, il n'y a que des promesses et des espoirs. Le couple, avant que soit acté le mariage, n'est rien de concret. On discute, on s'observe, on échange, on se questionne mutuellement. Tout cela dans le but d'orienter notre ressenti, notre intuition vers un oui ou vers un non. En Islam, les relations pré-mariages sont interdites. Les échanges pour faire connaissance sont limités afin d'éviter de se compromettre et de dépasser les limites. Comme on l'a vu plus haut, le contrat de confiance représente un engagement moral, ce qui signifie que lorsque je convaincs quelqu'un par mes paroles, je m'engage à être fidèle à mes engagements et à être authentique dans mes actions, faute de quoi le contrat de confiance sera brisé. La confiance va se transformer en méfiance, voire en détestation. Celle-ci conduisant inéluctablement à l'envie de divorce.

La première raison à cela, celle qui vient à l'esprit presque immédiatement, c'est la culture de l'image et de l'apparent. Ce phénomène caractérise nos sociétés modernes qui ne jurent que par la communication (construction d'images, le storytelling etc...). Nous n'en sommes pas responsables, je te le concède. Cependant, cet état d'esprit nous a contaminé, si bien que de plus en plus de gens proposent une image d'eux qui est très éloignée de la réalité. Les titres ronflants pullulent sur les feeds Instagram. La vie exposée est savamment mise en scène. Tout y est pour rendre le visuel séduisant. C'est le but recherché : Séduire. Pour beaucoup de sociologues, nous ne sommes plus seulement dans des sociétés du spectacle, nous vivons dans des sociétés de la séduction.

Pour séduire, il faut embellir, enjoliver, quitte à travestir le réel. C'est tout le problème. Être authentique dans ce monde de la surenchère revient à être un individu lambda dans un monde de super-héros, ça ne fait pas rêver grand monde. Pourtant, celui qui confond sa vie virtuelle avec sa vie réelle est comme l'acteur qui n'arriverait pas à sortir de son rôle. L'acteur n'est pas le personnage qu'il joue mais l'individu qu'il est au quotidien dans la « vraie vie ». La personne que je suis réellement n'est pas celle des réseaux sociaux mais celle du quotidien, de la vraie vie. Pour éviter de se perdre il y a une question simple à se poser: **qui est-on quand personne ne nous voit ?** Je veux dire, qui est-on dans l'intimité, loin des caméras de smartphones ? Celui qui répond à cette question saura qui il est. Et si tu désires connaître quelqu'un, c'est à cette question que tu devras répondre.

Les réseaux sociaux sont la source d'une autre confusion du même genre qui concerne cette fois-ci l'aspect religieux. L'adage est archi connu **« l'habit ne fait pas le moine »**. Tout le monde connaît cette expression, et elle est puissamment vraie, spécifiquement dans le cas qui nous intéresse ici :

En Islam on considère par exemple que la science est ce qui est pratiqué, pas ce qui est mémorisé ou récité par cœur. On considère que la preuve de la foi se trouve dans les actions et s'il n'y a pas d'actions, c'est qu'il n'y a malheureusement pas, ou peu de piété. Tu vois où je veux en venir... Sur les réseaux sociaux on se fait des rappels, on partage des réflexions, on se motive les uns les autres. Pour autant, est-ce que tout ce dont nous parlons est effectivement dans nos vies ? ... Je laisse chacun de vous maître de la réponse qu'il va donner à cette question. Là encore, tout ce contenu qui est en soi bénéfique *al hamdoulillah,* ne doit pas devenir l'arbre de piété qui cache la forêt d'autres choses. Qui es-tu quand personne ne te voit ? Qui es-tu derrière ces magnifiques rappels sur fond d'*anashids* ? Voilà les questions auxquelles chacun doit répondre pour lui-même afin de ne pas se leurrer et de ne pas tromper les autres.

Ce problème se pose également quand chacun(e) transforme la moindre bonne action en story (snap, instagram ou autre...). Les vrais pieux sont des gens qui œuvrent beaucoup dans la plus grande des discrétions. Il n'y a ni panneau publicitaire, ni annonce en grande pompe pour indiquer : « *Eh, aujourd'hui j'ai accompli telle ou telle action* », « *Eh regardez, je suis en train d'accomplir mon tawaf autour de la Ka'aba* ». Comment peux-tu être concentré sur ton acte d'adoration quand tu te filmes en train de l'accomplir ? Comment peux-tu être sûr de ta sincérité ? Qu'est-ce-que cela révèle de ton état spirituel ? **Notre vie virtuelle ne dépeint pas forcément notre niveau de pratique religieuse.** C'est trompeur. Et si je me limite à cela pour estimer me connaître ou connaître la personne avec qui j'envisage de me marier, il y a fort à parier qu'il y aura de la déception à la clé. Je me répète pour être sûr que tu as bien enregistré l'information, pour savoir qui tu es vraiment, réponds à la question : qui es-tu quand personne ne te voit ? Certains vont me répondre que si les pieux sont connus pour leur piété, c'est que les gens ont pu les observer et témoigner de cette piété... Oui, c'est vrai. Mais sais-tu où se situe la différence ? Eux n'ont jamais cherché à être vus ou connus, ni même pris pour exemples, Allah a choisi d'en faire des références.

Il arrive que les personnes ne soient plus réellement conscientes du rôle qu'elles jouent, persuadées par leur ego ou par un entourage mauvais conseiller qu'elles sont ce qu'elles ne sont pas. Ahhh, ces fameux ami(e)s pour qui tu es si parfait(e). Qui (tant que vous êtes en bon terme) savent te flatter comme personne. Les mots de la langue française manquent pour exprimer tout le « bien » qu'ils (ou elles) pensent de toi. À les entendre, tu n'as pas de défaut, et celui (ou celle) qui ne s'en rend pas compte ne te mérite tout simplement pas. Quel venin dangereux que celui de la flatterie...

Un(e) ami(e) sincère te dira ce qui ne va pas pour que tu puisses le corriger, t'améliorer et ainsi « prendre de la valeur ». Les flatteurs ne sont pas des amis sincères. Ils te disent ce que tu aimes entendre, ce qui séduit ton ego, sans se soucier de la véracité de leurs propos. Ibn Mas'ud (qu'Allah l'agrée) disait : *« Combien se sont perdus à cause d'éloges qu'ils ne méritaient pas »* (Sagesses Musulmanes de Ibn Hajar Al Asqalani). Voilà ce qui attend l'amateur compulsif de compliments: il va se perdre, se voyant plus méritant qu'il ne l'est.

Personnellement je n'ai jamais apprécié les gens qui voient un bout de salade entre tes dents mais ne disent rien par peur de te « vexer », et font comme si de rien n'était. J'ai toujours préféré celui qui vient te le dire. Même si tu es mal à l'aise sur le moment, son attitude te préserve à long terme et t'évite de lâcher de grands sourires à tout le monde, persuadé à tort que tu as un sourire ravageur... Il est rapporté de Omar Ibn Al Khattab (qu'Allah l'agrée) cette parole : « *Je préfère celui qui vient à moi avec une parole dure et un cœur doux, qu'une personne qui vient à moi avec un cœur dur et des paroles douces* ». Un véritable ami est un conseiller sincère, et un tel conseiller sait te parler de tes défauts autant que de tes qualités.

C'est aussi un des nombreux problèmes que posent le développement personnel. À mal définir l'estime de soi et la confiance en soi, cette tendance finit par tromper les gens sur ce qui fait leur valeur. L'humilité est une qualité ! Rechercher en soi ses défauts est salvateur. Il faut arrêter avec toutes ces postures « *je suis au top* », « *je suis assez* », « *je suis capable de tout* », « *rien ne peut m'arrêter* » « *moi tu sais, je suis ceci* » « *moi je suis cela* », « *moi tu sais j'ai de grandes ambitions* » « *moi je...* », « *moi je...* ». Toutes ces phrases ne font qu'alimenter un sentiment de suffisance et d'auto-satisfaction. Celui qui se pense au top a-t-il envie de changer ? Pourquoi faire ? Il (ou elle) est déjà au top de son potentiel !

Abderrahman, voyons, tu sais que les gens se répètent qu'ils sont au top pour se convaincre qu'ils le sont. C'est une technique très connue du développement personnel ! Très bien. Tu penses avoir besoin de t'auto-glorifier pour retrouver un peu d'estime ? Ça te regarde. Mais la *mouqabala* n'est ni le lieu, ni le moment pour étaler ses prétentions. C'est le moment où j'ai besoin de savoir qui tu es, là, aujourd'hui. Où est-ce-que tu en es concrètement dans la vie. Oui c'est rassurant d'avoir en face de soi quelqu'un qui a une vision à long terme, qui sait se projeter dans ses ambitions futures, mais encore une fois, celui qui dit « *je suis au top* » ne parle pas au futur mais au présent. Il (ou elle) présente la chose comme un fait, pas comme un projet. C'est en cela que certaines personnes se sentent trompées après le mariage.

Nos défauts représentent la part de nous dont nous sommes le moins fiers, et que l'on aime le moins exprimer, c'est tout à fait humain et normal. Ceci étant, être imparfait n'est ni une tare (défectuosité physique ou psychique) ni un cancer. Être conscient de ses défaillances n'a jamais eu pour but de se sentir humilié. Dès lors, pourquoi faire de la surenchère ? Montrer ce que l'on est avec authenticité est une marque indéniable de confiance en soi. Assumer ses faiblesses aussi ! Après, si cela ne convient pas à la personne qui est en face de moi, très bien. C'est simplement que nous ne sommes pas faits pour nous entendre. Ce qui en soi, n'est pas une catastrophe nucléaire on est d'accord.

D'autres, pour « cocher les cases » embellissent leurs « cv » de qualités qu'ils n'ont pas. Pourquoi cela est inutile et contre-productif ? Reprenons le raisonnement : Je souhaite *insha Allah* trouver la personne avec qui je vais me marier. Mon but est d'être heureux et de rendre heureux. Jusque-là tout va bien. Lorsque je rencontre une personne, mon objectif est de savoir si on va aller plus loin ou pas. Quoi qu'il arrive, ce sera un bien : ou il y a un ressenti positif et *al hamdoulillah* on envisage la suite. Ou le courant ne passe pas, et *al hamdoulillah,* on est fixé. On sent que ça ne va pas coller, chacun peut poursuivre sa route le cœur léger. **Constater qu'on ne va pas donner suite lors d'une *mouqabala* n'est pas un échec, au contraire !**

Pourquoi s'inventer une vie ? Pourquoi faire semblant d'être investi religieusement en portant un qamis alors qu'à l'accoutumé on ne le fait pas ? Pourquoi feinter de s'intéresser à des choses qui nous passent totalement au dessus de la tête ? Pourquoi embellir son caractère de qualités que nous n'avons pas ? Penses-tu que ça ne va pas se voir après le mariage ? Et qu'a-t-on à répondre quand les reproches tombent ? Qu'il est trop tard ? Ça a tout d'un traquenard ! On ne peut pas piéger les gens, ce n'est pas honnête. Il est tout à fait légitime de voir la confiance volée en éclat à ce moment-là !

L'échec, c'est de mentir sur soi. D'entretenir l'espoir chez l'autre de quelque chose que l'on n'a pas à offrir en réalité. L'échec, c'est de considérer *la mouqabala* comme un examen où il faut absolument donner les bonnes réponses pour être validé, au lieu de la prendre pour ce qu'elle est, c'est-à-dire un moyen d'en savoir plus sur l'autre, tout simplement .

Certains agissent ainsi par peur de rester célibataires. Est-ce une excuse raisonnable ? Pas du tout ! Cette pression illusoire vient du diable. Il n'y a que lui qui ait intérêt à te voir agir de la sorte. Allah dit : *« Le Diable vous fait craindre l'indigence et vous commande des actions honteuses. »* (sourate 2 verset 268)

Le Messager d'Allah ﷺ a dit : *« La réflexion avant d'agir vient d'Allah tandis que la précipitation vient de Chaytan.»* (Rapporté par Abou Ya'la). Dans une autre narration Il ﷺ a dit : *« La patience est une clarté »*. Le mariage est un projet à long terme. Rien ne sert de s'impatienter. C'est dans ces moments-là que l'on prend les pires des décisions. Il ne faut surtout pas avoir cette réflexion bizarre : *« on y va, on verra bien après »* tout en sachant pertinemment que l'on n'est pas prêt. Non, non, non, nous ne sommes pas au casino, ce n'est pas du pile ou face à l'audace. Encore moins du *tawakkul* (confiance en Allah)! La narration est célèbre : *« Un homme a demandé au Prophète ﷺ : Dois-je attacher ma chamelle ou placer ma confiance en Allah ? Ce à quoi le Prophète ﷺ a répondu : Attache ta chamelle et place ta confiance en Allah. »*

« Un effort de préparation vaut mieux qu'un gros effort de réparation ». Si tu n'es pas prêt, accepte-le. Si tu n'as pas les qualités nécessaires à un mariage (maturité, stabilité, religiosité, comportement, entre autres) prends le temps de progresser. Si l'envie et le besoin se font de plus en plus pressants, rappelle-toi qu'un mariage c'est des droits à acquitter, des comptes à rendre devant Allah et convertit

cette pression en énergie positive qui va te faire avancer encore plus dans ton cheminement. Combien s'empressent, mentent, finalement se marient et finissent par divorcer ? La charge était trop lourde pour eux. Il faut sortir de ce raisonnement de tête brûlée sinon tu vas faire des dégâts partout sur ton chemin.

Il se peut aussi qu'une personne voit chez l'autre des aspects qui ne lui conviennent pas ou qui la font douter. Malgré tout, elle se dit secrètement qu'avec le temps elle va réussir à changer ce qui lui pose problème. Elle entreprend de « régler » l'autre afin qu'il (ou elle) corresponde finalement à ses attentes. Attention, danger ! C'est une forme de trahison que de feindre d'accepter la personne telle qu'elle est, tout en ayant la volonté secrète de la changer une fois le mariage contracté. Ce sont en réalité des conditions de mariage non explicitées qui, si elles ne se réalisent pas, justifieront une volonté de divorce après quelques temps de vie commune. Imagine le sentiment de trahison ressenti quand tu réalises que ta moitié t'a menti sur le bien qu'il (ou elle) disait penser de toi. La confiance ayant comme fondation l'honnêteté, ce type de raisonnement ne pourra que la briser et installer un climat de tension, ou tout bonnement faire imploser votre couple. Et par pitié, arrêtons de croire que l'on va façonner les gens suivant notre volonté. Quand tu nourris en toi cette intention, tu ouvres la porte à toutes sortes de dérives, manipulation, tentative d'emprise, contrôle, et j'en passe et des meilleurs. Le pire dans tout cela ? La relation n'a clairement pas pour objectif de vous voir vous épanouir tous les deux. Non, pas du tout ! L'objectif de celui (ou celle) qui manipule, n'est que sa propre satisfaction au détriment de l'autre. Comment veux-tu que cela débouche sur un couple épanoui et heureux ? Impossible !

Rappelons un point important : ce qui est obligatoire, bon, mauvais et interdit, conseillé ou déconseillé, tout cela relève de la Révélation. Nous n'avons pas notre mot à dire là-dessus. Pour ce qui est des « 'adat » (ce que les gens ont pris l'habitude de faire dans leurs affaires du monde), la règle est la permission, tant que cela n'est pas interdit par la législation islamique. En clair, tu ne peux pas convertir quelqu'un à ton mode de vie, à tes habitudes ou traditions sous couvert d'Islam. Quand tu fais le pèlerinage, tu rencontres des musulmans du monde entier. Nous avons tous les mêmes croyances (je fais référence aux gens de la Sounna), les mêmes actes d'adorations, la même qibla, etc... Pourtant, nous avons aussi nos particularités vestimentaires ou culinaires. Nous avons des habitudes de vie différentes suivant que nous venions d'un pays ou d'un autre, et ce jusque dans l'intimité du mariage. Interroge-toi sur le sujet : ressens-tu une perte de repères ou un profond malaise à l'idée de vivre avec quelqu'un de différent dans les habitudes du quotidien ? Tes traditions ont-elles une place importante dans ton mode de vie ? Si c'est le cas, personne ne peut te blâmer tant que cela ne dépasse pas les limites. Mais tu sauras qu'il est préférable pour toi de te marier avec une personne qui te ressemble.

Quoi qu'il arrive, il n'est pas possible d'imposer à l'autre son mode de vie sans que cela n'abîme la notion de sécurité dans le couple. La confiance sera affectée, avec elle, l'envie de vivre ensemble. Avec les années, toutes ces contrariétés mises bout à bout peuvent aboutir à une envie de divorce. Attention ! L'honnêteté doit primer. Ici, elle se manifeste par le fait d'accepter sincèrement la personne qui partage ta vie telle qu'elle est, et pas telle que tu souhaites qu'elle soit. Lorsque tu es amené à rencontrer un(e) prétendant(e), ce qui te déplaît, assume-le. Et ce qui déplaît à l'autre, accepte-le également. C'est la base d'une relation honnête et durable *insha Allah* !

Le déni

Le second point qui caractérise selon moi le manque de sincérité et d'authenticité dans le couple est bien plus subtil, il s'agit du déni. Je parle de cette posture malhonnête qui consiste à refuser toute remise en question au nom de la miséricorde que les époux se doivent mutuellement. Le Messager d'Allah ﷺ a dit : *«Qu'un croyant ne déteste pas une croyante, s'il déteste un de ses comportements il sera satisfait par un autre de ses comportements.»* (Rapporté par Mouslim dans son Sahih n°1469).

Ce hadith appelle à la tolérance et à l'humilité, surtout quand tu y ajoutes les narrations prophétiques qui enjoignent à la modestie, la pudeur et la miséricorde. Le Messager d'Allah ﷺ dit par exemple : *« Tous les fils d'Adam sont pécheurs, et le meilleur d'entre eux est celui qui se repent »*. Cela rappelle que la faiblesse est inhérente à la condition humaine. D'autres *ahadiths* soulignent à quel point il est dangereux de juger les autres, jusqu'à ce que le Messager d'Allah ﷺ dise que celui qui accuse un musulman de perversité ou de mécréance sans que ce soit justifié, cette accusation se retourne contre lui. Toutes ces recommandations incitent à la souplesse et à la douceur. Pour autant, est-ce-que cela signifie que les époux ne peuvent pas s'appeler mutuellement à faire le bien et à délaisser le péché ? Absolument pas ! C'est même l'exact opposé qui est espéré ! Quand une personne comprend qu'on ne doit rien lui reprocher, qu'au nom de cette miséricorde, on doit fermer les yeux sur ce qui ne va pas, et qu'elle peut s'exonérer de tout changement, elle met la cohésion du couple en danger.

Ibn Mas'ud (qu'Allah l'agrée) a dit : *« L'un des plus grands péchés auprès d'Allah est lorsque l'homme dit à son frère : crains Allah et que cette personne lui répond : soucis-toi de toi-même. »*. Les individus au sein de la communauté au même titre que dans le couple sont à l'image de ce qu'a dit le Messager d'Allah ﷺ : *« Celui qui respecte les limites d'Allah et celui qui les transgresse sont semblables à un groupe de gens qui, sur un bateau, tirent au sort. Certains se retrouvent sur la partie supérieure et les autres dans la partie inférieure. Quand ils puisent de l'eau pour boire, ceux qui se trouvent en-dessous passent à côté de ceux qui se trouvent au-dessus et finissent par se dire : si nous faisions un trou dans notre partie, de sorte à ne pas déranger ceux qui sont au-dessus ? Ainsi, si (les gens d'en haut) les laissent faire, tous périront, tandis que s'ils les en empêchent, tout le monde sera sauvé».* (Rapporté par Al Boukhary).

Si l'un laisse l'autre s'enfoncer dans ses travers, ils se mettent en danger tous les deux. Unis par le mariage, un homme ou une femme qui coule va emporter la personne qui lui est liée dans sa chute. Oui tu m'as bien compris, toutes les formules type « *laisse-moi tranquille, je fais ce que je veux* », « *t'es pas mon père* » ou « *t'es pas ma mère* », « *tu te prends pour qui pour me dire ça ?* » « *t'inquiète, je gère, occupe-toi de toi c'est mieux* » et j'en passe sont à exclure de ton argumentation. De même que les « *je suis comme ça, c'est tout* », « *tu me changeras pas, cherche pas* », « *arrête de me juger, seul Allah a ce droit* », « *tu crois que t'es mieux toi ?* », « *personne n'a réussi à me changer, tu crois que toi, tu vas y arriver ?* » sont des portes ouvertes pour te conforter dans un déni destructeur. Même s'il est vrai que l'on est incapable de se changer les uns les autres et que tout est entre les Mains d'Allah, l'honnêteté veut qu'on accepte le conseil avec l'intention sincère d'en tirer le meilleur profit possible. Qui sait, peut-être que ton humilité devant celui (ou celle) qui te fait le rappel sera la cause par laquelle Allah va t'ouvrir les portes de la réforme ? Qui sait ?

Comment différencier le déni et l'effort sincère d'amélioration ?

Oui, la Miséricorde d'Allah est large, très large. Et oui le Messager d'Allah ﷺ a dit : « *Un homme commit un péché et dit :* « *Ô Allah ! Pardonne-moi mon péché !*

Allah dit alors : Mon serviteur a commis un péché et il sait qu'il a un Seigneur qui pardonne le péché, et qui punit aussi pour le péché. Puis, le serviteur récidiva et pécha de nouveau. Il dit de nouveau : Ô Allah ! Pardonne-moi mon péché !

Allah dit de nouveau : Mon serviteur a commis un péché et il sait qu'il a un Seigneur qui pardonne le péché, et qui punit aussi pour le péché. Après un certain temps, le serviteur récidiva et pécha encore. Il dit de nouveau : Ô Allah ! Pardonne-moi mon péché !

Allah déclara alors : Mon serviteur a commis un péché, mais il sait qu'il a un Seigneur qui pardonne le péché et qui punit pour le péché. Certes, J'ai pardonné à Mon serviteur ! Qu'il agisse maintenant comme il le souhaite !»
(Al Boukhary)

Toutefois, parle-t-on de la même chose ici ? Est-ce-qu'il est possible de confondre le déni et la tolérance ? Ce sont deux états qui n'ont rien à voir l'un avec l'autre ! Il y a deux qualités qui concernent la personne citée dans ce hadith : Premièrement, la sincérité de son repentir. Chaque fois qu'elle demande pardon à Allah, c'est avec la ferme intention de ne jamais plus revenir à ce péché. D'une part le repentir implique que l'on reconnaisse la faute et d'autre part qu'on la regrette profondément. Rien à voir avec quelqu'un qui se réfugie derrière cette narration pour nier ses erreurs, ne pas assumer ce qu'il fait et ainsi, n'avoir rien à regretter.

La seconde qualité est l'effort que la personne produit pour changer. Quand une chose te dégoûte, tu la fuis. Quand tu es en désaccord avec certaines de tes manières, tu fais tout pour t'en débarrasser. Même si par faiblesse tu y reviens, tu trouves cela inconfortable. Rien à voir avec quelqu'un qui ne veut simplement pas changer, qui se complet dans son état et qui ne veut pas qu'on le lui reproche.

Celui qui se met les mains devant les yeux n'aveugle personne d'autre que lui-même ! C'est-à-dire que celui qui se refuse à regarder ses défauts en face et à lutter contre eux, ne trompera personne sur son état, surtout pas la personne qui partage sa vie au quotidien. Sincérité et efforts sont les deux faces d'une même pièce. Sans cela la crédibilité s'effrite, avec elle la confiance. Puis s'installe la consternation (profond abattement causé par la constatation de quelque chose qui accable), la lassitude, la distance et finalement, le rejet. Dans mon livre « Deviens » je commence le premier chapitre par cette citation : *« J'ai appris que le courage ce n'est pas l'absence de peur mais la capacité à la vaincre. »* (Nelson Mandela). Puis j'ai écrit : *« Tu te demandes sûrement pourquoi cette citation en début de chapitre ? Parce que regarder la réalité en face demande du cran ! »* (Deviens La Meilleure Version de toi à travers le Modèle Prophétique p 39) . Ceux qui sont capables de faire preuve de courage, par la grâce d'Allah, vont progresser. Ils vont s'enrichir de leurs déconvenues, grandir en tant qu'individu, mûrir en tant que croyant, gagner en crédibilité auprès de leurs moitiés et *insha Allah*, consolider leurs couples. Le mariage remplira pour eux toutes ses promesses. Allah ne manque pas à Ses Promesses.

Pour conclure, je dirais que l'authenticité fait partie de la maturité. C'est une qualité qui s'acquiert avec le temps. Plus tôt tu y travailles, plus vite *insha Allah*, tu le deviens. Je suis conscient que ça n'a rien de facile ou d'agréable. Ne recherche pas uniquement ce qui est confortable, il y a un autre paramètre à prendre en compte, celui de la nécessité. Souvent, ce qui est nécessaire est pour une part de notre être, désagréable et douloureux. Pourtant, si l'éducation de soi est amère, ses fruits sont doux. Et parmi ses fruits, tu y trouves la préservation de ta relation de couple... Garde toujours cela à l'esprit *insha Allah*.

2. LE MENSONGE

Le Messager d'Allah ﷺ a dit dans un hadith très connu : *« Les signes de l'hypocrite sont trois : quand il parle, il ment, quand il promet, il ne tient pas sa promesse et quand on lui confie un dépôt, il le trahit. »*

Le croyant et la croyante peuvent commettre bien des fautes, mais le mensonge porte en lui une gravité particulière. Que ce soit dans les promesses de qualité du produit que l'on propose à la vente lorsque l'on est commerçant, comme il est cité dans le hadith du Messager d'Allah ﷺ : *« Celui qui nous trompe, n'est pas des nôtres »*, ou dans nos relations sociales qui impliquent de respecter un certain nombre de droits et d'éthique. Le Messager d'Allah ﷺ dit ceci : *« Celui qui usurpe le droit d'un musulman grâce à un faux serment, Allah le destine à l'enfer, et lui interdit certainement le paradis. Quelqu'un lui a dit : Et s'il s'agit de quelque chose de futile, ô Messager d'Allah ? Il dit : Quand ce ne serait qu'un bâton d'arak (le siwak) »* (Mouslim, n°1713 de Riyad Salihin)

Malgré tout, certains voient le mensonge comme un moindre mal, un choix par défaut pour éviter les complications que provoquerait la vérité. D'autres estiment que leur interlocuteur n'est pas capable d'accepter la vérité et qu'il n'y a pas d'autre recours que le mensonge. Soyons sérieux, même si la vérité peut être difficile à entendre. Même si la susceptibilité de certaines personnes, ou le « perfectionnisme rendant la critique impossible » d'autres, rendent la vérité compliquée à exprimer, il est un fait sur lequel nous serons tous d'accord : Personne n'apprécie d'être trahi ! Et le mensonge est une forme de trahison.

Le Messager d'Allah ﷺ dit d'ailleurs : **« *Dis la vérité même si elle est amère* »** (Rapporté par Al Hakim). Ce n'est certainement pas ce qui paraît le plus simple à court terme. Pourtant, le mensonge est une véritable bombe à retardement dont l'impact est considérable et dure dans le temps. Quand quelqu'un ouvre la porte au mensonge, c'est une brèche dans la sensation de sécurité de sa moitié qui s'ouvre. Brèche qui sera exploitée de tout son potentiel par le *nafs* et ses mauvaises pensées sur l'autre, ou par le diable et ses insufflations, voire même par tous ceux qui pourraient se réjouir de vous voir souffrir. C'est ainsi que le mensonge doit être perçu : **comme une opportunité offerte à vos ennemis de vous atteindre.** Ibn Al Qayyim dit ceci : « *La tristesse affaiblit le cœur et nuit à la volonté. Et rien n'est plus aimé du diable qu'une tristesse qui touche le croyant.* »

L'impact est désastreux sur le long terme. Qui dit mensonge, dit doute, et qui dit doute dit discrédit (faire perdre leur autorité, leur prestige, leur influence, leur valeur à quelqu'un, quelque chose). En clair, quand tu mens, on ne te fait plus confiance et on a même du mal à te respecter. C'est un fardeau lourd à porter, particulièrement dans le couple. Ta parole ne pèse plus. On te remet en cause même quand ça n'est pas justifié. C'est tout le problème du sentiment d'insécurité. Il déstabilise tout ce que la confiance aurait pérennisé. Chacune de tes affirmations est perçue comme potentiellement fausse, ce qui entraîne une autre réaction : celle de vouloir te défendre afin de protéger ton amour propre et ton honneur. C'est humain. Mais il faut accepter qu'il y est d'un côté la peur d'être à nouveau confronté au mensonge et de l'autre, ton besoin d'être respecté et estimé. Pas simple.

Ce n'est pas tout. Quand tu subis les mensonges de ta moitié, la tentation est grande de rechercher par toi-même la vérité. Là encore, c'est une réaction tout à fait humaine. Pourtant, les portes que tu risques d'enfoncer pour atteindre cet objectif sont celles d'autres péchés... espionnage, suspicion, présomption, jugement aléatoire. Prendre le chemin des péchés en réponse à un autre péché n'a aucune cohérence. La négativité qu'apporte le péché ne sera pas dissipée. La confiance entre vous ne se rétablira pas. C'est évident, tu fais ce que tu reproches à ta moitié. Comment veux-tu que ta parole soit plus crédible que la sienne ? Ibn Mas'ud (qu'Allah l'agrée) a dit : « *Il se peut qu'une personne victime d'un vol, devienne par ses soupçons pire que le voleur* ». Al Ghazali (qu'Allah lui fasse miséricorde) va encore plus loin, en disant : « *Il arrive que la médisance soit conçue avec le cœur. Il s'agit de la suspicion, et de la mauvaise opinion à l'égard des musulmans.* ». On ne combat pas le feu par le feu, c'est une très mauvaise stratégie...

Comment sortir de cela ?

La confiance est une plante. Sa survie et son bon développement dépendent de vos actions. Une plante que l'on arrose régulièrement, que l'on protège, se développera et sera solide et résistante. Ce qui ne sera évidemment pas le cas d'une plante à laquelle nous n'accordons aucune de ces attentions. En réalisant que le mensonge installe un climat de suspicion et d'insécurité, qui, à long terme est émotionnellement épuisant, le premier pas consistera à faire disparaître les causes qui mènent à celui-ci.

Couper les causes par lesquelles le mensonge survient

La première des causes est de minimiser son importance. Non le mensonge n'est pas une solution de facilité, et non le mensonge n'est pas un détail parmi tant d'autres. C'est un péché. Hors de question d'avoir un raisonnement biaisé qui sous-entendrait que si la vérité est amère, c'est que le mensonge est doux. Quand la vérité est amère et qu'elle est dite malgré tout, ce sont les fruits qu'elle produit qui sont doux. *D'après Aïcha (qu'Allah l'agrée), il n'y avait aucun comportement que le Prophète* ﷺ *détestait plus que le mensonge. Certes on mentionnait un homme auprès du Prophète* ﷺ *pour le mensonge et ceci ne cessait d'être en lui jusqu'à ce qu'il apprenne qu'il s'est repenti.* (Rapporté par Attirmidhi dans ses Sounan n°1973 qui l'a authentifié)

La seconde cause est la crainte de réactions excessives de la personne à qui l'on s'adresse. En clair, je lui mens parce-qu'il est impossible de lui dire la vérité. Pour régler ce point-ci, chacun devra mettre de l'eau dans sa grenadine. D'une part, il n'est pas raisonnable d'assommer l'autre de propos offensants ou de lui manquer de respect caché derrière le prétexte de la franchise. Il est évident qu'il (ou elle) n'acceptera rien de ta part, même la plus grande des vérités. Établir une relation basée sur l'honnêteté et la franchise, sous-entend qu'elle repose aussi sur la douceur et la miséricorde. **Donc, dire la vérité est une bonne action dans le fond et dans la forme**. Ainsi tu vas aider celui ou celle qui la reçoit à l'accepter. Oublie ces principes à la mode type « sincérité radicale » ou « la sincérité, c'est de dire tout ce qu'on pense » qui justifie de massacrer l'autre verbalement sous couvert de vérité. Ce sont des concepts défouloirs, agréables pour celui qui les utilise, rarement pour celui qui les subit. Avec ce type de méthode, tu deviens vite inaudible. J'ai un exemple pour illustrer mon propos :

Deux personnes ont échangé des insultes en présence du Messager d'Allah ﷺ. L'un était tellement en colère que son visage avait changé de couleur. Quand il est parti, le Messager d'Allah ﷺ a dit : *« Je connais certainement une parole, qui s'il l'avait prononcée l'aurait sorti de son état, à savoir : Je recherche refuge auprès d'Allah contre satan le damné . »* Le second était encore présent et a entendu les paroles du Messager d'Allah ﷺ puis les a rapportées à la personne concernée. Il ne s'est pas contenté de transmettre la recommandation prophétique, il l'a même conseillé en lui disant « *Cherche refuge auprès d'Allah contre le mal du diable, vas-y fais-le* ». À ton avis, la personne en colère a-t-elle accepté les paroles rapportées par celui avec qui elle a échangé des insultes, et qui lui a fait péter un câble ? L'homme en colère lui a dit : « *Est-ce-que tu vois en moi un mal quelconque, est-ce-que tu crois que je suis fou ? Va-t'en !* ». Il ne l'a pas accepté. Tout en sachant que c'était une parole du Messager d'Allah ﷺ, il s'est renfermé en disant en quelque sorte « *Attends, tu m'as insulté et maintenant tu viens me dire ce que je dois faire ? Je ne t'écoute même pas !* ». C'est là que tu réalises que manquer de respect aux gens, ne pas mettre la forme est une cause de rejeter le fond. Ne me dis pas après cela que les gens n'acceptent pas la vérité et qu'on est obligé de leur mentir. On a tous notre part de responsabilité. Conclusion : Fais bien attention à la manière dont tu dis les choses. Dès que la vérité est plus facile à entendre, elle est plus facile à accepter, et tu n'as pas d'excuses pour recourir aux mensonges.

D'autre part, si je veux que ma moitié soit totalement transparente avec moi, je dois apprendre à l'écouter. Exiger une franchise que l'on est incapable de supporter n'a pas de sens. La personne qui écoute doit apprendre à accepter les remarques (dès lors qu'elles sont correctement formulées) et recevoir les informations avec l'intention d'en tirer le meilleur parti. Il est contre-productif de se réfugier derrière sa susceptibilité pour rejeter le fond du message. Le déni (refus de reconnaître la réalité) est aussi un facteur qui détruit la confiance. Quand tu t'adresses à quelqu'un qui, quoi que tu dises, niera les faits, remettra en question ta véracité, ou te fera passer pour un fou (ou une folle), quelles solutions te reste-t-il ? Comment allez-vous faire pour avancer si la vérité est inaudible ? Vous ne voulez pas de mensonges dans votre relation de couple ? Apprenez à vous écouter , c'est un choix à faire.

Couper les causes par lesquelles le mensonge vit au quotidien

Ce qui entretient la pratique d'un péché est avant tout la faiblesse de la foi et l'insouciance de ses réelles conséquences. Tu veux faire naître en toi le dégoût pour le mensonge ? Instruis-toi sur la gravité de ce péché, ses dégâts dans ta relation à Allah, ses conséquences après la mort. Écoute des cours sur la description de l'Enfer et des actions qui y mènent (dont le mensonge). Fais-toi peur. Le but est évidemment la prise de conscience, pas la résignation. Et fais appel à ton amour propre pour ne pas accepter d'avoir en toi une des qualités des hypocrites. Le Messager d'Allah ﷺ a dit: *«Quatre caractéristiques, si elles sont présentes chez une personne ce sera alors un véritable hypocrite, et celui chez qui il y a une de ces caractéristiques aura en lui une caractéristique de l'hypocrisie jusqu'à ce qu'il la délaisse: lorsqu'on lui confie un dépôt il trahit, lorsqu'il parle il ment, lorsqu'il conclu un pacte il ne le respecte pas et lorsqu'il se querelle il se comporte particulièrement mal ».*

(Rapporté par Al Boukhary dans son Sahih n°34 et Mouslim dans son Sahih n°58)

Pourquoi te parle-je de faire appel à ton amour propre ? Une des « punitions » du temps du Messager d'Allah ﷺ était l'humiliation publique. Par exemple, on enlevait à l'homme condamné son turban et il devait marcher dans les rues tête nue. Et c'était un déshonneur à cette époque pour un homme que de sortir la tête découverte. Toucher à leur honneur était pour eux une punition conséquente ! Active toi aussi ce levier : As-tu envie de ressembler aux hypocrites ? As-tu envie d'être ressuscité avec eux ? Non, et encore non ! As-tu envie d'être mentionné auprès d'Allah comme menteur ? Ou que le mensonge te plonge dans la perversité ? Non, certainement pas. Tu vois, ce feu qui brûle en toi à l'idée d'être des perdants au Jour du Jugement ? C'est un formidable carburant, utilise-le pour te corriger *insha Allah !*

Le recours au mensonge est le fruit de la faiblesse de la foi. Si, par la Grâce d'Allah, celle-ci augmente, tu vas trouver suffisamment de force en toi pour y renoncer. En réalité, on devrait tous avoir des habitudes quotidiennes d'actions qui entretiennent la foi, comme le « dhikr », c'est-à-dire l'évocation d'Allah par exemple. Ibn Mas'ud (qu'Allah soit satisfait de lui) a dit : *« L'évocation d'Allah fait croître la foi dans le cœur comme l'eau fait pousser les plantations. ».* Des différentes formes de *dhikr*, la plus appropriée quand tu es dans le péché, est « *al istighfar* » (la demande de pardon à

Allah). C'est un moyen pour endiguer l'effet de tes péchés et t'aider à changer. As-tu intégré le *dhikr* à tes habitudes de vie ? Combien de temps passes-tu à évoquer la créature ? Et combien à évoquer le Créateur ? Le Messager d'Allah ﷺ a dit : **« L'exemple de celui qui évoque son Seigneur et de celui qui l'évoque pas est l'exemple du vivant et du mort. »** (rapporté par Al Boukhary et Mouslim). Que peut-on attendre d'une personne dont le cœur est mort ? Quelle force l'individu va-t-il tirer d'un cœur vide de l'évocation d'Allah ? On se dit parfois « *mais j'y arrive pas !* » « *je n'en ai pas la force* », « *Je n'ai pas la volonté de...* », « *j'aimerais bien mais je suis trop faible* ». Mais d'où vient la force et la volonté ? Ibn Taymiyya (qu'Allah lui fasse miséricorde) a dit : **« Le courage n'est pas la force du corps. Le courage, c'est plutôt la force du cœur et son endurance ».** Nourris ton cœur d'évocation d'Allah, tu y trouveras courage et volonté par Sa Permission.

Si tu te demandes comment t'y prendre, il suffit de se référer à la Sounna. Les livres qui traitent du sujet sont nombreux, tu as largement de quoi faire. La lecture du Coran avec méditation, les formules de *dhikr* du matin et du soir, celles destinées à la protection, le fait de rappeler aux autres la grandeur d'Allah, méditer sur la création pour y voir les signes de La Toute Puissance du Créateur. À toi de trouver ton rythme et de te forger tes propres habitudes *insha Allah,* tout en calquant ton programme sur ce qui a été légiféré par Allah et Son Messager ﷺ.

Il y a un principe important à avoir à l'esprit : **quand tu n'as pas la force d'être une locomotive, soit alors un wagon.** C'est-à-dire que quand tu n'as pas la force d'accomplir le bien et d'avancer par toi-même, accroche-toi au groupe qui te tractera vers cela. S'asseoir dans une assemblée de rappel ou un séminaire, écouter un cours ou une intervention liés à la foi et aux bonnes actions sont quelques moyens de booster sa foi. De même qu'appeler quelqu'un dont tu apprécies l'approche pour qu'il te fasse un rappel, ou tenir compagnie aux gens de science. Tout cela fait partie de l'évocation d'Allah, les formes changent, le fond reste le même : **booster ta foi et réveiller ton cœur.** Quoi qu'il en soit, la faiblesse de la foi engendre la faiblesse devant ce qu'Allah a interdit, que ce soit vis-à-vis de Lui ou de Ses créatures. Ce manque de carburant spirituel fera des dégâts dans tous les aspects de ta vie. Plus la foi de l'être humain est forte, plus il est attaché au respect des prescriptions divines. Plus il la néglige, plus il est une cible facile pour les tentations en tous genres. Plutôt que de te poser en victime, fais le choix d'installer dans ta vie des actions par lesquelles Allah va préserver la foi dans ton cœur. Le *dhikr* en est un exemple dont la puissance ne doit pas être sous-estimée !

Le second point est de combattre sa propre lâcheté. Le mensonge est une forme de fuite. Plutôt que d'affronter la réalité et d'assumer ses choix et ses positions, la personne préfère s'éviter le courroux de son interlocuteur ou d'avoir à rendre des comptes. Tu mens aujourd'hui parce que tu n'as pas envie de t'expliquer, puis demain parce que tu es fatigué, puis une autre fois, parce qu'il (ou elle) va mal le prendre si tu dis la vérité. Jusqu'où vas-tu aller ? Tu penses vraiment que ça n'aura aucun impacte sur ton couple ? Les malheurs qui nous arrivent sont le résultat des actions que l'on commet. Allah dit : *« Et quand Nous faisons goûter une miséricorde aux gens, ils en exultent. <u>Mais si un malheur les atteint à cause de ce que leurs propres mains ont préparé, voilà qu'ils désespèrent.</u> N'ont-ils pas vu qu'Allah dispense Ses dons ou les restreint à qui Il veut? Il y a en cela des preuves pour des gens qui croient. »* (sourate 30 verset 36-37). Ne serait-il pas plus efficace de traiter le mal à la racine ? Finalement, qu'est-ce-qui est le plus douloureux, dire la vérité ou subir les épreuves dues aux mensonges ?

Fais tout ton possible pour ne pas te retrouver dans des situations qui te mettent dans l'embarras et te poussent au mensonge. Omar Ibn Al Khattab (qu'Allah l'agrée) conseillait de ne pas faire en privé ce que tu ne ferais pas en public. Rapporté au couple, ça donnerait « ne fais pas dans le dos de ta moitié ce que tu n'oserais pas faire face à elle ». Quand tu réfléchis ainsi, tu vas *insha Allah* éviter tout ce qui va te mettre dans l'embarras face à ton époux(se). Je pense que c'est un très bon point d'ancrage. Annawas Ibn Sam'an (qu'Allah l'agrée) a dit : *« J'ai interrogé le Messager d'Allah ﷺ sur le bien et sur le mal. Il ﷺ me dit : Le bien, c'est la bonne moralité. Et le mal, c'est tout ce qui reste hésitant dans ta poitrine et que tu n'aimerais pas que les gens découvrent. »* (rapporté par Mouslim)

Quand tu as cet état d'esprit, tu fais le lien entre action et conséquence. C'est cela qui te sort de la dictature de la pulsion. Pourquoi les gens ne se permettent pas tout ce que leur ego leur ordonne ? Parce qu'ils ont peur des conséquences. Ils craignent d'être arrêtés, de passer devant un juge et d'être condamnés. S'il n'y avait aucune répercussion, certaines personnes se laisseraient aller au pire. En résumé on pourrait dire que le plus dur n'est pas de faire ou ne pas faire quelque chose mais d'avoir à l'assumer. Et face à cette difficulté dans leur couple, certains se perdent dans le mensonge.

On a mis le doigt sur le problème je pense : **la difficulté à assumer**. Il y a une citation qui résume bien ce problème: "et si le plus grand danger était de ne pas savoir mesurer les risques?". C'est exactement cela, on met la cohésion de couple en danger parce-qu'on ne sait pas mesurer les risques que l'on prend par nos décisions. Religieusement, les exemples qui illustrent ce trait de caractère chez l'être humain sont nombreux. Parmi eux, on trouve des gens qui auront vécu une vie de mécréance et de désobéissance. Ils se vantaient même d'être fiers d'eux et de leurs actions. Mais que se passe-t-il quand ils doivent rendre des comptes ? Ils n'assument pas. Ils vont se lamenter et demander à Allah la possibilité de retourner à la vie du bas-monde en promettant d'y faire le bien. Allah dit : *« Et là, ils hurleront: «Seigneur, fais-nous sortir, nous ferons le bien, contrairement à ce que nous faisions».* (sourate 35 verset 37). Oui, l'exemple est extrême. Oui ça pique, et c'est le but. Pour réussir dans son couple, il faut se construire un certain état d'esprit. Je devrais en réalité dire, pour réussir ici-bas et dans l'au-delà, parce que ton état d'esprit te définit partout et avec tout le monde. Pense « conséquence » avant de penser « plaisir », pense « impact » avant de penser « mensonge ». Un « petit » mensonge qui t'oblige à un autre, qui te met dans une situation délicate qui t'oblige à rentrer dans d'autres péchés pour tenter de camoufler le tout... Combien de personnes se sont lancées dans des actes dont le contrecoup les a complètement dépassées. Bannissez le mensonge ! C'est une mentalité à bâtir, un principe à assimiler qui va vous épargner bien des soucis par la permission d'Allah. Ce n'est pas pour rien que le Messager d'Allah ﷺ a dit : *« Le mensonge mène à l'immoralité et l'immoralité mène en Enfer. L'homme ne cesse de mentir jusqu'à ce qu'il soit considéré auprès d'Allah comme menteur»*. (rapporté par Al Boukhary et Mouslim)

Ce *mindset* de penser « conséquences » avant de penser « mensonges » rejoint celui de ressentir la présence d'Allah à chaque instant de notre vie. Sentiment dont parle le Messager d'Allah ﷺ lorsqu'Il dit : *« Adore Allah comme si tu Le voyais, car si tu ne Le vois pas, Lui te voit. »*. Chaque fois que tu parles, Il t'entend, Ses anges notent tout ce que tu dis. Quel regard Allah porte sur toi quand tu t'enfonces dans le mensonge ? Comment ne pas avoir honte devant Lui *(soubhanahou wa ta'ala)* ?

Le troisième et dernier point est d'appliquer cette parole du Messager d'Allah ﷺ avec le plus de fermeté possible : *« Dis la vérité même si elle est amère.»*

La vie est un ensemble de choix. Nous ne faisons que cela tout au long de notre existence : vivre des situations et faire des choix. Décider de ne dire que la vérité en est un. Certes difficile pour l'ego, mais salvateur pour l'âme dans sa relation à Allah et à Ses créatures. Il ne tient qu'à toi de faire ce choix *insha Allah.* Tu dois certainement connaître l'expression *« il vaut mieux demander pardon que demander la permission »,* que certains couples n'hésitent pas mettre en pratique alors que c'est loin, très loin d'être une bonne idée... Quand tu fais les choses dans le dos de ta moitié, à quelle réaction peux-tu t'attendre de sa part ? Quels sentiments vas-tu susciter ? Quand tu mets ton époux(se) devant le fait accompli alors que tu es au courant de tout depuis le départ, cela s'apparente au mensonge, feinter l'ignorance aussi. Pour le vérifier, tu as juste à observer les fruits que produisent de telles attitudes : Colère ou satisfaction ? Impression de traîtrise ou de fidélité ? Unité ou division ?

La gravité du mensonge ne se mesure pas à sa « grandeur » mais à son impact. Arrêtons de se cacher derrière des expressions type « petit mensonge » ou « ce n'est rien de grave ». Si tu es capable de le faire pour une chose dérisoire, qu'est-ce-qui va t'empêcher de le faire quand l'enjeu sera bien plus conséquent ? Tu vois le nombre de questions, d'incertitudes et d'appréhensions que produit le mensonge ? Alors fais le choix de ne dire que la vérité. Elle est source de tranquillité, de sérénité et de confiance, quand le mensonge est source d'inquiétude, de doutes, et de méfiance.

Quand on parle de mensonge, on pense trahison. Il en existe une forme que j'ai voulu mettre à part : il s'agit de l'infidélité. Son impact est radical et peut mettre fin au couple, purement et simplement. La notion même d'infidélité renvoie au mensonge, à l'instabilité émotionnelle, l'incertitude et la trahison . Tout y est pour transformer la vie d'une personne en cauchemar. Il y a des choses qui une fois brisées ne se réparent pas. Si un couple en est là, la séparation est ce qu'il y a de préférable. Si la personne est dans l'incapacité de pardonner (ce qui se comprend aisément), que la situation est destructrice pour elle, pourquoi rester et pourquoi l'empêcher de partir ?

Si la personne se repent sincèrement devant son Seigneur, *al hamdoulillah*, Allah est l'Accueillant au repentir, mais *la tawbah* (le repentir) n'agit pas comme un médicament sur la blessure de la personne trompée. Ce tort les concerne aussi tous les deux (membre du couple). Quand quelqu'un est dans l'impossibilité de faire l'impasse sur ce qui s'est passé, il faut l'accepter. Peut-être est-ce aussi le prix à payer pour réparer son tort. Chacun agit selon ses capacités, on ne peut pas imposer le pardon sincère dans le cœur d'un individu. Comme on se l'est dit plus haut, tout cela n'est pas entre nos mains.

Conclusion

Si la confiance est un facteur de stabilité dans le couple, le mensonge est sa kryptonite. Soyons sincères ! Ça à l'air tellement facile dit comme cela, pourtant, le mensonge est aujourd'hui considéré par beaucoup comme un détail. Ce n'est pas le cas ! Gardez toujours à l'esprit cette narration Prophétique : *« le mensonge mène à l'immoralité, et l'immoralité mène à l'enfer »* et projetez-vous dans toutes les imbrications qu'il y a entre ce péché et les difficultés que vous pouvez vivre d'un point de vue matériel ou spirituel. C'est pourquoi j'ai tenu à en parler dans ce livre. La pérennité de votre couple est directement liée à l'attitude que vous avez l'un vis-à-vis de l'autre. Faîtes le choix de l'honnêteté et de la franchise, vous en récolterez les fruits, Allah ne laisse pas se perdre la récompense de ceux qui font le bien.

3. LE MANQUE DE RESPECT

Le mot se définit par deux aspects : Le respect comme *« sentiment de considération envers quelqu'un, et qui porte à le traiter avec des égards particuliers. (Ainsi que) la manifestation de ces égards. »* et le respect comme *« sentiment de vénération envers ce qui est considéré comme sacré »*. (Dictionnaire en ligne Larousse). On pense tout de suite ici à ce qu'Allah a rendu obligatoire ou interdit notamment car le mot *« haram »* que l'on traduit par « interdit » signifie « sacré ». Les interdits étant le domaine dans lequel le serviteur d'Allah s'empêche d'entrer.

Ces deux aspects sont intimement liés car sans considération il ne peut y avoir de couple qui dure dans le temps. Et parce-que celui (ou celle) qui respecte ce qui est sacré auprès d'Allah, saura *insha Allah* respecter ce qui est sacré chez les gens, qui plus est dans l'intimité du mariage. L'inverse est malheureusement vrai aussi.

Rappelons qu'il y a trois choses qui sont sacrées chez tout musulman : Son honneur, ses biens et son sang. Le Messager d'Allah ﷺ a dit : ***«Tout ce qui concerne le musulman est sacré pour le musulman : son sang, ses biens, et son honneur.»*** (rapporté par Mouslim n°2564)

Il ﷺ dit également : ***« Insulter un musulman, c'est de la perversité, et le tuer c'est de la mécréance. »*** (rapporté par Al

Boukhary n°68)

Enfin, un homme a envoyé une lettre à Ibn Omar lui priant de l'informer sur la science. Il lui a répondu en ces termes :

« La science est immense, mais si tu peux rencontrer Allah le dos allégé du sang des gens, le ventre vide d'avoir consommé leurs biens, la langue exempte d'avoir atteint leur honneur, tout en étant fidèle à leur unité, alors fais-le. » (Siar A'lem e-Noubala 222/3).

(http://www.3ilmchar3i.net/article-le-caractere-sacre-du-sang-des-biens-et-de-l-honneur-101748777.html)

Qu'est-ce-qui s'oppose au respect ? Parmi ses contraires il y a le mépris (= absence de considération) Celui-ci a un champ d'actions plutôt vaste. Le mépris va de la moquerie même « gentille » aux remarques assassines et rabaissantes en public, en passant par les insultes, ou la négligence pure et simple. Avec des finalités telles que la dévalorisation de la personne, l'expression d'un désintérêt vis-à-vis d'elle, ou la volonté d'afficher son infériorité. Toutes ces formes de mépris se rejoignent sur un point : **la critique.**

La critique cachée derrière la moquerie

Ce sont la plupart du temps des réponses auxquelles on ne prête aucune attention, une blague que l'on trouve « mignonne » ou pas méchante. Un tacle rabaissant dit sur le ton de l'humour, une réponse nonchalante à une inquiétude bien réelle pour ta moitié type « *t'es parano, tu t'en fais pour rien* », « *on s'en fiche de ça, c'est rien* ». Là, tu dois te dire que j'abuse, que tout le monde a déjà dit cela à son époux(se) et qu'il n'y a rien de grave... C'est vrai que sur une échelle de un à dix, tu n'es pas encore arrivé à dix. Le souci, c'est que ce type de propos ne correspond pas aux attentes de la personne qui est en face de toi. Quand ta moitié s'ouvre à toi, (il ou) elle a besoin de savoir que tu es capable de l'écouter. La capacité d'écoute est un élément fondamental dans la relation de couple. C'est une marque de respect que de donner de l'importance à ce qui est important pour l'autre, juste parce que c'est important pour lui (ou elle). Quand ton époux(se) se confie, il (ou elle) a besoin d'être sûr que tu prendras le truc au sérieux. C'est peut-être difficile pour lui (ou elle) d'en parler, peut-être y a-t-il de la honte ou de la gêne à aborder certains sujets. Si en plus de cela vous devez vous sentir fragilisés par les moqueries de l'autre, aucune chance que vous vous fassiez confiance. Puis le mépris déguisé en humour permet de tenter de se dédouaner par des « *mais non je rigole* » alors que l'attitude que vous avez l'un vis-à-vis de l'autre est réellement blessante. Cheikh Al Outhaymine (qu'Allah lui fasse miséricorde) a dit : « *Le croyant est celui qui est conscient des sentiments des autres* ». On est en plein dedans. Le Messager d'Allah ﷺ a dit : « **Les croyants entre eux sont comme une construction, ils se soutiennent les uns les autres » et il a croisé ses doigts.** (Rapporté par Al Boukhary dans son Sahih n°2446 et Mouslim dans son Sahih n°2585). Ajoute à cette narration prophétique celle où le Messager d'Allah ﷺ dit que le meilleur est celui qui est le meilleur avec son épouse et tu réalises que la personne qui est le plus enclin à recevoir ton soutien est celle qui partage ta vie. Évidemment, ce raisonnement s'applique également à l'épouse vis-à-vis de son mari.

Pour autant, est-ce qu'il n'est pas possible de plaisanter dans le couple ?? Si évidemment, *al hamdoulillah* ! Mais parle-t-on de la même chose ici ? Pas du tout. Même si on peut penser que plaisanter et se moquer sont synonymes, il existe une différence entre les deux. Dans le dictionnaire « *se moquer* » a le sens de « *tourner en ridicule* » et « *plaisanter* » a le sens de « *propos destinés à faire rire, à amuser* ». Dans la plaisanterie, il n'y a pas forcément cette idée de vouloir ridiculiser l'autre. Le Messager d'Allah ﷺ plaisantait, les Compagnons plaisantaient, il n'y a pas de souci là-dessus. Abou Hourayra (qu'Allah l'agrée) a dit : **« *Des gens ont dit : Ô Messager d'Allah, tu plaisantes avec nous ? Il répondit : Oui, mais je ne dis que la vérité.* »** (rapporté par Al Boukhary dans Al Adeb al Moufrad n°264). Cheikh Al Outhaymine (qu'Allah lui fasse miséricorde) a dit : « *La plaisanterie dans les paroles est comme le sel dans le plat. S'il y en a trop, alors le plat n'est plus bon et si on n'y met pas de sel, alors le plat n'est pas apprécié.* » (Charh Hilyatou Talib Ilm p339). De plus, la sagesse c'est de savoir quoi dire, quand le dire et à qui le dire. Il y a des contextes et des expressions qui ne se prêtent pas à la plaisanterie. C'est tout cela qui différencie la moquerie/critique de la plaisanterie.

Les petites phrases blessantes type : « tu *ne comprends jamais rien* » ou « *laisse tomber, tu mets trop de temps à comprendre* » etc... sont une autre forme de mépris. C'est très infantilisant d'entendre cela et ça met de la distance entre les gens. Finalement, à quoi bon m'intéresser à tes projets vu que je ne comprends jamais rien ? Cela fragilise le statut de l'un des époux vis-à-vis de l'autre. Et qui dit fragilité, dit prémices à une guerre d'ego à venir dans le couple. À force de se sentir rabaisser, on finit par vouloir se défendre et répondre...

Le mépris est en réalité une manière de repousser l'autre et de mettre des barrières entre vous. Mais dans quel but ? Les époux ne sont-ils pas censés être proches et complices ? Ces invectives effritent le respect mutuel et la complicité. Idem pour les expressions dévalorisantes type « *T'es vraiment pas doué* », « *Tu ne sers à rien* » ou « *Tu ne sais vraiment rien faire* » et d'autres du même genre. Ali Ibn Abi Talib (qu'Allah l'agrée) disait : **« *Ne critiquez pas trop, car trop de critiques mènent à la haine et à un mauvais comportement.* »**.

Comme on l'a dit au début, la plupart du temps, ce sont des petites formules qu'on a pris l'habitude de prononcer avec ses amis, qu'on estime sans gravité et sans mauvaises intentions. Ce sont des remarques avec lesquelles on a grandi, que l'on trouve « normales ». Pourtant les conséquences néfastes sont bien réelles. Trop de critiques mènent à la haine et au mauvais comportement. Et dans quel état est un couple animé par la haine et le mauvais comportement ? La réponse est évidente. Rappelle-toi du Messager d'Allah ﷺ quand on lui a servi à manger du pain et du vinaigre. *Djabir (qu'Allah l'agrée) rapporte que le Prophète ﷺ demanda à l'une de ses épouses de lui donner quelque chose à manger avec son pain. Elle lui dit : Nous n'avons que du vinaigre. Il demanda qu'on lui en apporte et se mit à manger son pain avec du vinaigre tout en disant : Que le vinaigre est bon pour faire passer le pain, que le vinaigre est bon pour faire passer le pain !* (rapporté par Mouslim, Riyad Salihin n°737) *SoubhanAllah !* Il ﷺ a toujours cette attitude digne et posée, positive et douce. Ça n'a rien de facile, mais c'est pourtant le plus constructif : parler en bien ou se taire. Est-ce-que cela signifie que nous n'allons plus nous remettre en question l'un l'autre ? Pas du tout, c'est la forme qui va changer. Nous ne sommes alors plus dans la critique, mais dans le conseil. Certains parlent même de « critique constructive ». Dans le fond comme dans la forme, l'objectif est d'apporter une amélioration tout en préservant l'honneur de la personne visée. De corriger sans humilier, d'aider à progresser sans stigmatiser, de conseiller tout en préservant l'unité du couple. Il est rapporté des recommandations de Louqman (sur lui la paix) à son fils ceci : *« Lorsque tu désires exhorter et conseiller une personne, il est bienvenu de faire preuve de tendresse à son égard en utilisant de douces paroles et des termes éloquents qui feront que ta parole parvienne à son cœur, et que celui-ci s'ouvre à t'écouter. »*

Soufyan At-thawry (qu'Allah lui fasse miséricorde) a demandé à Mas'ar (qu'Allah lui fasse miséricorde) :

« *Tu aimes qu'on te montre tes défauts ? Il dit : De la part d'un conseiller oui, mais de la part d'un rabaisseur, non*». Celui (ou celle) qui prétend que c'est du pareil au même, qu'il faut être cash avec les gens parce que c'est le seul langage qu'ils comprennent, doit se poser des questions sur sa réelle intention. Que veut-il vraiment, conseiller ou humilier ? La réponse se trouve dans la manière dont on s'y prend.

C'est que la critique excessive alimente le mépris d'un côté et la colère de l'autre. Celui (ou celle) qui n'est que dans la critique, se prive de voir tous les bienfaits dont Allah le gratifie à travers la personne qui partage sa vie. Et celui (ou celle) qui ne reçoit que des critiques ne peut que se sentir frustré(e) et en colère face à si peu d'estime et de reconnaissance. On pourrait me dire que lorsque l'on fait quelque chose, ce n'est pas pour obtenir la gratitude des autres. C'est vrai. Tout autant que celui qui ne remercie pas les gens, ne remercie pas Allah ! Fait partie du bon comportement du croyant que d'être reconnaissant envers son bienfaiteur. Le Prophète ﷺ a dit : **« Rétribuez quiconque accomplit un bien et si vous ne trouvez pas de quoi le rétribuer, alors louez-le. En effet, le louer, c'est le remercier et dissimuler ce bien, c'est être ingrat. Quant à celui qui se pare de ce qu'on ne lui a pas attribué, c'est comme s'il avait revêtu l'habit du mensonge. »** (rapporté par Al Boukhary Al Adeb al Moufrad chap 110).

De plus, la reconnaissance est un signe d'amour qui conforte et raffermit le sentiment d'être considéré. Ce qui rend triste et brise la confiance, c'est l'absence de ces signes d'amour dans son couple. C'est l'impression d'avoir en face de soi quelqu'un que rien ne satisfait, qui méprise l'investissement de sa moitié, ou qui considère l'attention de l'autre comme un dû. C'est là que tu réalises que le mépris prend racine dans l'ingratitude. Le mal est grave, mais ses remèdes sont nombreux, *al hamdoulillah* ! Le premier ? Mettre à jour son logiciel d'analyse. Le bien n'est pas un dû mais un don d'Allah. Si je me montre reconnaissant, Allah le préserve dans ma vie, le bénit et me rajoute. Si je me montre arrogant, Allah peut tout à fait me le retirer. Le second ? Regarder ceux qu'Allah a moins bien loti. D'un coup, le banal revêt un caractère exceptionnel. Tu te mets à apprécier chaque détail de ta vie. Ta gratitude ne s'en trouve que renforcée, que ce soit vis-à-vis d'Allah ou de sa créature. Et il est impossible que se mélangent mépris et reconnaissance dans votre relation. Si cette dernière augmente (la reconnaissance), elle va tout naturellement éteindre l'autre (le mépris). De là, tes paroles, ton attitude changent, et votre relation aussi !

Le manque de respect dû à la mauvaise opinion

Le manque de respect vient aussi de la mauvaise opinion que les époux ont l'un vis-à-vis de l'autre. Tu sais, quand l'un voit l'autre comme étant incapable de faire quoi que ce soit correctement, le traitant comme le maillon faible de l'équipe. Ce point rejoint le précédent car cette forme de mépris est la cause des critiques excessives. Quand tu considères l'autre comme incapable, ton attention n'est fixée que sur ce qui va te donner raison, c'est-à-dire ses erreurs et ses fautes, avec des phrases type *« tu vois je te l'avais bien dit ! »* , *« j'en étais sûr que ça n'allait pas marcher... »*, *« tu ne sais vraiment rien faire*, *« on ne peut rien te confier »*... Pour sortir de ce cercle vicieux, le premier pas est de considérer tes propres défaillances, cela va t'aider à faire preuve de magnanimité (bienveillance). Abou Sa'id (qu'Allah l'agrée) a dit : *« Seul celui qui trébuche est magnanime »*. Pourquoi ? Parce-qu'il sait ce que ça fait de se tromper ! Il est conscient que même lui trébuche, comment peut-il mépriser les autres pour leurs erreurs ? Ce n'est pas possible. Le deuxième pas est celui de l'honnêteté. Regarde la personne qui partage ta vie dans son entièreté, pas uniquement à travers ses manquements. Ainsi ton regard va changer, tu ne vois plus le maillon faible de l'équipe, mais un(e) allié(e) tout aussi capable que toi dans certaines tâches et pour certains rôles. Il n'y a que comme cela que la considération est protégée entre vous, et par extension, la confiance.

Le mépris par la négligence

Le couple vit au rythme d'échanges, de projets communs, par l'investissement de l'un et de l'autre. Mais quand l'un des deux à l'impression que tout marche en sens unique et qu'il (ou elle) donne sans rien recevoir, tu peux être sûr que vous allez dans le mur. La négligence se traduit par l'absence d'intérêt (zéro communication, signes de tendresse ou proximité physique). C'est agir avec l'autre comme si c'était un frère ou une sœur, pas un mari ou une épouse. Tu as parfois l'impression de vivre avec un(e) colocataire. La négligence se caractérise par le fait d'invisibiliser l'autre, ses besoins, ses envies, ses remarques, ses idées, sa présence...Tu en arrives même à te demander si tu déranges... Ça en dit long sur le malaise. Quel être humain est en mesure d'accepter de vivre ainsi ? Allah décrit le couple comme l'endroit de l'amour et de la miséricorde. Là on est carrément à l'opposé. Allah décrit la relation de l'épouse et de son mari ainsi : *« elles sont un vêtement pour vous et vous êtes un vêtement pour elles »* (sourate 2 verset 187), on est loin du compte...

Cette situation est parfois le résultat d'anciennes rancunes. Quand l'un est blessé par l'attitude de l'autre, cela se matérialise par de la distance, du silence, et de l'absence. On préfère passer du temps avec ses amis plutôt qu'avec sa moitié. On fuit par le biais de son smartphone via les réseaux sociaux. On se réfugie dans le travail pour passer le moins de temps possible à la maison. On se sauve chez ses parents pour trouver un peu d'oxygène social. Toutes ces attitudes reviennent à mettre un pansement sur une jambe de bois. Le fond du problème va persister et continuer à ruiner votre relation. D'où l'importance de ne pas laisser les plaies s'infecter. C'est un point qui sera abordé dans la partie traitant des conflits *insha Allah*. Quoi qu'il en soit, cette attitude n'est pas tenable à long terme sans qu'il n'y ait de gros dégâts. C'est simple, ce que tu ne trouves pas dans ton couple, tu finiras par le chercher ailleurs. Ce sera soit le divorce, soit des réactions complètement stupides et contre-productives.

Le manque de respect par l'agression

C'est de loin le pire qui soit. Si j'en arrive à dénigrer ma moitié en public, ou à chercher à l'humilier frontalement, je suis dans quelque chose d'encore plus grave. Le mépris par le silence est une chose. Celui par l'humiliation en est une autre. Soyons cash sur ce sujet : si tu as l'habitude d'humilier ta moitié par des remarques acerbes devant la famille, vos propres enfants, ou simplement quand vous êtes à l'extérieur, arrête cela immédiatement, repens-toi à ton Seigneur, et fais-toi violence. Non seulement cela détruit ta relation de couple mais aussi ta relation à Allah. Le Messager d'Allah ﷺ a dit : **« Il suffit au musulman pour être mauvais que de mépriser son frère musulman. »** L'imam Al Boukhary (qu'Allah lui fasse miséricorde) a dit : *« Je n'ai plus dénigré quelqu'un depuis que j'ai appris que la médisance causait du tort à ceux qui la font. »* (Siyar a'lam an-noubala 12/439). Je pourrais te faire une liste longue comme le bras de sagesses des pieux de notre communauté qui interdisent ce comportement.

Mais interrogeons-nous sur le pourquoi du comment. Pourquoi autant d'agressivité ? Pourquoi ce besoin de rabaisser l'autre ? Pourquoi ce zoom incessant sur les défauts des autres ? Je pense que cette conduite révèle un véritable mal être. Il y a une citation que j'ai lu récemment qui aurait du sens ici, elle dit : *« Celui qui n'est pas en paix avec lui-même, sera en guerre avec tout le monde. »*. Il est important de s'interroger sur l'origine de ces comportements et sur ce qui les motivent. Peut-être suis-je mal à l'aise avec mon niveau spirituel, et que par frustration, je me décharge sur ma moitié. Peut-être que je vis un sentiment d'échec ou d'impuissance qui me pousse à être intransigeant avec les autres, comme s'ils étaient responsables de palier à mes manquements. Ai-je besoin de rabaisser pour me sentir grand ? Peut-être ai-je intégré dans mon logiciel de réflexion le rabaissement et l'humiliation parce que c'est comme ça que j'ai grandi. Je ne fais que reproduire ce que j'ai vécu. Certains se disent perfectionnistes et ne supportent pas qu'on puisse leur faire porter la responsabilité d'échecs. Est-ce-que cela justifie de tout rejeter sur l'autre ? Ou est-ce la résultante de rancunes anciennes ? Mon agressivité est-elle l'expression d'une vengeance ?

Le seul moyen pour stopper ce comportement destructeur, c'est de traiter le mal à la racine. Ma vie, mes choix. Pour y parvenir, réponds à cette question : Qui est ton modèle ? Le Messager d'Allah ﷺ ? Alors délaisse toutes les manières de faire pour ne garder que son exemple comme source d'inspiration. Vivre la religion, c'est adapter son système de valeurs à ce qu'Allah a révélé. Est bien ce qu'Allah et Son Messager ont jugé bien. À partir de là, tu as un modèle sain à suivre, c'est un point d'appui primordial.

La seconde étape est de comprendre comment tu fonctionnes. De le réaliser afin de te voir comme les autres qui te subissent, te voient (l'effet miroir). Puis de **désapprendre**. Je m'explique : C'est à moi de décider ce que je garde et ce que je délaisse de l'éducation que j'ai reçue. Rien ne m'oblige à reproduire sur d'autres ce qui m'a fait souffrir. Cela fait partie des qualités du croyant que d'être capable de vider pour pouvoir remplir par ce qu'Allah aime et agrée, que ce soit dans les croyances, les adorations ou le caractère. Ibn Al Qayyim dit : *« On ne peut remplir un récipient d'une substance qu'à condition de l'avoir préalablement vidé de toute substance contraire. C'est le cas pour les personnes physiques et les entités matérielles, mais également pour les croyances et les volontés »* (Al Fawaid p 79). On pourrait définir le fait de « désapprendre » comme étant l'action d'éliminer tous comportements nocifs et destructeurs pour les remplacer par les comportements aimés d'Allah et de Son Messager ﷺ. Alors oui, je ne dit pas que c'est facile, ni même immédiat. Je dis que c'est nécessaire, voire vital pour votre couple. Si votre objectif est de réussir ensemble, il faudra vous accorder du temps *insha Allah*.

En ce qui concerne les insultes, comment dire... Là encore on va parler de gros mal être intérieur, mais le manque d'éducation religieuse est aussi un point important. Certes la familiarité insultante s'est normalisée, les « *vas-y dégage* », « *ferme-la* » ou d'autres formulations bien plus vulgaires sont monnaies courantes entre « amis » chez certains. Mais ça n'est pas notre modèle. Ça n'est pas notre manière de faire. Où est ton honneur d'homme quand tu insultes ton épouse ? Où est ta dignité de femme quand tu insultes ton mari ? Où est votre noblesse de croyants ? Et le fait d'avoir grandi dans une société qui banalise cela n'est en rien une excuse. Où est notre fierté d'être les représentants de la religion d'Allah sur Terre ? Où est notre foi ? Le Messager d'Allah ﷺ a dit : *« Rien n'est plus lourd dans la Balance que le bon comportement. Et, certes, Allah déteste la personne vulgaire et grossière. »* (rapporté par Attirmidhi qui le juge authentique). Il ﷺ a dit aussi : *« Celui dont la foi est la plus complète parmi les croyants est celui qui a le meilleur comportement (...) »*. Le lien entre l'état de la foi d'un individu et son comportement est évident !

Et puis explique-moi, comment la vulgarité participerait-elle à l'amélioration de votre relation de couple ? Comment en êtes-vous arrivés à vous dire que c'est une solution efficace ? Au contraire, ce sont ces attitudes qui changent le beau en laid, qui changent l'amour en haine et qui changent le désir d'être avec quelqu'un en désir d'en être le plus éloigné possible. Le Messager d'Allah ﷺ a dit : *« La vulgarité n'est pas présente dans une chose sans qu'elle ne l'enlaidisse et la pudeur n'est pas présente dans une chose sans qu'elle l'embellisse. »* (Rapporté par Attirmidhi dans ses Sounan n°1974).

La vulgarité est une laideur dans laquelle on ne peut même pas trouver un petit quelque chose de positif, rien ! Accepterais-tu qu'on parle comme cela à ta mère ? À ton père ? Impossible ! Ton épouse est (ou sera *insha Allah*) une mère, ton mari est (ou sera *insha Allah*) un père. Rappelez-vous en. Le mépris atteint l'honneur et l'amour propre de la personne qui le subit. À quoi peux-tu t'attendre en retour ? Le manque de respect, traduit en terme militaire est une déclaration de guerre, ni plus ni moins. Dès lors, vous formez un couple en conflit potentiel permanent. C'est tout simplement épuisant. Pire, à force de vous affronter, vous allez finir par vous détester. Avec une ambiance pareille, pas étonnant qu'après quelques années de mariage les époux soient dépités et découragés.

Comment sortir de cela ?

Une fois, alors que je sortais de la mosquée, j'ai croisé un frère à qui j'aime poser des questions pour prendre de ses conseils. Je l'ai interrogé sur la relation parent/enfant. Il m'a répondu qu'en premier lieu, il faut se rappeler qu'avant d'être ton enfant, cet être humain est un *«'ibad Allah »*, un serviteur d'Allah, un croyant ou une croyante, et qu'il faut donc respecter tous les *« adabs »,* c'est-à-dire toutes les marques du bon comportement qui sont dues aux croyants. J'ai trouvé cela très important. On a parfois tendance à voir notre enfant comme étant notre *« propriété »*. Et ce sentiment de possession nous laisse penser qu'on peut se comporter avec eux comme bon nous semble. C'est faux. Cette réflexion s'applique aussi au couple. Ton époux(se) n'est pas ta propriété. Avant d'être ta moitié, la personne qui partage ta vie est un ou une croyante. Et chaque croyant a des droits. Chaque croyant a une valeur. Chaque croyant est avant tout, un serviteur d'Allah. Et les nombreuses recommandations prophétiques sur le sujet le (la) concernent aussi. Cette personne à laquelle tu es lié par le mariage n'appartient qu'à Son Créateur. Le pronom possessif « *mon ou ma* » quand on parle de son époux(se) ne te donne pas le droit d'agir comme tu en as envie. Une fois ce cadre planté, le regard que l'on porte sur l'autre est différent. Sa compagnie ne m'est pas due. Notre mariage est un bienfait d'Allah dont la préservation est entre Ses Mains. Si je me montre ingrat, il est tout à fait possible qu'Allah me retire ce bienfait. Si je me montre injuste, il est tout à fait possible qu'Allah me le fasse payer. Si je ne suis pas à la hauteur, il est tout à fait possible que ce soit pour moi une source de regret au Jour du Jugement. Si je lui fais du tort, Allah est Son Garant et Son Protecteur, dans quel état vais-je finir si Allah se venge de moi ?

Dans certains cas, le manque de respect s'est installé avec le temps. Il est le résultat de rancunes, de blessures anciennes. L'un méprise l'autre pour lui signifier qu'il (ou elle) n'a pas digéré leurs précédents conflits, qu'il (ou elle) n'a pas fait la paix avec leur passé commun. Compliqué de se projeter quand tout est rythmé par les événements du passé. Pourtant, c'est dans le présent qu'il faut régler ces rancunes. Je m'explique : Il n'est pas raisonnable de dire « *Tu vis dans le passé. Lâche l'affaire et on ira de l'avant* ». L'être humain n'étant pas une machine que l'on peut remettre en « valeur d'usine », afin d'effacer tout ce qui a été, le mépris ne pourra disparaître que lorsque la rancune aura disparue. Les actions à mettre en place pour y arriver :

-S'expliquer pour se comprendre. Se demander pardon jusqu'à réussir à se pardonner. Oui, demander pardon et se pardonner sont deux concepts différents. Demander pardon est une condition parmi les conditions à la réalisation de « réussir à se pardonner ». Mais ce n'est pas la seule.

-En Islam, quand quelqu'un commet un tort, il doit chercher à le **réparer**. Le Messager d'Allah ﷺ a dit : *« Celui qui a lésé son frère dans son honneur ou de quelque autre manière, qu'il s'en acquitte immédiatement (en réparant le tort causé ou en s'excusant) avant que ni le dinar ni le dirham ne soient de quelque utilité. Sans quoi, s'il a quelques bonnes actions à son actif, on en prélèvera selon la gravité de son injustice, et s'il en est démuni, il supportera, en compensation, une partie des péchés de son frère. »* (rapporté par Al Boukhary, Riyad Salihin n°210)

Ikrima (qu'Allah l'agréé) a été pendant un certain temps un des ennemis les plus virulents des musulmans du temps du Messager d'Allah ﷺ. Lorsqu'il s'est converti, il a fait alors une promesse qui se résumait ainsi : **partout où j'ai combattu l'Islam et causé du tort aux musulmans, je vais y**

retourner et y accomplir le bien. La personne qui souhaite réparer ses torts dans le couple, peut décider d'agir ainsi et se donner cette ligne de conduite. Par exemple, tous les gens devant qui j'ai critiqué mon mari ou mon épouse, je vais dorénavant leur dire tout le bien que je pense de lui (ou d'elle). Toutes les fois où je me suis plains de l'état de la maison sans lever le petit doigt, je vais maintenant participer, aider ou faciliter à ceux qui le font quand je suis absent sans faire la moindre remarque. En résumé, vous pourrez reprendre toutes les situations du quotidien qui ont été la source de rancunes entre vous et *switcher («changer d'aiguillage»)* vos manières de faire. C'est un des remèdes à la rancune *insha Allah*. Le Messager d'Allah ﷺ a dit : **« Crains Allah où que tu sois ! Fais suivre la mauvaise action par une bonne, elle l'effacera, et comporte-toi bien avec les gens ! »** (rapporté par Attirmidhi)

-Un couple, c'est une équipe. On gagne ensemble, on perd ensemble, on tombe ensemble, on se relève ensemble. Ce que je veux dire, c'est qu'il n'y a de place pour des comportements puériles et nombrilistes. Là encore on risque de confondre « garder sa personnalité » et « posture nombriliste ». Essayons d'éclaircir ce point : Quand une équipe sportive gagne, ce sont tous les joueurs qui ont gagné. Ce qui a fait leur force, c'est qu'ils ont su mettre leurs qualités au service du collectif. Même si un élément se distingue, cette victoire est celle de la cohésion d'équipe (*« en psychologie du sport, on peut définir la cohésion de groupe comme «un processus dynamique reflété par la tendance du groupe à rester lié et à rester uni dans la poursuite de ses objectifs»*). Quand l'équipe perd, que se passe-t-il ? Soit tout le monde assume cette défaite ensemble et se serre les coudes. Soit certains se mettent à en viser d'autres pour se dédouaner, leur faire porter le chapeau et l'unité se désagrège. S'en suivent sentiments de trahison, baisse de l'estime de l'autre, division et rancunes. Tous les ingrédients sont réunis pour faire exploser le groupe. On a l'habitude de dire que c'est dans la difficulté que l'on voit le vrai visage des gens, le sien y compris. La vie de couple sera le théâtre de coups durs, de défaites, de souffrances. Cette réalité nous concerne tous. La différence se situe dans la manière dont vous allez vivre les vôtres. Soit vous faites grandir l'estime, la confiance et l'amour entre vous, soit vous développez ce qui va déboucher sur du mépris. Celui-ci n'étant que l'expression d'une cassure entre vous ou d'une unité qui n'a jamais existé.

Pour poursuivre la métaphore du sport d'équipe, on peut lire ceci dans un article sur la cohésion de groupe dans le monde du sport : « *Deux types de cohésion ressortent : il y a ce qu'on appelle **la cohésion «opératoire»**, celle qui est centrée sur la tâche à accomplir, et **la cohésion «sociale»**, celle qui est centrée sur les aspects affectifs, l'entente des joueurs entre eux, la satisfaction de leurs besoins personnels... Ce qu'on peut dire, c'est qu'un groupe peut réellement être qualifié de cohésif **si ses membres prennent plaisir à se côtoyer (cohésion sociale) et s'ils œuvrent en même temps à l'atteinte d'un but collectif (cohésion opératoire)»*

Ramené à l'échelle du couple, cela veut dire qu'avoir des objectifs ambitieux *(cohésion opératoire)* ne suffira pas à entretenir la complicité et l'unité entre vous. La confiance, l'envie d'être ensemble, se sentir bien dans le couple, aimé, respecté, se sentir à sa place, légitime *(cohésion sociale)*, sont autant de sentiments indispensables à la stabilité de votre mariage dans la durée. Le fait d'être investi dans vos « 'ibadates » (les adorations) ne suffira pas si vous n'êtes pas attentifs à la qualité de vos « *mou'achalates* » (les interactions familiales). C'est une négligence répandue. Beaucoup s'imaginent qu'en s'adonnant aux actes d'adoration tels que la prière et le jeûne, ils peuvent se permettre de négliger la qualité de leurs interactions sociales pour atteindre la piété. Le Messager d'Allah ﷺ a dit : **« Certes le croyant atteint par son bon comportement le niveau de celui qui jeûne le jour et prie la nuit ».** (Rapporté par Abou Daoud). Pire, certains perdront tout le bénéfice de leurs actes d'adoration à cause de la médiocrité de leurs relations sociales.

-Enfin, il faut s'accorder du temps. Les changements en un claquement de doigt n'existe que dans les films. La véritable guérison prend du temps. Il s'agit d'un cheminement qui vise à vous faire grandir en tant que personnes. Qui dit cheminement, dit temporalité (qui désigne la dimension existentielle, vécue, du temps). Nous sommes aujourd'hui les enfants de l'immédiateté, de l'instantané, tout doit aller vite, toujours plus vite, sauf que là, on ne décide pas du temps de convalescence du cœur. Alors, accordez-vous du temps !

Pour conclure, je dirais que la formule pourrait s'écrire ainsi : **à force de vous affronter, vous finirez par vous détester**. Chacun pourra justifier son attitude par toutes les raisons qu'il veut, le résultat sera le même. Il n'y a pas d'amour sans respect. Il n'y a pas de complicité sans respect. Il n'y a pas de solidarité sans respect, ni de pérennité, encore moins d'envie d'être ensemble. En définitive, il n'y a pas de couple sans respect. Ibn Al Qayyim dit : *« Toute la religion est une question de comportement, et celui qui te surpasse en comportement, te surpasse en religion »*. Comment prétendre à la perfection de la foi (*al ihsan*) quand on est incapable de respecter la personne qui partage notre vie ? Le Messager d'Allah ﷺ a dit : ***« Il suffit au musulman pour être mauvais que de mépriser son frère (ou sa sœur)musulman(e). »**** (tiré d'un hadith plus long).

L'inimité n'arrive pas par hasard, la rancune ne débarque pas un beau matin sans crier gare. On est nombreux(se) à se plaindre de la cassure que l'on vit dans son couple, mais combien sommes-nous à avoir la force de caractère d'éduquer son *nafs* pour que tout cela disparaisse ? Rabaisser sa moitié ne contribue en rien à développer la cohésion du couple, et ne rajoute aucun plaisir à travailler ensemble afin d'atteindre un but commun (on parle d'entrer au Paradis *insha Allah !*). J'ai choisi d'utiliser la métaphore sportive, car le mariage est un sport d'équipe, à vous de choisir la manière dont vous allez mener la vôtre.

4. LA TRAHISON DE L'INTIMITÉ

Trop parler

« Et dis à Mes serviteurs d'exprimer les meilleures paroles, car le Diable sème la discorde parmi eux. Le Diable est certes, pour l'homme, un ennemi déclaré. »
(sourate 17 verset 33)

Les *ahadiths* (paroles du Messager d'Allah ﷺ) sur les dangers de la langue sont très nombreux. Un parmi les pieux a dit : *« évoquer Allah est une guérison, évoquer les gens est une maladie »*. En temps normal, il est déjà déconseillé de parler des autres. Le Messager d'Allah ﷺ a dit : **« Fait partie du bon Islam que de ne pas s'occuper de ce qui ne nous regarde pas »**. Alors oui, dans ce chapitre je parle des époux qui déballent leur intimité, donc quelque chose qui les concerne directement. Ceci étant, le « *cassage de sucre* » comme on l'appelle familièrement ne fait pas partie des qualités du croyant. Le Prophète ﷺ a dit : **« Le croyant n'est ni calomniateur, ni quelqu'un qui maudit souvent, ni pervers, ni obscène »**.

Ici, nous allons parler de l'abus de paroles qui entraîne l'abus de révélations de l'intimité du couple, ou l'exagération dans les propos tenus. Tout ceci porte atteinte à l'honneur de l'autre, remet en question sa valeur, l'humilie et brise le contrat de confiance qui est censé y avoir entre les époux. Quand bien même tu as l'impression d'être animé par une bonne intention, rappelle-toi que c'est le propre du diable que d'habiller une action destructrice avec l'étui de l'innocente bonne intention. Souvent, les choses se passent ainsi : Il y a ce que tu veux dire, puis le diable s'insinue dans ton raisonnement, appuie là où ça fait mal pour déclencher ton côté émotif, et c'est la sortie de route...

On a quasiment tous quelqu'un à qui raconter ses coups de blues, ses incompréhensions, auprès de qui prendre conseils, c'est tout à fait normal, voire indispensable. Pourtant cette attitude comporte plusieurs risques :

Le premier est de se lâcher et de trop en dire jusqu'à tenir des propos qui dépassent nos pensées. N'oublie jamais qu'Allah a dit au sujet du diable : *« Le Diable est pour vous un ennemi. Prenez-le donc pour ennemi. Il ne fait qu'appeler ses partisans pour qu'ils soient des gens de la Fournaise. »* (sourate 35 verset 6). Alors vous pouvez compter sur lui pour vous pousser à en rajouter dans le feu de l'action et ainsi dire des choses qui vont porter atteinte à l'honneur de votre moitié. C'est une chose qui arrive souvent avec les membres de la famille ou nos amis proches, à qui on aime se confier et avec qui on se sent à l'aise. Le pire, c'est que le travail du diable ne s'arrête pas là. Une fois les paroles prononcées, il fera son possible pour qu'elles arrivent aux oreilles du mari ou de l'épouse qui aura été visé. Tu imagines son plaisir à vous voir vous déchirer à cause de paroles que l'un a prononcées sur l'autre et qui l'ont fortement blessé. À trop parler, on passe de « se confier pour obtenir du soutien et des conseils » à médire ou calomnier. De manière générale, on définit la médisance comme le fait de « *révéler les défauts de quelqu'un– ou ce que l'on croit être ses défauts, ses fautes, avec l'intention évidente de lui nuire.* » *(réf trouvée sur le net)*

En Islam, la chose se définit ainsi :
Selon Abou Hourayra (qu'Allah l'agrée), quelqu'un demanda :
« Ô *Messager d'Allah ! Qu'est-ce que la médisance ?*
- C'est de dire sur ton frère ce qui lui déplaît.
- Vois-tu, si je dis la vérité sur lui ?
- Si tu dis la vérité sur lui, tu auras médit contre lui mais si tu ne dis pas la vérité, tu l'auras alors calomnié. »
(rapporté par Mouslim n°6536)

Même si vous dites la vérité c'est déjà de la médisance. Alors imagine si vous vous lancez dans des exagérations hasardeuses, ou pire, des mensonges. Pour contrôler sa langue, il faut savoir gérer ses émotions. C'est le premier palier. C'est un effort conséquent mais indispensable. Certains prétendent que dire ce qui est relève tout simplement de la franchise. *« C'est vrai, si on me demande comment ça va dans mon couple, je ne vais pas dire "Al hamdoulillah, impeccable" alors que ce n'est pas le cas ! »* Oui...mais non. Tu ne vas pas faire semblant, on est d'accord, mais il y a un fossé entre ne pas faire semblant et déballer votre vie privée. Et puis, il existe des formules dans la Sounna pour dire ce qui est sans nécessairement se lamenter. Sachant que la parole est soit en ta faveur soit à ton détriment, la première question qui va se poser est celle de l'intention. Quel bénéfice tires-tu d'étaler vos soucis conjugaux sur la place publique ? Est-ce un moyen de dévaloriser l'autre ? Une sorte de vengeance en raison de la frustration que tu ressens? Un défouloir pour extérioriser tout ce qui bouillonne en toi ?

Comment réagirais-tu si quelqu'un dévoilait des photos intimes de toi ? Très mal sans aucun doute. Tes mots sont comme autant de photos intimes de ta moitié que tu montres un peu partout. Quelle réaction espères-tu qu'il (ou elle) adopte face à cela ? Imagine que les personnes qui ont vu ces photos soient des gens que tu es amené(e) à fréquenter régulièrement (je vise ici la famille et la belle famille). Tu peux aisément ressentir le malaise que cela engendrerait. C'est le même malaise que tu construis lorsque tu dévoiles ce qui relève de votre vie privée. C'est pourquoi je dis que révéler des détails de l'intimité à la famille, alors qu'ils sont humiliants pour l'un des deux époux est une forme de trahison. Ne me parle de sincérité ! La sincérité ce n'est pas dire tout ce qu'on pense. Celle-ci se trouve dans l'intention avec laquelle on prend la parole. Et les conséquences peuvent être gravissimes. Le Messager d'Allah ﷺ a dit : **« *Il arrive que le serviteur prononce une parole, sans se rendre compte de sa gravité, qui le plonge en Enfer à une profondeur plus grande que la distance entre l'Orient et l'Occident.* »** (rapporté par Al Boukhary et Mouslim).

Plus vous parlez, plus vous risquez de donner des

informations à des gens qui ne souhaitent pas forcément votre bien. Et cela risque vite de se retourner contre celui (ou celle) qui aura parlé. La jalousie est malheureusement omniprésente, pour tout et pour rien. Lorsque l'un d'entre vous dévoile votre intimité, c'est l'occasion pour les vautours de manger de votre chair, ou pire, de vous nuire. Prenons un exemple : Une femme critique ouvertement son mari, raconte certains moments de leur quotidien en pointant ce qu'elle estime être ses manquements. Le tout arrive aux oreilles de quelqu'un qui n'aime pas son mari parce qu'ils sont concurrents dans le domaine professionnel. Imagine qu'il utilise ces informations pour discréditer le mari en question. Que va-t-il se passer ? Comment le mari va-t-il vivre cela ? Comme une trahison. Évidemment, cela reste valable pour le mari vis-à-vis de son épouse.

De quelle façon prendre conseil auprès des siens vas-tu me demander ? Premièrement, ne parle de vos problèmes qu'à des gens qui vous respectent suffisamment pour entendre vos difficultés sans vous juger. Nombreux sont ceux dont le mépris grandit à votre égard dès lors que vos aléas leur sont clairement exposés. Secundo, choisis les éléments dont tu vas parler et ceux qu'il n'est pas nécessaire de dévoiler. On a tendance à se perdre dans les détails non-essentiels quand on se confie. Enfin, et c'est en réalité le point le plus important, assure-toi d'espérer le bien pour vous et que ce moment d'échange ne soit pas qu'une occasion de lyncher l'autre juste parce-que ça soulage.

Ici, je ne parle évidemment pas des cas qui obligent à informer la famille ou les autorités compétentes de ce qui se déroule au sein du foyer. Qu'on se comprenne bien, je fais référence dans cette partie aux petites choses du quotidien, les petits défauts des uns et des autres, etc... C'est ce que l'on va aborder dans le point suivant *insha Allah*...

Dévoiler les secrets

Qui dit partage du quotidien, dit partage des secrets, des choses dont vous n'êtes pas spécialement fiers, les conflits qui peuvent exister dans vos familles, les histoires parfois difficiles de vos parents, en résumé un certain nombre de dossiers sensibles. Vous allez aussi montrer à l'autre des choses que personne ne connaît. Ce sera parfois un défaut physique ou une phobie, il s'agira de toute façon de choses dont on ne souhaite pas parler et dont on a honte. Ce sera peut-être une incompétence qui dévalorise l'homme ou la femme en tant que tel dans la société ou les traditions dans lesquelles ils vivent, ou au sein de leurs familles. Il n'est pas rare d'avoir un époux complètement nul en bricolage, ou une épouse pas faite pour cuisiner. Je caricature mais les exemples sont nombreux à ce sujet. Pourtant les petites phrases comme « *il ne sait pas bricoler, il a deux mains gauches* » ou « *elle est nulle en cuisine, c'est une catastrophe* », ou « *il ne sait pas faire si* » et « *elle ne sait faire pas cela* » etc... dites en public, souillent l'estime, le respect et la confiance. Aujourd'hui, avec les smartphones, certains se permettent même de filmer les ratés de leur moitié et envoient cette vidéo à des membres de la famille... Sérieusement, qui, doué de raison, espère entretenir son couple en agissant de la sorte ? Il n'y a que les fous qui ne font pas la différence entre le bien et le mal...

Bref, l'intimité se définit par « *ce qui est intérieur et secret* », qui relève de la sphère privée du couple. Celui (ou celle) qui est incapable de la protéger ne peut pas bâtir une relation épanouissante sur le long terme. Celui (ou celle) qui dévoile ce qui fait la vulnérabilité de l'autre le brise. Il faut être clair là-dessus. Comment ne pas en arriver à la détestation avec de tels comportements ? Comment tenir son couple quand tu perçois ta moitié comme un potentiel bourreau ? On a besoin de pouvoir se faire confiance, là c'est manifestement impossible.

Je ne parle même pas des confidences... Le couple est un coffre-fort où chacun doit pouvoir y déposer ses secrets, sans craindre que tout cela soit dévoilé à la moindre occasion ou la moindre dispute. Il est rapporté que cheikh Outhaymine (qu'Allah lui fasse miséricorde) explique la définition d'un secret ainsi : « *ce qu'un frère te confie et te demande de ne pas dévoiler aux gens. C'est aussi ce qu'une personne te confie en prenant soin que personne ne puisse entendre votre discussion. Le secret c'est aussi ce qu'une personne te confie et dont elle craint que les gens le sache, ou aurait honte si les gens venaient à savoir* ». **C'est un devoir pour le musulman**

de garder le secret qui lui est confié et de tenir sa langue même auprès de gens en qui il a totalement confiance. Cela ne signifie pas qu'on laisse l'un et l'autre des époux faire n'importe quoi, pas du tout. Si vous devez expliquer votre vécu auprès de personnes compétentes afin d'obtenir des conseils, évidemment que vous allez dire ce qui est avec le plus d'exactitude possible. Mais on doit trouver la meilleure manière d'exprimer ses ressentis, avec pudeur dans les mots choisis et les détails donnés, tout en respectant l'honneur de la personne concernée et en préservant l'amour et la confiance dans le couple.

Il y a quelques années, j'aurais pu me limiter à citer le cercle familial et le cercle proche d'amis. Mais aujourd'hui, rarissimes sont les personnes qui ne partagent pas leur vie sur les réseaux sociaux. Là encore, la tentation est grande sous couvert de « dénoncer » ou de « prendre conseils », de déballer les secrets de ta moitié. Forums, groupe facebook, chacun y va de son anecdote croustillante. Attention ! L'anonymat des réseaux n'est pas l'anonymat auprès de notre Seigneur. Si les gens ne savent pas qui tu es derrière ton écran, Allah nous cerne tous et n'est nullement inattentif à ce que nous faisons. Les savants sont clairs à ce sujet, ce que l'on écrit compte comme ce que l'on dit. Et ce qui est un péché dans la parole demeure un péché à l'écrit. C'est une erreur de penser que ce qui est dit sur un forum (ou autre) de manière anonyme n'a aucune incidence, le boomerang finit toujours par revenir à son expéditeur ! Parfois notre relation de couple se dégrade et on va chercher loin des explications à nos mésententes, alors qu'elles ne sont que la conséquence de nos péchés. Ali Ibn Abi Talib (qu'Allah l'agrée) a dit : « *Le malheur ne survient qu'en raison d'un péché et il ne disparaît que par le repentir* ». Allah a en effet dit : **« Tout malheur qui vous atteint est dû à ce que vos mains ont acquis. Et Il pardonne beaucoup »** (sourate 42 verset 30). Idem en ce qui concerne les épreuves qui nous touchent. Penses-tu vraiment qu'étaler les secrets de ta moitié au grand jour ne suscitera pas la moquerie, les commentaires et les jugements de celles et ceux qui auront accès à l'information ? Évidemment que si ! L'être humain a une propension à rire du malheur des autres qui est extraordinaire. Je ne parle même pas de sa capacité à juger... Pourtant le Messager d'Allah ﷺ a dit : **« Ne montre pas ta joie devant les malheurs de ton frère (ou ta sœur), sinon Allah lui accordera Sa Clémence et t'éprouvera à ton tour. »** (rapporté par Attirmidhi, Riyad Salihin n°1577).

Résultat des courses ? Les informations dévoilées deviennent la cause des épreuves qui frappent ceux qui s'en sont moquées. Finalement, qui y gagne ? Certainement pas toi, encore moins les autres. Qu'as-tu à y perdre ? Absolument tout, notamment ton couple. Et puis les réseaux sociaux sont des usines à ragots. Chacun en y racontant sa vie, ne fait qu'attiser la curiosité maladive des autres. C'est pitoyable. Ne soyez pas de ceux-là *insha Allah,* vous valez bien mieux. Préservez votre intimité, vous renforcerez ainsi la confiance au sein de votre couple. C'est la meilleure règle à suivre.

Utiliser les secrets de l'autre contre lui

Le plus difficile arrive quand une personne utilise ce qu'elle découvre de l'autre contre lui. J'entends par secrets tout ce que vous ne montrez que dans le couple, qui est lié à votre intimité. Il ne s'agit pas forcément de péchés ou de choses inavouables. Le fait est que plus tu connais la personne moins elle t'impressionne. C'est bête à dire, mais au départ, avant la sensation de familiarité, il y a une sorte de pudeur entre les époux. Ensuite, s'installe un sentiment d'aisance. Tu en sais de plus en plus sur ta moitié, ses faiblesses te sont clairement exposées, tu connais ses failles, ses besoins, ses fantasmes etc... Ce qui peut changer la donne entre vous. Finalement, il (ou elle) n'est pas si extraordinaire que cela, pas si fort(e) qu'on l'imaginait. Le respect en prend un coup, la pudeur aussi.

Cela se manifeste lors d'échanges où vous vous rappelez vos failles comme pour vous discréditer à coups de « *toi tu parles, mais je sais que tu es comme ceci ou comme cela.* ». Ou lorsque vous êtes en désaccord, comme pour afficher un « *tu n'es même pas en position de parler, tais-toi !* ». Cela peut simplement s'exposer dans le manque d'égards et de considération au quotidien. Mais attention... Se faire confiance c'est accepter d'extérioriser sa vulnérabilité. Quand celle-ci est ensuite utilisée contre soi, c'est le principe même de confiance qui est atteint. Une personne blessée devient silencieuse, distante. Elle ne montre que très peu de sentiments lorsqu'elle est chez elle, alors que c'est l'endroit où elle devrait se sentir le plus en sécurité. C'est ainsi que les époux se mettent à porter des masques, par crainte que ce qui fait leur vulnérabilité soit ensuite utilisé contre eux. Tu imagines l'ambiance ? Peur d'exprimer ses sentiments, ses besoins, ses projets, parce que peur d'être tourné en ridicule ou jugé. Peur d'être trahi, donc perpétuellement en mode extrême vigilance. Tout cela peut aller loin, jusqu'à la peur d'exprimer son désir sexuel et ainsi se priver de ce qu'Allah a rendu licite par le mariage !

Ce jeu dangereux débouche généralement sur des guerres d'ego, des postures pleines de fierté et violentes. On passe de l'authenticité à la mauvaise foi avec des « *non y a rien* » alors que vous tirez des têtes d'enterrement et que vos cœurs sont lourds. On refuse de reconnaître ses torts par peur d'être rabaissé encore un peu plus. Vous vous retrouvez finalement à vivre dans un climat d'hostilité permanente. Ça fait un sacré cocktail d'attitudes négatives ! Impossible de vivre apaisé et libéré. Impossible d'être en paix avec l'autre. Impossible de vivre une véritable relation de confiance. À ton avis, combien de temps dure un mariage vécu dans cette atmosphère ? Et combien de temps vont-ils mettre avant de rêver d'un autre type de relation (voire d'une autre personne) ?

En conclusion je dirais que confiance rime avec respect. Si vous souhaitez être estimés comme il se doit, chacun des époux doit apprendre à regarder sa moitié avec l'œil de la miséricorde et de la gratitude. J'irais même plus loin, tu as un œil pour voir tes défauts, et un autre pour voir les qualités de l'autre. Cela t'évitera de te sentir meilleur((e) et de le (la) mépriser. Faites toujours preuve d'humilité l'un envers l'autre, l'honneur et le déshonneur sont entre Les Mains du Seigneur des Mondes. *« Il élève qui Il veut et humilie qui Il veut »* (sourate 3 verset 26), vous y compris ! Respectez vous par la discrétion et la retenue, en faisant en sorte que rien de ce que vous vivez ne sorte de votre intimité sans raison valable. Ainsi, vous êtes une protection l'un pour l'autre et votre couple est un couple solide.

Rechercher les failles

Dans son recueil *« Ihya 'ouloum dîne »* Al Ghazali cite une parole de Abdallah Ibn Moubarak (qu'Allah lui fasse miséricorde) qui dit ceci : *« Le croyant cherche des excuses, l'hypocrite cherche des trébuchements »*. Ça a le mérite d'être clair. La question évidente qui suit cette citation serait : dans lequel des deux camps êtes-vous dans votre relation de couple ? Nos actions définissent qui nous sommes bien mieux que nos prétentions. Si j'ai cette tendance à toujours rechercher ce qui ne va pas chez les autres, si je suis tout le temps à l'affût de la moindre erreur, du moindre de leurs faux pas, cela révèle quelque chose de moi qui n'est pas très réjouissant. C'est d'autant plus vrai dans le couple. Ali Ibn Abi

Talib (qu'Allah l'agrée) disait : « *Ne critiquez pas trop, car trop de critiques mènent à la haine et à un mauvais comportement* ». Quand Ibn Al Qayyim (qu'Allah lui fasse miséricorde) de son côté dit : **« *L'œil satisfait ne remarque aucun défaut, tandis que l'œil haineux remarque le moindre vice* »** dans son célèbre ouvrage *Al Fawaid*. Passer son temps à épier la moindre faute des autres n'est pas un comportement que l'on peut envier, loin de là. C'est plutôt une attitude qui résonne comme un signal d'alarme. Mouhammed Ibn Sirin (qu'Allah lui fasse miséricorde) disait : **« *Nous avions l'habitude de dire que les gens qui ont le plus de défauts sont les plus rapides à mentionner ceux des autres.* »** (As-samt li Ibn Abi Douniya 138). Si tu es devenu un radar spécialisé dans la détection des défauts des autres, c'est que le pire de tous c'est peut-être toi au final.

Dans quel état cette manie d'épier la moindre erreur laisse-t-elle le couple ? Dans un état de conflit permanent. On dirait deux pays frontaliers qui se détestent mais qui sont contraints de vivre côte à côte, chacun épiant l'autre, espérant trouver un prétexte pour lancer une offensive... Certains prétendront qu'ils sont exigeants. D'autres que c'est le devoir de l'autre d'être ceci ou cela, de faire ceci ou cela. Peut-être, et encore, nous pourrions discuter de ce genre d'excuses, mais de toute façon, le croyant doit avoir comme référence ce qu'Allah révèle dans le Coran et ce qu'a laissé comme exemple le Messager d'Allah ﷺ...

Allah dit: « *O vous qui avez cru! Évitez de trop conjecturer car une partie des conjectures est péché. Et n'espionnez pas, ne médisez pas les uns des autres. L'un de vous aimerait-il manger la chair de son frère mort ? Vous en auriez horreur. Et craignez Allah. Car Allah est Grand Accueillant au repentir, Très Miséricordieux.* » (sourate 49 verset 12)

Le Messager d'Allah ﷺ a dit quant à Lui : « *Attention aux conjectures (aux soupçons, aux doutes) car ceci est la plus mensongère des paroles. Ne vous espionnez pas les uns les autres. Ne cherchez pas les défauts, les péchés ou l'intimité des uns envers les autres. Ne vous enviez pas. Ne vous concurrencez pas. Et ne vous tournez pas le dos. Soyez, Ô serviteur d'Allah, frères !* » (rapporté par Al Boukhary et Mouslim)

Voilà de quoi nous mettre d'accord sur le fait qu'il n'est pas conforme au Coran et à la Sounna d'être là à rechercher les failles des autres, la moindre de leurs fautes, leurs péchés ou leurs défauts. Pas simple de maintenir cet état d'esprit quand vous vous côtoyez au quotidien je te l'accorde. Comment faire pour ne pas tomber dans ce piège, tout en vous tirant vers le haut ? Parce-que oui, l'objectif de grandir en tant que croyant reste d'actualité. La tolérance n'a jamais été de laisser les gens partir en vrille. Le Messager d'Allah ﷺ dit : « *Secours ton frère qu'il soit injuste ou victime d'injustice* ». Un homme a dit: *Ô Messager d'Allah ! Je lui porte secours s'il subit une injustice mais si c'est lui qui commet l'injustice comment est-ce que je lui porte secours ? Le Prophète ﷺ a dit:* « *Tu l'empêche d'être injuste, ceci est le secourir* ». (Rapporté par Al Boukhary dans son Sahih n°6952). Voici quelques conseils pour vous préserver l'un l'autre *insha Allah* :

1. Sois exigeant envers toi-même et tolérant avec les autres.

2. Regarde la personne dans sa globalité. Ses qualités vont t'aider à patienter sur ses défauts *insha Allah*.

3. Concentre-toi sur tes propres défauts, défaillances et péchés, plutôt que ceux des autres jusqu'à ne plus te sentir capable de juger qui que se soit.

4. Exige ce qui aisément supportable. Ne vous surchargez pas l'un l'autre.

5. Considérez-vous comme des frères et sœurs en Islam, avec tout ce que cela implique de bon comportement et de respect.

6. Rappelle-toi votre but ultime à tous les deux : retourner vers Allah et qu'Il vous accueille dans Sa Miséricorde. C'est dans cet objectif que vous devez vous entraider. Le fait d'épier, de rechercher la moindre faute et le moindre défaut ne va pas du tout dans ce sens.

7. Ne devenez pas l'allié du diable l'un contre l'autre. C'est vraiment le pire des rôles que d'être le soutien du diable dans son effort de vous voir vous écrouler.

5. LA MAUVAISE DÉFINITION DES SENTIMENTS

Commençons par cloisonner le sujet, en définissant quel doit être le *mindset* du croyant en ce qui concerne les comportements. Ibn Al Qayyim (qu'Allah lui fasse miséricorde) a écrit ceci : « *Le comportement présente une limite supérieure. Lorsqu'elle est dépassée, il (le comportement) devient outrage (offense extrêmement grave, constituant une atteinte à l'honneur, à la dignité). Il présente également une limite inférieure. Si cette limite n'est pas atteinte, le comportement devient faiblesse et bassesse.* » (cité dans Al Fawaid p 300)

Le croyant doit s'accrocher au juste milieu dans ce qu'il est, notamment dans l'expression de ses sentiments. Tu remarqueras que l'excès, dès lors qu'il est dans une chose la transforme en source de problèmes. Idem pour la négligence. On rapporte de Confucius les propos suivants : « *Appliquez-vous à garder en toute chose le juste milieu* ». Cette citation reflète bien l'état d'esprit du croyant. S'il y a quelque chose à laquelle tu dois t'attacher, c'est d'appliquer ce principe. En ce qui concerne les sentiments, l'imam Ahmed Ibn Hanbal (qu'Allah lui fasse miséricorde) a dit : « *Évitez l'exagération en toute chose, aussi bien dans l'amour que dans la haine.* ». Là encore tu retrouves cette idée de modération et d'équilibre.

La confiance

Se faire confiance n'implique pas l'infaillibilité. Quand une personne accorde sa confiance à une autre, elle sait qui lui faudra à certains moments pardonner des erreurs, patienter sur des défauts. On ne peut pas prétexter de « *je ne donne pas ma confiance à n'importe qui* » pour exiger de l'être humain ce qu'il est incapable de donner, à savoir la perfection. Surtout que derrière ce fantasme d'une confiance infaillible se cache souvent autre chose, à savoir l'obtention de tout ce que l'on attend de l'autre, ou un besoin exagéré de contrôle notamment. On est alors face à deux notions totalement différentes dans les résultats qu'elles vont produire. D'un côté la confiance comme sentiment de sécurité et de l'autre la confiance comme exigence d'une totale satisfaction et d'une volonté de contrôle.

C'est ainsi que la notion de confiance est travestie en volonté de servitude. Puisque je t'ai accordé ma confiance, j'exige de ne pas être déçu, comble-moi ! N'est-ce-pas dans les moments où l'on n'obtient pas ce que l'on veut que l'on « se sent trahi » ? Vous imaginez le niveau d'exigence que vous vous imposez ? C'est une pression de fou que vous exercez l'un sur l'autre. Combien se sentent épuisés, abattus et désemparés, parce qu'ils (ou elles) sont incapables d'atteindre un tel niveau de « confiance ». Le désir de rendre l'autre heureux est tout à fait normal, c'est un dessein magnifique, *masha Allah*. Mais dans ces conditions, c'est une torture. Tu vois de plus en plus de gens abandonner et finalement se réfugier dans un *mindset « me self »*, tourné vers le « *moi* » plutôt qu'un « *nous* » inatteignable pour eux. C'est une triste réalité, mais il est vrai qu'exiger l'impossible est un des piliers de la destruction du couple. Il n'y a pas mieux pour briser toute bonne volonté et transformer le mariage en déception. Pourtant Allah dit : **« Accepte ce qu'on t'offre de raisonnable, commande ce qui est convenable et éloigne-toi des ignorants. »** (sourate 7 verset 199) et le Messager d'Allah ﷺ a dit : **« Ne vais-je pas vous informer de celui qui est interdit pour le feu et pour qui le feu est interdit ? Toute personne proche des gens, douce et facile».** (Rapporté par Attirmidhi dans ses Sounan n°2488 qui l'a authentifié)

Al Foudayl (qu'Allah lui fasse miséricorde) disait : « *Celui qui recherche un frère sans défaut restera sans frère.* ». Ce à quoi Al Ghazali (qu'Allah lui fasse miséricorde) a ajouté : « *C'est-à-dire que celui qui est recherché est un frère dont les qualités surpassent les méfaits* » (Ihya ouloum ad-din de Al Ghazali)

Voilà de quoi construire un état d'esprit équilibré et sain. Pour autant, nous sommes d'accord sur le fait qu'accorder sa confiance à quelqu'un est un engagement fort, qui ne mérite pas d'être pris à la légère en prétextant l'imperfection. Il y a un équilibre a trouvé entre ces deux points qui se situera entre d'un côté la crainte révérencielle d'Allah « *At-taqwa* » et de l'autre, une remise en question constante « *Al mouhasaba* », qu'on traduit par « *examen de conscience* ».

L'imam Ahmed (qu'Allah lui fasse miséricorde) rapporte la parole suivante : « *Il est écrit dans les sagesses destinées à la famille de Daoud : Il incombe à chaque individu doué de raison de ne pas manquer ces quatre moments : un moment pour méditer et évoquer son Seigneur, **un moment pour faire un examen de conscience**, un moment pour s'isoler avec ses frères qui l'informeront de ses défauts et seront sincères avec lui et un moment où il permet à son âme d'assouvir ses désirs dans ce qui est licite et bon, car ce moment aide à accomplir les trois autres et procure l'apaisement du cœur.* »

Pourquoi l'équilibre se trouverait-il entre ces deux principes ? Parce que **la crainte d'Allah** est un état spirituel qui exige d'être scrupuleux dans son rapport aux autres. Vous ne définissez pas les choses selon vos envies ou fantasmes, vous ne fixez pas de limites suivant vos intérêts, tout cela est régit par ce qu'Allah a révélé, ni plus, ni moins. Le fait de se plier et de s'en remettre à Allah libère de l'exagération en matière de confiance. **L'examen de conscience** sert de moment de recul où chacun reconsidère l'ensemble de ses paroles et de ses actes. Vous passez au scanner vos actions afin d'en déceler les mauvaises, de pouvoir vous repentir et réparer s'il y a eu injustice. Ainsi, avant de vous en prendre à l'autre, vous cherchez en vous-même ce qui ne va pas. Ce retour à soi est un pilier majeur de la confiance. Pourquoi ? Quand tu es quelqu'un qui se remet en question et que tu es face à quelqu'un qui agit de la même façon, vous vous préservez des pièges des deux embellisseurs que sont le *nafs* et le diable.

Ces deux-là ont l'art de tromper les gens en leur montrant ce qu'il y a de pire en eux comme des qualités exceptionnelles. Chacun se voyant plus beau qu'il ne l'est et rejetant la responsabilité sur sa moitié, il vous est impossible d'imaginer que les difficultés de couple que vous vivez sont aussi de votre faute. L'examen de conscience vous préservera de ce travers *insha Allah*. En vivant ces deux états dans la vie de couple, chacun des deux époux pourra donner sa confiance à quelqu'un qui sait s'en montrer digne, qui sait reconnaître son erreur lorsqu'il faute et exiger ce qui est raisonnable en matière de confiance, loin des abus des âmes capricieuses.

L'excès dans cette notion de confiance camoufle parfois une volonté de contrôle liée à la peur. Prenez le temps de découvrir vos vécus, notamment familiaux, afin de réaliser quels sont les sujets sensibles sur lesquels vous êtes intransigeants. Prenez le temps de cerner un peu mieux (même si ça n'est pas totalement) vos modes de fonctionnement. Sans cela, lorsqu'il vous arrivera de vivre une situation anodine pour l'un, mais pleine de mauvais souvenirs pour l'autre, vous risquez d'avoir des réactions complètement inadaptées. Résultat ? Vous aurez la même sensation qu'une personne qui marche sur une mine : explosion violente soudaine, sans que personne n'ait le temps de comprendre ce qui se passe. En un rien de temps, vous basculez d'un sentiment de sécurité à une sensation d'instabilité inquiétante.

Comment repérer les sujets délicats ? Il y a ces événements que l'on n'a pas digéré, ou très mal, et qui ont laissé des traces indélébiles. Tu sais, on en parle généralement en finissant par se promettre que pour nous ce sera différent, que cela ne se reproduira pas, qu'on ne fera pas les mêmes erreurs (que nos parents, souvent), ou qu'on ne tolérera pas ce que d'autres ont toléré. Ce sont aussi des points que vous avez dû poser avec beaucoup d'insistance lors des *mouqabalas*. Mais s'il arrive que vous vous fassiez surprendre, appliquez la parole du Messager d'Allah ﷺ : *« Le croyant ne se fait pas piquer deux fois du même trou »* et retenez bien les expériences afin de ne pas reproduire les mêmes bévues.

Les solutions proposées pour traiter ce que beaucoup nomment des « *blessures de l'âme* » sont aujourd'hui nombreuses. Les coachs pullulent sur les réseaux. Les consultations chez le psy sont vivement encouragées. Les techniques mélangeant psychologie profane et religion sont répandues. On parle de blessures d'âme liées à l'enfance etc... Je ne porterai pas de jugement sur ces différentes techniques parce que je ne les connais pas suffisamment. Il y a néanmoins un point important : **Le siège du mal être est le cœur, pas le cerveau.** Les « sciences » modernes matérialistes ne le reconnaissent que très peu, voire pas du tout, ce qui remet en question leur efficacité à mes yeux (ce n'est que mon avis). Pour moi, cela ressemble à du paracétamol. Tu en prends quand tu es fiévreux, mais te guérit-il vraiment ? Pas du tout. Le paracétamol coupe la sensation de douleur, tu as l'impression d'aller mieux, mais ce n'est qu'une impression. À court terme, on y trouve un peu de repos, c'est vrai, mais qu'en est-il sur le long terme ? Quand tu vises le cerveau alors que c'est le cœur qui est malade, tu auras peut-être la sensation d'aller brièvement mieux, mais le mal subsistera. Tu risques d'aller de rechutes en rechutes, d'osciller entre positif et négatif, tout cela dans la plus grande instabilité. C'est le cœur qui a besoin de soins.

Ceci étant dit, à chacun de choisir les causes par lesquelles il pense pouvoir aller mieux. Reste que le cœur a besoin de sérénité, d'apaisement, de fondations solides, de croyances claires et fortes (d'où l'importance d'apprendre et de vivre le *tawhid*) pour accepter ce qui a été, vivre ce qui est et espérer de la part d'Allah le meilleur pour ce qui doit venir *insha Allah*. Le Messager d'Allah ﷺ a dit : **« Et c'est Allah qui a établi joie et bonheur dans la satisfaction et la certitude ainsi que souci et tristesse dans le doute et la colère. »**. Il nous est possible de désapprendre, de corriger notre certitude, pour sortir du doute et de la peur vers la certitude, l'apaisement et la stabilité. Comment ?

Premièrement, il n'y a pas de fatalité. Tu veux savoir quelle est la meilleure preuve à cela ? Les Sahabas (Les Compagnons). Pour la plupart, ils étaient issus de familles polythéistes, certains adoraient des dieux en dattes, d'autres en bois ou en pierre...Puis, Allah les a guidés à l'Islam. Leurs cœurs se sont détournés de leurs anciennes idoles et sont imprégnés de l'unicité d'Allah. Leurs mauvaises coutumes ont été remplacées par d'autres, plus nobles, plus justes, basées sur la Révélation. Il en est de même pour nous. Ce n'est pas parce que nos parents ont fait telle ou telle erreur, qu'ils ont perpétué telle ou telle coutume, qu'ils nous ont transmis tel ou tel exemple, que l'on est condamné. Au contraire ! Les erreurs des uns sont les leçons des autres. Utilise l'expérience des aînés comme une source d'inspiration. Et par-dessus tout, s'il y a une erreur que tu ne dois pas reproduire, c'est celle de te construire toi en tant qu'individu, ou de bâtir ton foyer loin des Ordres d'Allah et de la Sounna de Son Messager ﷺ. Toutes les exagérations sont apparues par le manque de religion, par la baisse de la foi et la suivie de l'ego et des passions.

Deuxièmement, prendre le contrôle du couple par manque de confiance en l'autre n'est en réalité pas la solution. En agissant ainsi, vous allez droit vers des guerres d'ego. Les traumatismes ne peuvent pas justifier des comportements contre-productifs. C'est dur, j'en suis conscient, mais c'est un fait. C'est comme ces gens qui parce qu'ils « ont peur pour leurs libertés » s'attaquent aux libertés des autres... Qu'y-a-t-il de censé là-dedans ? Je ne parle même pas de justice, elle est inexistante ! Quand l'un décide de prendre le contrôle du couple par peur de voir l'autre en prendre le contrôle, il (ou elle) fait subir à l'autre ce qu'il (ou elle) craint pour sa propre personne...Comment voulez-vous faire sortir quelque chose de positif de ce type d'agissement ?

Tout ce qu'on se dit là reste valable quand on parle des modèles parentaux. Il n'y a indéniablement pas que du mal à suivre ses parents, on est d'accord. En même temps, les choses ont changé, en bien, en mal, chacun se fera son idée, mais le fait est que ça a changé. Les mentalités ne sont plus les mêmes, les vécus non plus, les aspirations également. Alors quand vous pensez le mariage comme une répétition de ce que vos parents ont vécu, le risque de perdre la confiance de votre moitié et de la faire fuir est bien réel. Il faut protéger sa zone. Traduction : soyez sur la même longueur d'onde quant à protéger les Ordres d'Allah dans vos vies. Pour le reste, soyez tolérants. On aime bien sortir en famille, se faire un resto, quand nos parents sont plutôt casaniers. On ressent le besoin de s'aérer l'esprit, de faire du sport, parfois de développer son capital financier, alors que nos parents se contentaient très bien de la vie à la maison, avec les allers-retours au pays et le salaire du père de famille. Ce ne sont que quelques exemples parmi tant d'autres... Mais ne ramène pas sans cesse cela au vécu de tes parents ou des siens. Les coutumes et traditions ne parlent plus aux jeunes générations, pourquoi vouloir vous y enfermer alors que même la religion ne l'oblige pas ? On a quasiment tous grandi en France, avec la mentalité qui va avec, les « *'adat* » (habitudes de vie) qui sont les nôtres. Il faut faire avec *insha Allah* en questionnant les savants compétents qui connaissent notre situation afin qu'ils aiguillent nos cheminements.

« La connaissance du texte, et la compréhension du contexte ». C'est une phrase que le directeur de l'Institut Théologique Musulman de la Réunion répète souvent. Il ne s'agit pas de travestir ta religion, juste de trouver en son sein la meilleure alternative licite. D'ailleurs, chez nos prédécesseurs (qu'Allah leur fasse miséricorde), le savant était celui qui était capable de trouver l'argument légiféré pour dire « oui », et ils considéraient que tout le monde était capable de dire « non ». Soufyan At-Thawry (qu'Allah lui fasse miséricorde) a dit : *« La science pour nous, est de choisir la facilité quand elle provient d'une source sûre. Quant à la dureté, toute personne le fait très bien. ».*(adab ul fatawa de An-Nawawi). Tout le monde sait dire « non » et être dur avec les gens. Caché derrière le principe de précaution, on interdit tout à sa moitié, téléphone, carte bancaire, sport, sorties, et j'en passe. Mais est-ce constructif ? Vous étouffer de vos peurs en prenant la religion comme alibi ne peut que briser la confiance qu'il y a entre vous. Pire, cela peut devenir un argument dont le diable va vouloir tirer profit pour affaiblir votre conviction religieuse.

Désapprendre, se dégager des mécanismes qu'on a vécus, ou en tirer des leçons bénéfiques sont des choix. Tu veux que ton mariage fonctionne *insha Allah* ? Fais ces choix ! Place ta confiance en Allah et investis-toi. Il y a une part de risque, c'est vrai, comme dans toute entreprise. Il y a une part d'inconnu comme dans tous les choix que tu as à faire. Vouloir tout contrôler n'est pas la solution. Pourquoi ? Parce qu'il y aura toujours des choses qui vont vous échapper. Il y aura toujours des événements désagréables que vous souhaiterez fuir, alors qu'ils sont là pour vous faire arriver à ce que vous espérez. D'autres, étiquetés agréables, que vous rechercherez désespérément alors qu'ils sont un mal pour vous. L'ignorance est le propre de la nature humaine, qui peut y échapper ? En réalité personne. Allah dit : *« Or, il se peut que vous ayez de l'aversion pour une chose alors qu'elle vous est un bien. Et il se peut que vous aimiez une chose alors qu'elle vous est mauvaise. C'est Allah qui sait, alors que vous ne savez pas. »* (sourate 2 verset 216) .

La vérité est que tu ne peux pas être juge et parti. Si tu souhaites agir de manière constructive, c'est dans la Révélation que tu vas puiser. C'est un des nombreux bienfaits de la science religieuse. Tu agis selon ce qu'Allah attend de toi, tu te conformes à Ses Injonctions. De cette manière, tu t'extrais d'agir suivant ton *nafs*, tes intérêts, tes humeurs ou tes traumatismes. C'est la meilleure garantie que tu puisses donner, et c'est la meilleure que tu puisses recevoir. C'est le meilleur gage de confiance et c'est la meilleure façon d'agir avec équité. Alors oui, il y a des comportements qui surviennent quasiment de manière incontrôlée. Surtout au début, par réflexe ou habitude. Se réformer n'a rien d'une mince affaire, je te l'accorde. C'est là où notre croyance intervient. La cause reste une cause. Elle dépend du Créateur. Allah dit : *« La création et le commandement n'appartiennent qu'à Lui. »* (sourate 7 verset 54), ou encore

« Et si Allah fait qu'un mal te touche, nul ne peut l'écarter en dehors de Lui. Et s'Il te veut un bien, nul ne peut repousser Sa grâce. Il en gratifie qui Il veut parmi Ses serviteurs. Et c'est Lui le Pardonneur, le Miséricordieux. » (sourate 10 verset 107), *« Quand Il veut une chose, Son commandement consiste à dire: «Sois», et c'est. »* (sourate 36 verset 82). Rien n'est impossible pour Lui. Allah guérit les cœurs, soulage les angoisses, fait disparaître les traumatismes, renforce la confiance, raffermit les pas, et fait sortir le positif d'une expérience passée négative. Place ta confiance en Lui quant à la possibilité d'écrire une histoire nouvelle, saine, basée sur les meilleures fondations que sont le livre d'Allah et l'exemple de Son Messager ﷺ. Allah dit : *« Et place ta confiance en Le Vivant qui ne meurt jamais . »* (sourate 25 verset 57), ou encore *« Et quiconque craint Allah, Il Lui donnera une issue favorable, et lui accordera Ses dons par des moyens sur lesquels il ne comptait pas. Et quiconque place sa confiance en Allah, Il lui suffit. »* (sourate 65 versets 3-4).

L'amour

Aimer et se sentir aimé sont des sentiments que l'être humain a besoin de ressentir. Je ne parle pas ici de l'amour que l'on porte à Allah, mais de l'amour qui existe entre Ses créatures.

D'après Amr Ibn Al As (qu'Allah l'agrée) : *« J'ai dit au Prophète : Quelle est la personne que tu aimes le plus ? Le Prophète ﷺ a dit : « Aïcha ». J'ai dit : Parmi les hommes ? Le Prophète ﷺ a dit : «Son père ». J'ai dit : Puis qui ? Le Prophète ﷺ a dit : « Omar ». Puis il a cité des hommes. »*
(Rapporté par Al Boukhary dans son Sahih n°3663 et Mouslim dans son Sahih n°2384)

Cet amour entre les époux est primordial. Sans lui, ce sont les fondations du mariage qui sont fragiles. Les époux pourront être comblés matériellement, si l'amour n'existe pas, ils ne trouveront jamais l'épanouissement dans leur couple et leur relation sera très certainement temporaire. Allah dit dans le sens de sa Parole : *« Et parmi Ses signes Il a créé de vous, pour vous, des épouses pour que vous viviez en tranquillité avec elles et Il a mis entre vous de la bonté et de la miséricorde. Il y a en cela des preuves pour des gens qui réfléchissent »* (sourate 30 verset 21)

Cependant, il y a des moments où l'amour, quand il est mal exprimé, transforme le bienfait en épreuve. C'est de cela dont je veux parler : l'amour exprimé de manière excessive. Quand il devient synonyme de possession, de contrôle, quand le besoin d'exclusivité (tout à fait légitime à une certaine mesure) dépasse les limites. Tout cela n'engendre pas ce que l'amour est censé faire naître, à savoir de la complicité, du plaisir, de l'attachement ou de la confiance. Pas du tout. L'excès, lui, amène une sensation d'étouffement, une jalousie disproportionnée, ou une infantilisation humiliante. Il engendre d'autres excès dans la colère, la tristesse ou dans les réactions lors de désaccords ou de conflits. Et qui dit excès, dit instabilité, et qui dit instabilité, dit sentiment d'insécurité, élément destructeur de confiance. Cet excès peut aussi engendrer d'autres péchés quant aux limites qu'Allah a fixées, certains ne disent-ils pas « qu'ils sont prêts à tout par amour » ? C'est-à-dire que même les limites d'Allah ne suffisent plus à les arrêter quand ils sont amoureux. L'amour ne peut pas tout justifier, comme « la bonne intention » ne peut pas tout excuser. On ne peut pas prendre l'autoroute en sens inverse et ensuite jurer qu'on ne voulait faire de mal à personne. Il y a là un gros problème de cohérence selon moi.

D'où l'importance **d'apprendre à aimer**. C'est une formulation étrange je le reconnais, car elle joint deux idées en apparence contradictoires. D'un côté **l'amour**, sentiment qu'on conçoit spontané, hors de contrôle, lié aux émotions, au cœur, ce qui est vrai. Ibn Al Qayyim dans son livre Péchés et guérison à la page 307 cite ce récit : « *Un homme dit à Omar Ibn Al Khattab : Ô chef des croyants, j'ai vu une femme et je suis éperdument tombé amoureux d'elle. Omar répondit : C'est une chose que tu ne contrôles pas.* ». De l'autre, **l'apprentissage**, mot qui renvoie à la raison, à l'intellect, comme s'il pouvait exister des cours pour apprendre à aimer comme on apprend les mathématiques. Ceci étant, je ne parle pas d'apprentissage universitaire, avec un cahier et un stylo, mais plus d'éducation. En réalité, l'excès dans l'expression de l'amour est souvent lié à une conception erronée de celui-ci. Conception construite à travers tout ce qui vous a abreuvé comme lectures, films ou enseignements. Ce sont souvent des histoires embellies à outrance, masquant les aléas de la vie, les disputes et autres épreuves, comme si une « *true love story* » devait être une histoire parfaitement parfaite entre deux êtres absolument irréprochables, vivant une romance sans cesse au sommet de son intensité... La vie de couple est une expérience bien différente, et d'une nature bien plus épanouissante que cela.

a. Apprendre à aimer, c'est donner à l'amour une définition plus réaliste, plus complète, plus noble que de se contenter de parler de l'état amoureux. Car c'est de cela dont il s'agit quand l'amour n'est définit que par l'attirance et la romance. L'amour que vous éprouvez l'un pour l'autre peut durer éternellement, quand l'état amoureux est lui passager et inconstant. Quand vous vous aimez, vous n'espérez que le bien l'un pour l'autre. Mais ceci ne vous empêche pas de vous blâmer et de vous conseiller quand cela s'avère nécessaire. Vous êtes capable de passer sur vos fautes et de vous porter un regard plein de miséricorde. Vous êtes attachés l'un à l'autre par quelque chose de fort. Les coups durs et les épreuves, n'altèrent pas ce lien mais le renforcent ! C'est pour cela qu'Allah utilise le terme « *mawaddah* » qu'on traduit par « *bonté* » dans le verset 21 de sourate *Roum* pour décrire l'amour et l'affection qui existe entre l'homme et la femme dans le couple.

L'état amoureux, lui, est guidé par la passion et le charnel. Passion qui n'accepte aucune limite, qui nie toute raison. Cet état, seul, ne définit en rien l'amour. Il incarne plutôt la quête de satisfaction émotionnelle. Vous ne voulez que vibrer, ressentir des montées d'adrénaline. Mais cet état amoureux divinisé par l'industrie du divertissement est un chewing-gum. Son goût ne dure jamais longtemps et il ne rassasie pas. C'est pourquoi je parle d'instabilité. Les gens se lassent vite, s'ennuient rapidement, ont des sentiments extrêmement versatiles. Ils passent de ce qu'ils croient être de l'amour à l'indifférence en un claquement de doigt. Comment construire un couple qui dure avec ce mode de fonctionnement ? Impossible ! Comment vous faire confiance ? La réponse est malheureusement évidente.

     b. Pour aimer l'autre de manière équilibrée, il faut s'aimer soi de manière équilibrée. Je m'explique : Prenons l'exemple d'une jeune fille biberonnée aux histoires de princesses, conditionnée à se sentir le centre du monde. Elle finit par concevoir l'amour comme un dû. Ses attentes sont disproportionnées, jusqu'à penser que l'autre lui appartient. Ce narcissisme pousse à réclamer un amour toxique et étouffant, à considérer l'autre comme un objet là pour exalter son égocentrisme. Globalement, l'idée dominante aujourd'hui, est celle d'un amour de soi devant dépassé, et de loin, tout autre amour, pour qui que soi d'autre. Certains aujourd'hui parlent d'estime de soi pour parler de ce phénomène. Il faut retrouver un peu de modestie afin de gagner en clairvoyance et ne pas confondre estime de soi et vanité.

« La vanité désigne un sentiment humain de satisfaction de soi-même, un sentiment de fierté et d'orgueil, qui va conduire la personne vaniteuse à faire preuve de mépris et de condescendance vis-à-vis d'autrui ». En Islam cela s'apparente à de l'orgueil, ni plus ni moins.

L'estime de soi représente la valeur qu'un individu accorde à sa personne. L'estime de soi va dans le sens de la dignité, c'est-à-dire le respect que chacun mérite (y compris soi-même), tout en étant conscient de ses qualités et de ses défauts, sans ressentir le besoin de discréditer les qualités des autres. **La dignité** est une *« attitude empreinte de réserve, de gravité, inspirée par la noblesse des sentiments ou par le désir de respectabilité. ».* Quand on a de l'estime de soi, on a de l'éthique, de l'humilité, on incarne la noblesse de caractère dans ce que l'on est. Là encore, vous trouverez que suivre l'exemple Prophétique est LE chemin qui mène à cette estime de soi. Allah dit au sujet de Son Messager ﷺ : *« **Et tu es certes d'une moralité éminente.** »* (sourate 68 verset 4).

Cette dignité t'empêche de douter de ta propre valeur au point de n'avoir aucune exigence vis-à-vis de l'autre et de ne nourrir aucune ambition personnelle. Ibn Al Qayyim dit dans le sens de sa parole : *« Connais-tu la valeur de ta personne ? C'est pour toi que l'univers a été crée. ».* Cette citation est normalement suffisante pour concevoir la valeur que chacun porte en lui-même auprès d'Allah. Précisons qu'elle augmente ou diminue suivant le chemin de vie que tu choisis. Là encore, on touche du doigt un concept important quand à la définition de sa propre valeur: elle n'est ni corrélée à ton niveau social, ni à ta beauté ou tes diplômes. Elle ne dépend pas de l'époque à laquelle tu vis, de la technologie qui t'entoure ou de la renommée de ta famille. Aucune de ces données ne rentre en ligne de compte, aucune ! Chemine vers Allah, et tu vivras pleinement cette valeur. Détourne-toi d'Allah, et tu ne feras que te rabaisser. Je dirais qu'un amour équilibré repose sur deux aspects : être conscient de sa propre valeur et de la manière dont celle-ci est préservée, et être conscient de la valeur de l'autre.

c. Comment s'équilibrer et exprimer son amour de manière positive pour soi et pour le couple ?

Ibn Al Qayyim dit : « Si ta raison se libère de la domination de tes passions, elle reprendra le pouvoir. ». L'amour ne doit pas aveugler votre raison au point de dépasser les limites d'Allah dans votre relation de couple, de remettre en question les droits de l'époux (se) ou de lui rendre la vie impossible. J'ai un exemple de retenue qui peut nous aider à réaliser à quel point notre *taqwa* (piété vis-à-vis d'Allah) est un bouclier efficace. Il s'agit du célèbre hadith de ces trois hommes prisonniers dans une grotte. Ils décident d'invoquer Allah en y mentionnant chacun une bonne action qu'ils n'ont accomplie que pour Lui. Le second dit ceci :

« Ô Allah! J'avais une cousine que j'aimais par-dessus tout

(dans une autre version: que j'aimais aussi fort que l'homme pût aimer les femmes). Je lui faisais des propositions malhonnêtes mais elle s'y est toujours refusée. Jusqu'à ce qu'une année de grande disette la poussât à s'adresser à moi. Je lui donnai alors cent vingt dinars à condition qu'elle se donnât à moi et c'est ce qu'elle accepta. Une fois que je me suis installé entre ses deux jambes, elle dit: "Crains Allah et ne romps le cachet (=l'hymen) que dans la légitimité (du mariage)!". Je la laissais alors bien qu'elle fût pour moi l'être que j'aimais le plus et je lui ai quand même abandonné l'or que je lui avais donné. Ô Allah ! Si Tu juges que je fis cela en vue de Ta Face, libère-nous de ce rocher qui nous emprisonne (...) » (rapporté par Al Boukhary et Mouslim)

La situation est différente ici, c'est vrai, ils ne sont pas mariés. Ce qui m'intéresse, c'est la capacité de cet homme a dominé son amour et son désir pour finalement respecter ce qu'Allah a fixé comme limites. Le mariage est l'expression de cela. Le Messager d'Allah ﷺ a dit : **« *On a rien vu de mieux que le mariage pour ceux qui s'aiment.* »** (Sahih oul Jami' n°5200). Faites vivre les Ordres d'Allah dans votre amour et l'amour intense ne sera pas un souci. Voilà un amour épanouissant ! Vous pouvez exprimer vos sentiments librement, sans états d'âme, laisser libre court à vos envies sans crainte, pourquoi ? Parce que le cadre dans lequel vous vivez tout cela reste ce qu'Allah a rendu licite pour vous.

Ne cherchez pas à le nier. Cette posture est commune, notamment chez les hommes. Cacher ses sentiments par fierté, par peur de passer pour quelqu'un de faible ou accrocher aux choses de ce bas-monde (oui, il y en a qui considèrent qu'aimer son épouse revient à aimer la *douniya*...). Tout cela va vous pousser à agir de manière contre-productive, en étant dur et distant, alors que le Messager d'Allah ﷺ a dit : **« Allah donne par la douceur ce qu'Il ne donne pas par la dureté, ni par tout autre moyen. »**. Ce n'est pas par la dureté que vous maintiendrez la proximité entre vous. Ce n'est pas la bonne méthode pour quiconque souhaite solidifier son couple. Ce n'est pas non plus l'expression d'un leadership. Le Messager d'Allah ﷺ n'a pas eu de mal à reconnaître l'amour qu'Il portait à Aïcha (qu'Allah l'agréée) par exemple. Ce conseil reste valable pour les femmes également. Le Messager d'Allah ﷺ a dit : **«Lorsqu'un homme aime son frère alors qu'il l'informe qu'il l'aime ».** (Rapporté par Abou Daoud dans ses Sounan n°5124). Avec les tempéraments qui sont les nôtres aujourd'hui, dire « je t'aime » à quelqu'un est plus difficile que de soulever une montagne. Que ce soit à un frère ou une sœur en Allah, nos parents, ou la personne qui partage notre vie. Mais qui est l'exemple ultime de grandeur d'âme, de charisme et d'honneur ? Le Messager d'Allah ﷺ. Et lui n'avait pas de souci avec cela. C'est qu'on doit vite se remettre en question...

Pour en revenir au couple, il n'y a rien de honteux à être amoureux. Jami Ibn Mourkhiyah rapporte : J'ai demandé à

Sa'id Ibn Al Moussayib, le moufti de Médine : « *Est-ce un péché que d'éprouver un amour qui m'a assailli sans que je puisse le repousser ?*

Le moufti répondit : Tu n'es blâmé que pour ce que tu contrôles. Par Allah, personne ne m'a jamais interrogé sur cela, et si quelqu'un l'avait fait, je n'aurais répondu que cela. »
(Péchés et Guérisons de Ibn Al Qayyim p325)

Aimer en Allah. Aimer quelqu'un c'est lui vouloir le bien. C'est le cas quand vous êtes un soutien l'un pour l'autre dans le cheminement vers Allah, quand vous vous inquiétez réciproquement de votre entrée au Paradis. L'amour se marie alors aux notions de foi et de piété. C'est cette forme d'amour qui vous rapproche d'Allah et de la Demeure Dernière. Comment ? **Vous aimez chez l'autre ce qu'Allah aime.** Vous vous valorisez l'un l'autre dans les comportements, les attitudes et les actions qui rapprochent de l'amour d'Allah. L'amour n'est pas conditionné qu'à vos seuls besoins physiques et émotionnels. Aucun d'entre vous n'est en mode « vampire » à pomper l'énergie de l'autre pour remplir son réservoir. Vous vivez un amour qui rime avec partage et solidarité.

Tout s'entretient. Beaucoup imaginent à tort que l'amour est un sentiment qui ne varie pas. Si je t'aime aujourd'hui, il en sera de même demain *insha Allah*. Oui c'est tout à fait possible, encore faut-il faire les causes pour cela. Il n'y a rien de pire que d'espérer une chose sans rien faire pour qu'elle se produise. L'amour s'entretient. Regarde comment était notre mère Aïcha (qu'Allah soit satisfait d'elle) avec son époux ﷺ :

« Une fois, elle lui demanda :
-Comment est ton amour pour moi ?
-Comme le nœud de la corde », *dit-il en signifiant ainsi qu'il était fort et sûr. Puis de temps à autre, elle lui demandait :*
-Comment est le nœud ? Il répondait :
-Dans le même état. »

Les sentiments s'entretiennent, à vous de trouver par quels moyens. Les compliments, les attentions, le fait de toujours vouloir séduire l'autre même après plusieurs années de mariage, les petits gestes du quotidien. Il ne faut pas laisser s'installer cette routine bizarre où tout devient machinal, sans âme ni entrain. La lassitude est une destructrice de couple. Mais par-dessus tout, ce qui alimente l'amour, c'est d'entretenir la confiance, la complicité, le respect, la miséricorde, la solidarité entre vous. Il est difficile d'aimer une personne qui nous trahit, qui bafoue nos droits et notre honneur. La gratitude (ou la reconnaissance) est certainement l'attitude qui préserve le plus l'amour dans le couple. Quand vous savez mettre en avant tout ce que votre moitié fait pour vous, vous ne pouvez que vous aimer davantage. Allah a crée l'être humain ainsi, programmé à aimer celui ou celle qui lui fait du bien. Ne soyez pas de ceux qui considèrent les choses comme dues ou acquises. Mais comportez-vous en êtres reconnaissants. De la sorte, Allah fera croître l'amour entre vous. Allah dit : *« Et lorsque votre Seigneur proclama: «Si vous êtes reconnaissants, très certainement J'augmenterai (Mes bienfaits) pour vous. Mais si vous êtes ingrats, Mon châtiment sera terrible».* (sourate 14 verset 7). Un savant explique que chez certains d'entre eux, *« on qualifie la reconnaissance de protectrice ou d'initiatrice, puisqu'elle conserve aussi bien les bienfaits existants, qu'elle suscite l'apparition de nouvelles faveurs. »* (Les enseignements tirés du récit de Louqmane p14-15).

La jalousie

Le Messager d'Allah ﷺ a dit : *« Il y a une jalousie qu'Allah aime et une jalousie qu'Il n'aime pas. La jalousie qu'Il aime est celle qui apparaît au moment d'un problème réel. La jalousie qu'Il n'aime pas, est celle qui existe alors qu'il n'y a pas de motif réel. »* (rapporté par Abou Daoud)

On va partager la jalousie en trois types :

Dans le premier, il s'agit de la jalousie qui pousse à se défendre, qui pousse à défendre son épouse ou son mari quand son honneur est atteint. Ici on parle d'une jalousie comme une forme de limite à ne pas dépasser. **Ce sera une jalousie légitime liée à l'honneur et au respect des valeurs.** Le Messager d'Allah ﷺ dit par exemple : *« Certes Allah, Exalté soit-Il, est jaloux et la jalousie d'Allah se* manifeste lorsque l'individu accomplit ce qu'Allah lui a interdit ! » (Rapporté par Al Boukhary et Mouslim)

Dans un autre récit il est rapporté ceci : Al Moughira Ibn Chou'bah (qu'Allah l'agrée) relate : *«Sa'ad Ibn Oubadah (qu'Allah l'agrée) dit un jour : S'il m'arrivait de voir un homme avec ma femme, je lui mettrais un coup de sabre, et pas avec sa largeur ! Cela arriva aux oreilles du Prophète* ﷺ *qui dit : Vous étonnez-vous de la jalousie de Sa'ad ? Par Allah ! Je suis plus jaloux que lui et Allah est plus jaloux que moi ! C'est parce qu'Allah est jaloux qu'Il a interdit les turpitudes, qu'elles soient apparentes ou cachées. Personne n'est plus jaloux qu'Allah et personne n'aime plus qu'Allah les excuses. C'est pour cette raison qu'Il a envoyé les Messagers, annonciateurs et avertisseurs. Personne n'aime plus les éloges qu'Allah et c'est pourquoi Il a promis le Paradis.»* (Rapporté par Al Boukhary et Mouslim)

La seconde forme de jalousie est celle dont parle le Messager d'Allah ﷺ en disant : *« Il n'y a de jalousie que dans deux choses: un homme a qui Allah a enseigné le Coran qu'il récite nuit et jour. Alors un de ses voisins l'entend et dit: Malheur à moi, si seulement il m'avait été donné ce qui a été donné à untel, j'aurais alors œuvré comme il œuvre. Et un homme a qui Allah a donné de l'argent qu'il dépense abondamment dans la vérité alors un autre homme dit: Malheur à moi, si seulement il m'avait été donné ce qui a été donné à untel, j'aurais alors œuvré comme il œuvre ».* (Rapporté par Al Boukhary dans son Sahih n°5026). Attention, on ne parle pas ici du jaloux qui souhaite que les bienfaits de son frère disparaissent. Pas du tout. Il est question ici de jalousie comme source de motivation pour rechercher auprès d'Allah ce que d'autres ont obtenu. Ce qui est auprès d'Allah comme dons et bienfaits est inépuisable. Qu'Allah comble toutes Ses créatures, cela ne diminue en rien ce qu'Il détient. Ainsi, quand tu vois qu'Allah a donné à une personne la faveur de faire un bien, tu sais avec certitude que toi aussi tu peux l'obtenir auprès de ton Seigneur, sans que cela n'impacte en mal les autres. On parle de jalousie dans le sens de « concurrence dans le bien ».

La troisième forme de jalousie est abusive, étouffante, et destructrice de couple. Ibn Al Qayyim dit dans Al Fawaid : *« La jalousie présente une limite, si elle est dépassée, elle se transforme en accusation (infondée) et en mauvaise opinion à l'égard d'innocents. (...) »* (Al Fawaid p 302). Et que dit Allah et Son Messager ﷺ sur les accusations infondées et la mauvaise opinion injustifiée ? Allah dit : *« Ô vous qui avez cru! Évitez de trop conjecturer (sur autrui) car une partie des conjectures est péché. Et n'espionnez pas et ne médisez pas les uns des autres. L'un de vous aimerait-il manger la chair de son frère mort? Vous en auriez horreur. Et craignez Allah. Car Allah est Grand Accueillant au repentir, Très Miséricordieux. »* (sourate 49 verset 12). Et le Messager d'Allah ﷺ a dit : *«Prenez garde au soupçon*

car certes le soupçon est le plus mensonger des propos.»
(Rapporté par Al Boukhary n°6064 et Mouslim n°2563)

« L'homme prononce certainement un mot sans bien y réfléchir et ce mot le fait glisser dans le feu plus loin que la distance qui sépare l'Orient de l'Occident. » (Riyad Salihin n°1514, rapporté par Al Boukhary et Mouslim)

« Au cours de mon ascension au ciel, je suis passé devant des gens ayant des ongles de cuivre avec lesquels ils se griffaient le visage et la poitrine. Je demandai : Qui sont ces gens-là ô Djibril ? Il dit : Ce sont ceux qui mangeaient la chair de leurs prochains et souillaient leur bonne réputation. » (rapporté par Abou Daoud Riyad Salihin n° 1526)

« Toutes les fois que quelqu'un accuse un autre de dévergondage (s'écarter par sa conduite des règles morales) ou de mécréance, ces deux accusations se retournent contre lui si cette personne en est innocente. » (rapporté par Al Boukhary Riyad Salihin n°1560)

Oui, les conséquences d'une jalousie maladive sont désastreuses pour le couple comme pour la foi de la personne jalouse. Quelqu'un peut porter des accusations non justifiées, si bien que ce qu'il dit se retourne contre lui ! C'est la double peine ! Qui a envie de cela ? Personne. Voilà qui doit vous donner la force de faire attention à vos pensées et à vos paroles *insha Allah*. Ensuite, le couple repose sur un sentiment de confiance réciproque, elle ne peut pas exister quand l'un des deux (ou les deux) époux font preuve de jalousie excessive. Cette méfiance est épuisante pour celui qui la vit comme pour celui qui la subit.

Les raisons qui y amènent sont diverses. Parfois tout cela est lié au caractère de la personne. Comme ce Compagnon dont les autres hommes n'osaient pas épouser les femmes qu'il avait divorcées, par crainte des conséquences de sa jalousie. À d'autres moments, c'est le manque de confiance en soi qui provoque un sentiment d'insécurité. De celui-ci découle une jalousie excessive. Parfois, c'est simplement le manque d'expérience et de maturité qui est la cause d'excès. Dans tous les cas, chacun a un travail individuel à faire sur sa propre personne, c'est la base. Mais la vie de couple participe aussi à notre évolution. Voyons un peu quelles solutions peut-on mettre en place pour sortir de cette spirale négative :

1. Communiquer

Safiyyah Bint Huyay (qu'Allah l'agréée) a dit : *«Le Prophète ﷺ observait sa retraite spirituelle et je vins lui rendre visite la nuit. Je lui ai parlé, puis me suis levée pour repartir. Il se leva avec moi afin de me raccompagner. Deux hommes parmi les Ansars passèrent et lorsqu'ils aperçurent le Messager d'Allah , ils pressèrent le pas. Le Prophète ﷺ leur dit :*
-Doucement ! C'est Safiyyah Bint Huyay!
Ils répondirent :
-Gloire et Pureté à Allah ! Ô Messager d'Allah !
Mais, le Prophète ﷺ répliqua :
-Satan circule dans le corps de l'homme comme le sang et j'ai craint qu'il ne jette dans vos cœurs un mal. » (rapporté par Al Boukhary et Mouslim)

Désamorcez en communicant clairement sur ce qui est, plutôt que de laisser un espace au diable en refusant de vous expliquer. Certains prétendent que la confiance ne nécessite pas que l'on se justifie... C'est faux dans de nombreux cas. D'autres disent qu'il est humiliant d'avoir à se justifier pour tout et pour rien. Pourtant, c'est à travers ces comportements que s'établit la confiance. Par la communication, la transparence, l'anticipation des possibles insufflations du diable. Prévenir son époux (se) de ce que l'on fait ou de l'endroit où l'on va n'a rien d'humiliant. C'est du respect tout simplement. Ce sont autant de comportements qui ferment la porte au doute et au questionnement inutile. C'est malheureusement vrai, on a tendance à douter d'une personne qui refuse de s'expliquer, et c'est par ce doute que le diable tisse sa toile dans la tête des gens.

2. Tournez vos langues sept fois dans vos bouches

Les gens jaloux s'emportent vite, ils accusent vite, blessent l'autre profondément dans son honneur en insinuant des choses graves (comme l'adultère par exemple). Tout cela laisse des cicatrices même avec des « *pardon, je suis allé trop loin* ». Quand une personne croyante accuse une autre personne croyante de péchés graves, c'est toute sa raison d'être qui est remise en question. C'est son lien à Allah qui est questionné. Sa sincérité dans son envie d'avancer vers Son Seigneur qui est mise en doute. C'est sa capacité à honorer un engagement (celui du mariage) qui est balayée. En clair, cela revient à briser la personne dans tout ce qui fait sens pour elle. Comment n'y aurait-il pas de fossés entre les époux avec ce type de comportements ? Le Messager d'Allah ﷺ a dit à Mina dans son sermon du jour du sacrifice, au cours du pèlerinage d'adieu : *« Votre sang, vos biens et votre honneur sont sacrés comme vous sont sacrés votre jour-ci, en ce mois-ci, dans votre pays-ci, ai-je bien transmis ? »* (rapporté par Al Boukhary et Mouslim)

Tant qu'il n'y aucun élément justifiant ta jalousie, maîtrise la *insha Allah* du mieux que tu peux, elle n'en sera que plus impactante. Lorsque tu l'exprimeras, ta moitié saura qu'il se passe quelque chose qui explique ta réaction. Mou'awiyah (qu'Allah l'agrée) dit un jour à 'Amr Ibn Al 'As (qu'Allah l'agrée) : *« J'ai du mal à savoir si tu es courageux ou lâche. Tantôt tu as une telle audace que je me dis, c'est le plus courageux des hommes. Mais parfois tu fais preuve d'une telle retenue que je me dis, c'est le plus lâche des hommes.* 'Amr (qu'Allah l'agrée) lui répondit par les vers suivants :

Courageux quand l'occasion se présente,
je fais preuve de retenue quand les circonstances
l'imposent.

C'est un état d'esprit qui a de quoi nous inspirer *insha Allah* ! Ce Compagnon est très à l'aise parce qu'il sait pourquoi il fait ce qu'il fait. Quand la retenue s'impose, il sait que l'honneur s'y trouve, alors il l'adopte. Et quand il faut se montrer courageux et téméraire, il l'est aussi. Tout est question de circonstance. Aujourd'hui, certains vivent la retenue comme de la faiblesse, et ont peur qu'elle se retourne contre eux. Ça n'en est pas quand elle est justifiée, comme la jalousie n'est pas une honte quand elle est justifiée. Tout est question de circonstance. À chaque situation sa manière d'être !

3. Ne pas diaboliser toutes les formes de jalousie.

En niant toutes les formes de jalousie, vous allez tomber dans l'extrême inverse : penser à tort qu'elles n'ont pas lieu d'être, et ce, quelles que soient les situations. On en revient à la parole de Ibn Al Qayyim citée plus haut :« *Si elle n'est pas atteinte (la bonne forme de jalousie), elle devient naïveté, voire prémices d'un manque d'honneur vis-à-vis de son épouse* » (Al Fawaid p 302). Toutes les formes de jalousie ne sont pas à jeter. Un époux qui n'accepte pas que n'importe quel homme soit familier avec son épouse fait preuve d'honneur. Une épouse qui n'accepte pas que n'importe quelle femme soit familière avec son mari fait preuve d'honneur. C'est même un signe d'amour et d'attachement, n'en déplaise aux penseurs libertaires (qui n'admet aucune limitation de la liberté individuelle), pour qui la jalousie est une forme de misogynie (quand il s'agit des hommes) ou une réaction archaïque.

Vous êtes jaloux de ce que vous souhaitez protéger. C'est en quelque sorte un système d'alarme. Quand un voleur vient vous dérober ce qui compte le plus, sa première tâche est de le désactiver. Tous ces gens qui souhaitent faire disparaître toutes formes de jalousie, ne cherchent qu'à atteindre ce que vous souhaitez préserver, en désactivant ce fameux système d'alarme. Le prétexte de la liberté est un magnifique cheval de Troie. À les écouter, la pudeur serait le fruit d'une jalousie maladive. Se montrer jaloux lorsqu'ils mentent sur Allah et Son Messager serait de l'obscurantisme. Plus aucune jalousie signifie aussi plus aucune exigence. Dès lors, où vont s'arrêter les gens dans leur comportement avec vous ? Il y a une citation qui exprime bien ce problème : « *fais attention à ce que tu tolères, tu enseignes aux gens comment te traiter* ». C'est exactement l'idée ! Plus aucune jalousie sous-entend plus aucune limite. La jalousie étant dans leurs esprits (tordus) un frein à une totale liberté. Mais qu'en est-il une fois que le verrou de la jalousie a sauté ? C'est la porte ouverte au grand n'importe quoi. Pourquoi se cantonner à des rites bien spécifiques ? Pourquoi s'attacher à séparer ce qui est « *halal* » de ce qui est « *haram* » ? Ce raisonnement est malsain et n'a au final aucun sens. Le Messager d'Allah ﷺ a dit : **« Certes Allah est jaloux et Sa jalousie se manifeste lorsque le croyant fait ce qu'Il a interdit».** (Rapporté par Al Boukhary dans son Sahih n°5223 et Mouslim dans son Sahih n°2761). La jalousie d'Allah se manifeste quand Son serviteur se permet de dépasser les limites qu'Il a légiférées comme telles.

4. Aidez-vous à grandir

Je trouve regrettable que certaines personnes en soient arrivées à ne penser le mariage qu'en terme de plaisir et de facilité. Les slogans vouant un culte à la mentalité du chacun pour soi sont légions. « *je ne suis pas là pour supporter ses travers...* » est le type de phrase qu'on pourrait très bien leur attribuer. Pour nous musulmans, le mariage fait partie de la solution à ce sentiment d'insécurité et à ce manque de confiance en soi. Allah dit : « *Et parmi Ses signes Il a créé de vous, pour vous, des épouses pour que vous viviez en tranquillité avec elles et Il a mis entre vous de l'affection et de la bonté. Il y a en cela des preuves pour des gens qui réfléchissent.* » (sourate 30 verset 21). Un homme qui estime sa femme à sa juste valeur contribue à alimenter sa confiance en elle et l'estime qu'elle a d'elle-même. Idem quand une femme reconnaît les bienfaits de son mari. Elle contribue à renforcer l'estime qu'il a de lui-même. Allah a fait du couple une source d'affection et de bonté. Vous vous soutenez, vous vous accompagnez mutuellement vers la guérison de vos âmes. Qui a été le premier soutien du Messager d'Allah ﷺ au début de la Révélation. Que lui a-t-elle dit lorsqu'il ﷺ est revenu de la grotte, tremblant et se posant des questions sur lui-même ? Khadidja (qu'Allah l'agréée) lui dit à ce moment-là : « *Non ! Sois content , au nom d'Allah ! Allah ne te déshonorera jamais ! Au nom d'Allah, tu entretiens bien tes liens de parenté et tiens un langage de vérité, prends en charge le démuni, apportes secours au pauvre, prodigues de l'hospitalité à l'hôte et viens au secours des gens en cas de difficultés.* ».

En calquant les recommandations du Messager d'Allah ﷺ dans leur relation de couple, les époux s'aident mutuellement à grandir.

La colère

Allah dit : « *Et concourez au pardon de votre Seigneur, et à un Jardin (paradis) large comme les cieux et la terre, préparé pour les pieux, qui dépensent dans l'aisance et dans l'adversité, qui dominent leur rage et pardonnent à autrui, car Allah aime les bienfaisants* » (sourate 3 verset 133 et 134). Il dit aussi : « *(...) et qui pardonnent après s'être mis en colère* » (sourate 42 verset 37)

Au même titre que l'amour, il y a des personnes qui n'arrivent pas à exprimer leur colère avec demi-mesure. Chez elles, le désaccord se transforme en affrontement. Une dispute est synonyme de rupture. Et quand leur colère s'exprime, cela s'apparente à une éruption volcanique, c'est intensément violent et ça part dans tous les sens. Dans son livre Talbis Iblis, Ibn Al Jawzi (qu'Allah lui fasse miséricorde) rapporte à la page 43 ce récit : « Hicham Ibn Youssouf Ibn Ouqayl Ibn Ma'qal, le fils de mon frère Wahb Ibn Mounabbah a dit : J'ai entendu Wahb dire : *Un moine a dit à Satan qui lui est apparu :*
-Quel est le caractère des fils d'Adam qui t'aide contre eux ?
Il répondit :
-La violence dans la colère. Lorsque l'homme est violent dans sa colère, nous le manipulons comme l'enfant qui manipule sa balle. »

Tu imagines les conséquences de l'emprise du diable sur l'un d'entre nous ? Ajoute à ce récit le hadith suivant et tu as là un cocktail absolument destructeur de couples : *« Iblis établit son trône sur l'eau et envoie ses légions. Le démon qui a (ensuite) le plus de proximité avec lui est celui qui a réussi le plus grand trouble (fitna). L'un de ces démons vient à lui et dit : « J'ai fait ceci et cela. ». Mais il lui répond : « Tu n'as rien fait. ». Puis l'un d'entre eux vient à lui et lui dit : « Je n'ai pas lâché (tel humain), jusqu'à ce que j'ai réussi à provoquer la séparation entre lui et son épouse. Iblis rapproche de lui ce démon et lui dit : « Quel bon fils es-tu !»* (Rapporté par Mouslim, n° 2813). Entre les paroles qui dépassent vos pensées, les insultes, ou d'en arriver carrément à prononcer le divorce... Combien de dégâts sont causés par l'excès de colère ? Combien de blessures ? Combien de regrets ? Colère excessive rime avec imprévisibilité. Quand vous pétez un câble, on ne sait jamais jusqu'où ça va aller, quelle limite vous allez encore franchir, quel nouveau dégât va se produire. Le dialogue est impossible, car la plupart du temps, les gens colériques sont aussi susceptibles. Imagine l'ambiance quand chaque discussion est un potentiel conflit, et que chaque conflit est vécu en mode « guerre mondiale ». C'est épuisant d'avoir cette épée de Damoclès au quotidien. C'est encore pire quand la colère débouche sur de la violence physique. Combien d'enfants traumatisés par des scènes de violences conjugales ? Combien de vies brisées par ce type d'emportements qui virent parfois à la tragédie ? Se laisser dominer par ses excès de colère revient à être manipulé par le diable lui-même. Qui a envie de cela lorsqu'on est croyante et croyant ? Normalement personne ! Comment se prémunir de ce mal ?

1. Travailler à la correction de son âme.

La colère excessive est souvent l'expression d'une faible tolérance à la frustration. En clair, la colère se manifeste lorsque l'on n'obtient pas ce que l'on veut. C'est un phénomène normal, humain, qui peut même servir à relever des défis, car la colère est une forme d'énergie. Dès que tu es capable de l'orienter vers ce qui t'est bénéfique, elle devient un formidable carburant. On ne l'appelle plus colère à ce moment-là mais détermination ou abnégation. Cependant, la colère explosive peut révéler un gros problème d'ego, une fierté démesurée ou un orgueil illégitime. L'expression « correction de l'âme » prend alors tout son sens. Premièrement, il y a un certain nombre de réalités à incruster à votre logiciel d'analyse et de réflexion : La vie présente n'est pas l'endroit de l'accomplissement de tous vos désirs. C'est une vie d'épreuves, dont l'une d'elles est de surpasser les frustrations pour y trouver *ar-rida,* c'est-à-dire la pleine satisfaction du décret divin à votre égard et d'avoir la certitude que ce qu'Allah vous donne est meilleur que ce que vous avez souhaité. Ibn Al Qayyim a dit : *« La satisfaction (ar-rida) est la quiétude du cœur face à la réalisation du décret divin ».*

Ensuite, à chacun son caractère, c'est vrai. Certains sont plus colériques que d'autres. Certaines personnes sont plus sujettes au stress que d'autres. On ne gère pas tous nos émotions de la même manière. Pourtant il n'est pas raisonnable de dire *« je suis colérique, c'est comme ça ! »* et de ne rien faire pour faire évoluer la chose. En agissant ainsi, on fait reposer sur l'autre toute la responsabilité de gérer ces moments de tension, et on se pose en victime. Ça n'est pas vivable sur le long terme. Chacun doit prendre ses responsabilités ! La vie de couple n'exonère pas l'être humain de la correction de son âme. Le Messager d'Allah ﷺ a dit : *«Lorsque le serviteur se marie, il a certes complété la moitié de sa religion, <u>alors qu'il craigne Allah pour l'autre moitié</u>».* (Rapporté par Tabarani). Les jeux ne sont pas faits une fois que l'on s'est marié, pas du tout. Il reste à chacun(e) un cheminement spirituel à vivre, un *djihadou nafs* (une lutte contre lui-même) à mener. Cette dynamique est indispensable, car celui qui se corrige, progresse. Et celui qui progresse, va *insha Allah*, finir par dominer ses excès de colère. La prise de conscience de ses erreurs est le seul moyen de reconnaître les souffrances de l'autre, réparer et éviter que cela s'empire.

2. Travailler à l'apaisement de son cœur

Le cœur est le siège des émotions. Comment souhaiter dominer ses tensions émotionnelles sans rechercher l'apaisement du cœur ? Comment souhaiter faire preuve de clairvoyance sans trouver l'apaisement de son cœur ? Le Messager d'Allah ﷺ a dit, dans le sens de sa parole : *« Il y a en vérité dans le corps un organe, s'il est bon, tout le reste du corps sera bon, et s'il est mauvais, tout le reste du corps sera mauvais. C'est le cœur. »* (rapporté par Mouslim). Difficile d'être plus clair !

Par quels moyens peut-on apaiser son cœur ?

Celui qui nous vient tout de suite à l'esprit se trouve dans le verset suivant : *« Dis: En vérité, Allah égare qui Il veut, et Il guide vers Lui celui qui se repent, ceux qui ont cru, et dont les cœurs se tranquillisent à l'évocation d'Allah. Certes, c'est par l'évocation d'Allah que les cœurs se tranquillisent. »* (sourate 13 versets 27 et 28). Il s'agit de **l'évocation d'Allah (*dhikr*)**. Dans un autre verset, Allah dit, dans le sens de Sa Parole : *« Les vrais croyants sont ceux dont les cœurs frémissent quand on mentionne Allah. Et quand Ses versets leur sont récités, cela fait augmenter leur foi. Et ils placent leur confiance en leur Seigneur. »* (sourate 8 verset 2). Ici, Allah nous enseigne que **la lecture du Coran** est un moyen d'augmentation de la foi, alors ne la néglige pas si tu souhaites trouver de l'apaisement *insha Allah*. Petite précision concernant ces actes d'adoration : c'est par la répétition que viennent les résultats. Celui qui souhaite voir les effets de l'évocation d'Allah et de la lecture du Coran va devoir les pratiquer avec *tadabbour et tafakkour* (c'est-à-dire avec méditation, et réflexion) en y respectant tous les *adabs* (c'est-à-dire toutes les règles de bienséance), avec *istiqama* (régularité) le tout avec 'ilm (c'est-à-dire avec science et compréhension). C'est un effort à part entière. J'ai un récit pour illustrer ce propos :

« *Uyayna Ibn Hisn Hudhayfa vint à Médine. Il fut hébergé par son neveu Al-Hourr Ibn Qays, qui siégeait aux réunions de Omar Ibn Al Khattab (qu'Allah l'agrée). Des enseignants du Coran participaient à ces réunions. Omar prenait conseil aussi bien auprès des vieux qu'auprès des jeunes. Uyayna demanda à son neveu :*

-Cher neveu ! Tu as une certaine estime auprès de Omar, peux-tu m'obtenir une entrevue avec lui ? Je ferai cela pour toi, lui dit Al-Hourr. Ibn 'Abbas (qu'Allah les agrée) dit : Sur la requête d'Al-Hourr, Omar autorisa l'oncle à se présenter. Dès qu'il fut en face de lui, Uyayna dit au calife :

-Te voilà Ibn Al Khattab ! Je jure par Allah que tu ne nous donnes pas assez du trésor public et que tu ne juges pas équitablement ! Alors Omar se mit en colère au point de s'en prendre à lui.

-Prince des croyants, intervint Al-Hourr ! Allah dit à Son Prophète : **« Accepte ce qu'on t'offre de raisonnable, commande ce qui est convenable et éloigne-toi des ignorants »** *(sourate 7 verset 199), et cet homme est un ignorant. Je jure, dit Ibn Abbas que Omar se conforma à ce verset dès qu'il lui fut récité et fut toujours strict au respect des directives coraniques. »* (Rapporté par Al Boukhary n°4642)

Ce n'est pas gagné je te l'accorde, mais c'est à cela que nous devons tous aspirer *insha Allah*. C'est à partir de ces récits que vous aller fixer votre plan d'action. Abraham Lincoln disait : « *un objectif bien défini est à moitié atteint* », on est en plein dedans. Oui c'est ambitieux, c'est vrai, et alors ? C'est un trait de caractère très impactant que d'être ambitieux dans ce que tu entreprends ! Il faut arrêter avec ces excuses types : « *Ce sont les Compagnons, nous ne sommes pas comme eux* ». Quand Allah met devant toi un exemple, à quoi sert-il si ce n'est à ce qu'il soit suivi ? Le Coran comme l'évocation d'Allah doivent impacter vos comportements, vos émotions, même la grande colère, comme ce fut le cas pour Omar (qu'Allah soit satisfait de lui). Il y a une force redoutable dans ces actions, ne les négligeons pas. On a parfois plus foi en un médecin (sans rien enlever à la valeur de ce métier) et en ses prescriptions qu'en Allah et les Siennes. C'est vraiment dommage !

3. Le point suivant concerne le lien entre l'état du cœur et les péchés :

Ibn Al Qayyim dans le livre Péchés et Guérisons dit ceci : « *Il faut savoir que les péchés et la désobéissance entraînent nécessairement des méfaits. Et ces méfaits sont sur le cœur semblables aux méfaits du poison sur le corps (...)* » (p 66). Un peu plus loin, il cite l'imam Ahmed (qu'Allah leur fasse miséricorde) rapportant que lorsque Ibn Sirin (qu'Allah leur fasse miséricorde) fut endetté, il en fût préoccupé et dit : « *Je sais que ces soucis viennent d'un péché que j'ai commis il y a plus de quarante ans.* » (Ibn Sirin avait dit à un homme, quarante ans auparavant, ô toi le *moufliss* (c'est-à-dire ô toi qui a fait faillite). Des années après, lorsqu'il voulut se lancer dans le commerce du miel, il emprunta de l'argent pour acheter le miel, mais quelque chose tomba dedans, l'empêchant ainsi de le vendre, tant et si bien qu'il se trouva lui-même en « faillite ». C'est alors qu'il se rappela de sa parole et dit : *Je sais que ces soucis viennent d'un péché que j'ai commis il y a plus de quarante ans.*)

Une des raisons de l'encombrement du cœur par les soucis, la frustration et donc la colère est le péché. Son remède se trouve dans **l'obéissance à Allah.** Ibn Abbas (qu'Allah les agrée) a dit : *« La bonne action est lueur sur le visage,* **lumière dans le cœur,** *élargissement des richesses, force du corps, et* **amour dans le cœur des hommes.** *La mauvaise action est noirceur sur le visage,* **ténèbres dans le cœur,** *faiblesse du corps, diminution de la subsistance et* **haine dans le cœur des hommes.** *»* (p 81). Pour accepter cela, il faut auparavant réaliser que vos actions, quelles soient bonnes ou mauvaises influencent vos humeurs, vos états émotionnels, ou même l'aspect de votre visage. Ibn Al Qayyim dit par exemple : *« Le mensonge a une énorme influence sur la noirceur du visage. Et il le revêt d'un voile d'aversion que voit le véridique. ».* C'est une grave erreur que de dissocier vos actions « spirituelles » de votre vie mondaine, comme si l'un et l'autre ne s'entrelaçaient pas. Un parmi les pieux prédécesseurs disait par exemple : *« Améliore ta relation avec Allah, Il améliorera ta relation avec les gens. ».* Allah dit : **« Quiconque, mâle ou femelle, fait une bonne œuvre tout en étant croyant, Nous lui ferons vivre une bonne vie. Et Nous les récompenserons, certes, en fonction des meilleures de leurs actions. »** (sourate 16 verset 97). Le Messager d'Allah ﷺ a dit : **« Allah a dit : « Celui qui s'en prend à l'un de Mes alliés, Je lui déclare la guerre ! Mon serviteur ne s'approche pas de Moi par une chose que** *j'aime plus que lorsqu'il accomplit ce que lui ai imposé, et Mon serviteur ne cesse de se rapprocher de Moi au moyen des œuvres surérogatoires, jusqu'à ce que Je l'aime. Et lorsque Je l'aime, Je suis l'ouïe par laquelle il entend, la vue par laquelle il voit, la main par laquelle il prend et le pied par lequel il marche. S'il Me demande quelque chose, Je la lui donne et s'il cherche refuge auprès de Moi, Je lui accorde refuge.»* (rapporté par Al Boukhary Riyad Salihin n° 95)

Il n'y a pas de meilleur chemin pour aboutir à l'amour d'Allah et à Son Soutien que ces deux points : Accomplir ce qu'Allah a rendu obligatoire ainsi que les actes *Sounna* surérogatoires. Voilà le chemin à prendre pour retrouver de la sérénité et de la clairvoyance au quotidien avec la permission d'Allah. Tu vas peut-être soupirer en lisant ces lignes, l'air de dire que le chemin vers l'amélioration est long. Alors permets-moi de t'apporter un peu de réconfort. Le Messager d'Allah ﷺ a dit : « Allah a déclaré : « *Lorsque le serviteur se rapproche de Moi d'un empan, Je Me rapproche de lui d'une coudée. Lorsqu'il se rapproche de Moi d'une coudée, Je Me rapproche de lui d'une brasse, et lorsqu'il vient vers Moi en marchant, Je Me hâte vers lui.* » (rapporté par Al Boukhary). C'est Allah, Le Généreux, Le Miséricordieux, Le Reconnaissant, qui fait avancer. C'est Lui qui fait progresser. C'est Lui qui facilite et permet. Et cette annonce est une vraie bonne nouvelle pour vous, al *hamdoulillah !* Même avec un petit investissement de votre part, Allah promet un grand résultat de la Sienne ! Vous n'avez aucune raison de baisser les bras !

4. Le principe de l'ABS

Qu'est-ce-que l'ABS ? C'est une technologie automobile qui consiste à relâcher la pression dans le circuit de freinage d'une roue grâce à une succession de blocages et déblocages. Ce qui permet de garder le contrôle du véhicule, ce qui n'est pas le cas quand un conducteur freine d'une manière très forte d'un coup sec. Tu m'auras compris, le principe d'ABS dans le couple consiste à exprimer ce qui vous contrarie quand cela se produit, plutôt que de cumuler les petites colères jusqu'à finir par tout sortir d'un seul coup en mode tsunami. C'est le même principe que l'ABS, vous vivez une tension, vous désamorcez tout en gardant le contrôle de ce que vous vous dites et de comment vous agissez (c'est le principe du blocage-déblocage). Les obstacles sont nombreux à l'application de ce principe. Il y a la fierté, l'envie de ne pas déranger l'autre, la honte, ou même le manque de temps. Entre le travail, les enfants et les obligations diverses, difficile de se retrouver pour discuter. Pourtant la solution est là : **prendre le temps de se parler et de s'écouter.** Prendre le temps pour quelque chose est un choix. Si c'est important, vous le ferez *insha Allah*, quitte à sacrifier quelque chose d'autre que vous appréciez. Une fois ce temps déterminé, parlez-vous en choisissant vos mots comme on choisit les meilleurs fruits au marché. En mode ABS, c'est encore possible, profitez-en ! Et écoutez-vous. On se fiche de savoir qui a raison et qui a tort. L'objectif est de s'écouter pour se comprendre, pas pour se défendre.

5. Déterminer les causes de cette colère

Ce point est étroitement lié au précédent. Pour résoudre un problème, il est primordial de comprendre ses origines. Élimine-les, et le problème disparaît. Ici intervient une notion inconnue pour certains et trop présente pour d'autres : **les besoins de chacun des membres du couple.** Je parle ici de ce dont vous avez besoin en terme de présence, soutien, affection, temps pour vous, cadre de vie, sexualité, communication, matériel, et spirituel entre autres (liste non exhaustive). Il y a de nombreuses personnes qui ne tiennent absolument pas compte de ce point, notamment chez les hommes, pour qui une épouse à qui tu offres un toit et des courses doit être largement satisfaite. À l'opposé, il existe des personnes, notamment chez les femmes, pour qui le besoin est devenu la préoccupation première, voire un but de vie. L'Islam, comme toujours, se trouve à mi-chemin entre ces deux extrêmes, mettant en avant qu'il existe bel et bien des besoins spécifiques à chacun des époux, et alertant contre le danger de faire de ses besoins une divinité à laquelle on voue sa vie et à laquelle on est complètement soumis. Allah dit : *« Ne vois-tu pas celui qui a fait de sa passion sa divinité? »* (sourate 25 verset 43). Je parle de personnes qui pensent le bonheur en fonction de leur capacité à combler leurs besoins. C'est une erreur. Allah a mis l'apaisement des cœurs dans Son obéissance. De plus, ce bas-monde n'est pas calibré pour vous donner pleinement satisfaction, ça c'est la fonction du Paradis. Ici, dans ce monde terrestre, limité et éphémère, vous passez par différents états, du contentement à la frustration, de la réussite à l'échec. Il va même arriver que vous sacrifiiez certains de vos besoins pour Allah, faisant ainsi passer « les besoins de la religion » ou les besoins « communs » devant vos besoins individuels, à l'image des Compagnons, hommes et femmes, (qu'Allah soit satisfait d'eux tous) qui ont sacrifié de ce qui leur était cher par amour pour Allah et ont quitté cette vie dans cet état. Rien de tout cela n'est synonyme de malheur, au contraire. Vous vivez une vie d'épreuves, de tests, par lesquels vous faites vos preuves en tant que croyant(e) et c'est ce qui fait tout votre mérite auprès du Seigneur de toute chose. Allah dit à ce sujet : *« Est-ce que les gens pensent qu'on les laissera dire: «Nous croyons!» sans les éprouver? Certes, Nous avons éprouvé ceux qui ont vécu avant eux; [Ainsi] Allah connaît ceux qui disent la vérité et ceux qui mentent. »* (sourate 29 verset 2 et 3) ou encore : *« Très certainement, Nous vous éprouverons par un peu de peur, de faim et de diminution de biens, de personnes et de fruits. Et fais la bonne annonce aux endurants, qui disent, quand un malheur les atteint: «Certes nous sommes à Allah, et c'est à Lui que nous retournerons. Ceux-là reçoivent des bénédictions de leur Seigneur, ainsi que la miséricorde. Et ceux-là sont les biens guidés. ».* (sourate 2 verset 155 à 157)

Si vous choisissez de définir le bonheur comme la satisfaction totale des besoins et envies de vos âmes ici et maintenant, il est évident que vous faites fausse route. Il va être délicat pour vous d'accueillir les aléas de la vie sans ressentir un fort sentiment de frustration, qui engendrera forcément de la colère. Ne divinise pas tes besoins ! Allah a crée ce bas-monde pour nous et nous a crée pour l'au-delà. Il faut accepter cette part d'insatisfaction de l'âme ici-bas, ce n'est qu'un manque de courte durée qui sera comblé après l'étape de la mort *insha Allah*. Il était important pour moi de clarifier ce point, car la religion est une question d'équilibre et de juste milieu. Maintenant que nous l'avons fait, revenons aux causes de la colère :

Comme cité en début de partie, la colère découle souvent d'un sentiment d'injustice dû au non-respect des besoins des uns et des autres. Manque d'écoute, manque de dialogue, absence de tendresse, d'attention ou de sexualité. Privation d'estime, de considération ou de confiance etc... Autant de facteurs de frustration qui vont être refoulés un certain temps jusqu'à éruption d'une colère explosive, mêlant manques physiques, affectifs et émotionnels. Comment résoudre ce problème ?

Dans un premier temps, la réponse paraît évidente : accordez-vous ce dont vous avez besoin du mieux possible, et prenez sur vous pour les fois où malgré vos efforts, ce ne sera pas le cas. Ensuite, intervient un gros travail de communication entre vous. Mieux vous vous comprenez, mieux *insha Allah* vous saurez gérer ce problème ou prévenir son apparition. Pour comprendre l'autre, il faut être capable de se mettre à sa place, ce qui est loin d'être évident quand la vie de couple est compartimentée et cloisonnée avec d'un côté le mari et sa vie, et de l'autre l'épouse et sa vie. Le tout régulé par un raisonnement simple : « *Chacun ses problèmes* ».

Ainsi, la fatigue de l'épouse après une journée à jongler entre les tâches de la maison, les enfants, ses obligations religieuses, ses actes d'adoration surérogatoires, parfois sa famille, ne sera pas un sujet de réflexion pour le mari, qui viendra réclamer son besoin d'attention à une femme qui n'a plus d'énergie. Conséquences ? Une frustration de part et d'autre et une dispute à l'horizon. Ce n'est qu'un exemple, mais ce constat s'applique à énormément d'autres situations du quotidien. Si on prend du recul et qu'on retrace le fil des choses, on comprend aisément que l'épouse a besoin de soutien de la part de son mari. Et que ce soutien lui permettrait d'être moins épuisée lorsqu'il va la solliciter. L'épouse qui se sent soutenue, se sent valorisée, ce qui augmente l'estime qu'elle porte à son mari. Tout cela nourrit l'amour entre eux, ajoute à l'attirance qu'elle a pour lui et lui pour elle, parce qu'une personne bien dans ses baskets n'en est que plus séduisante...Qui sait si dans ce cas, ce n'est pas elle qui fera le premier pas vers lui ?

J'ai pris l'exemple de l'épouse, mais cette réalité concerne autant le mari que la femme. L'idée est de comprendre le cheminement qui amène à une colère explosive. Certains y verront une situation du quotidien alors que j'y vois un mode de fonctionnement qui se répète inlassablement. Vous encaissez sans rien dire, une fois, puis deux, puis trois...tout en nourrissant une frustration qui s'additionne à la précédente, ainsi de suite jusqu'à exploser. Il y a un mot clé pour déverrouiller cette problématique : **L'empathie.**

On définit l'empathie par la capacité à s'identifier à autrui dans ce qu'il ressent. Pour en avoir, il faut commencer par sortir du cloisonnement « à *chacun ses problèmes* ». En Islam, chacun des époux a des droits et des devoirs, c'est vrai. Mais il est contre-productif de se contenter de réclamer ce qui te revient de droit, sans tenir compte des difficultés que rencontre ta moitié au quotidien. C'est là que l'empathie entre en jeu. À travers elle, vous allez développer entraide et cohésion. Allah dit : *« Entraidez-vous dans l'accomplissement des bonnes œuvres et de la piété et ne vous entraidez pas dans le péché et la transgression. Et craignez Allah, car Allah est, certes, dur en punition! »* (sourate 5 verset 2). Combien ta perception s'élargit quand tu considères les choses conscient des ressentis de l'autre. Vous vous comprenez, votre communication est forcément meilleure. Et qui dit meilleure communication, dit moins de frustration et de colère. C'est une toute autre vie qui s'offre à vous à partir de là.

La fierté

Si je voulais être direct et sans trop de pédagogie je me contenterais de citer ce hadith : Allah a déclaré : *« La fierté est Mon pagne et l'orgueil est Mon manteau. Celui qui Me dispute l'un d'eux, Je le châtierai ! »*, en posant cette question : mais pour qui se prend-on ? Qui sommes-nous pour faire preuve d'orgueil et de fierté ? Au-dessus de toi, de moi et de toute la création, il existe un Seigneur Puissant, Immense, Fort, qui élève et rabaisse, qui a interdit l'injustice, et qui s'est engagé à humilier l'orgueilleux(se). Qui peut jouer les pharaons dans son foyer sans craindre le courroux d'Allah ? Parmi les gens doués de raison, personne.

Est-ce uniquement par nos actions, par nos efforts, par notre intelligence que les choses fonctionnent correctement ? Par Allah, non. Rien dans la création qui ne s'exécute sans Sa Permission, pas une feuille qui tombe de l'arbre sans Son Ordre, rien qui ne sorte de la terre sans qu'Il l'ait décrété et que tout soit sous Son Contrôle. Nous ne sommes que Ses Créatures ! La Force et la Puissance Lui appartiennent sans partage ! Comment pouvez-vous vanter vos efforts quand vous vous rappelez cela ? Comment s'en remettre aux causes (ici vos propres actions) et oublier qu'elles dépendent totalement du Maître des causes ? Comment faire preuve de fierté l'un devant l'autre, l'air de dire « *s'il y a un bien dans notre couple c'est uniquement grâce à moi* » quand vous réalisez que vous n'êtes que Ses créatures. Le Messager d'Allah ﷺ a dit : *« Personne n'entre au Paradis par ses seules œuvres ! Pas même toi ô Messager d'Allah ? Il dit : Pas même moi, à moins qu'Allah ne me couvre du voile de Sa Générosité et de Sa Miséricorde. »*. Le fait d'avoir la certitude sur vos actions, votre intelligence ou vos efforts développent en vous le sentiment d'être meilleur et plus important que l'autre. Une fois ce sentiment installé, les attitudes changent, vous vous regardez de haut, vous vous jugez, la critique est acerbe, l'intransigeance est omniprésente, parce qu'au fond chacun se sent plus méritant que l'autre et s'arrange pour lui faire savoir. Tous les « *moi je fais ceci et toi qu'est-ce-que tu fais ?* », « *moi j'ai réussi telle chose et toi t'en es où ?* » « *sans moi on n'en serait encore qu'au début* », «*heureusement que je suis là, comment tu ferais sinon ?* » sont accueillis chez ta moitié comme des coups de couteau dans la valeur que tu lui accordes. Le pire ? Tu ne sais pas si c'est réellement par tes efforts qu'Allah vous fait avancer ! Il y a cette narration Prophétique dans laquelle le Messager d'Allah ﷺ parle de deux frères, l'un étudiait la religion quand l'autre s'adonnait à son travail. Ce dernier est allé voir le Prophète ﷺ pour se plaindre de « l'oisiveté » de son frère. Le Messager d'Allah ﷺ lui a répondu : « *Qui sait si tu ne reçois pas ta subsistance grâce à lui* ». Sacrée punchline ! Mais on a besoin d'être ramené à la raison quand on se voit plus beau qu'on ne l'est réellement. Vous faites les causes et c'est Allah qui donne, c'est un premier point. Vous faites les causes et c'est Allah qui décide à travers lequel de vos efforts Il vous donne, ça c'est le second. Peut-être que je bosse toute la journée, mais que la *baraka* (bénédiction) d'Allah dans nos vies vient de la prière nocturne de mon épouse. Peut-être qu'on bosse dur tous les deux mais que l'aboutissement de nos projets ne résultent que de notre obéissance à Allah. Les exemples sont nombreux mais je pense que tu as saisi l'idée. Il faut garder les pieds sur terre. La clé de la réussite est d'œuvrer en préservant son humilité et sa modestie. On pourrait s'arrêter là, car celui (ou celle) qui a cette qualité gardera la tête froide même si Allah lui permet de soulever des montagnes. Et le problème de la fierté dans le couple est définitivement écarté. Mais notre objectif est de décortiquer nos mécanismes, alors allons-y...

Quand le couple devient le théâtre d'une bataille d'ego, tout est tout de suite très compliqué. La relation se transforme en guerre de tranchées, où chacun ne veut rien céder à l'autre, absolument rien. Vous vous sentez perpétuellement agressés. Chaque parole, attitude, ou décision est la mèche d'un potentiel conflit...Le vocabulaire que j'ai utilisé est militaire, c'est volontaire. Je veux par-là attirer votre attention sur l'ambiance d'une maison qui vit au rythme de cette rivalité d'ego: Impossible d'accepter la contradiction, car ce serait accorder une victoire à l'autre. Impossible d'accepter une idée qui n'est pas de soi (même si elle est excellente !), ce serait reconnaître les qualités de l'autre et donc sa propre infériorité. Impossible de confesser ses erreurs, ce serait valider la véhémence de l'hostilité de l'autre. Ça sonne comme une évidence, quand le quotidien est vécu par le prisme de l'opposition, l'air devient vite irrespirable. Ne vous méprenez pas, la culture du clash n'est pas une marque de caractère ! C'est l'orgueil et tout ce que l'ego peut avoir de vils qui s'expriment, rien d'autre ! Et gagner un clash ne signifiera jamais que vous avez eu raison, ou que le climat d'affrontement dans lequel vous vivez va disparaître! Alors oui, il ne faut pas tout laisser passer ou s'effacer totalement, on est d'accord. C'est pour cela que je parle d'excès, car il existe entre les deux extrêmes que sont l'impuissance et la guerre d'ego, un juste équilibre. En premier lieu vous n'êtes pas ennemis ! Ça paraît évident n'est-ce-pas ? Pourtant, quand le foyer est un champs de bataille, c'est l'image que ça renvoie ! Celui qui se régale de cette situation n'est autre qu'Iblis. Peut-être même va-t-il s'amuser à vous souffler des stratégies pour dominer votre (soit-disant) ennemi (le mari ou l'épouse), alors que c'est lui qui l'est véritablement. Vous voyez l'entourloupe dans laquelle vous tombez ? Le diable vous monte l'un contre l'autre alors que c'est lui que vous devez combattre. Toi et ta moitié êtes alliés. Allah dit : **« Les croyants et les croyantes sont alliés les uns des autres. »** (sourate 9 verset 71). C'est le premier principe à intégrer *insha Allah*. Tu peux zapper de ton champs lexical tous les *« mais c'est elle, là, avec ses manières, elle veut trop me défier ! »*, les *« c'est lui, il croit trop je suis une enfant »*, *« je baisse pas la tête, c'est moi qui vais le faire ramper »*, *« c'est elle ou moi, c'est pas possible autrement »*, j'en passe et d'autres.

Un des pièges dans lequel on tombe le plus facilement est la contre-attaque. Tu me reproches quelque chose, je te renvoie la pareille, tu mets en exergue un de mes défauts, j'enchaîne en énumérant les tiens, tu menaces, je menace d'aller encore plus loin...Un vrai match de tennis qui finit souvent avec un *smatch*. On est des êtres humains, ça fait du bien des fois de remettre les pendules à l'heure en disant à l'autre ses quatre vérités me diras-tu... Éventuellement, ça peut se comprendre, si cela se produit exceptionnellement et que les choses sont dites avec respect. Mais quand ces procédés sont votre mode de fonctionnement de base, ça ne sent pas bon du tout.

-Il est déjà impossible que vous trouviez la solution à un quelconque problème. Vous allez empiler les contrariétés, et l'accumulation est le point de départ des très grosses disputes.

-À force de vous détruire verbalement, vous allez développer une animosité entre vous qu'il sera difficile d'oublier. Exit la communication bienveillante, l'écoute, et la résolution de conflit dans la paix. Quand vous allez vous disputer, il faudra limite faire intervenir l'ONU.

-S'il vous est impossible d'exposer vos points de vue, le silence va devenir votre seule option. Dîtes bonjour dès lors à l'évitement. Quand un obstacle te barre le chemin, soit tu l'enlèves, soit tu le contournes. Mais le silence laisse un vide que votre imaginaire va combler, et ce, très rarement pour le meilleur. Qui dit moins de communication, dit toujours plus de *"wess wess"*. La suite ? Encore plus de reproches, mêlant cette fois du vrai et du supposé, des faits et des interprétations hasardeuses. Rien qui ne puisse arranger vos affaires.

Je réalise parfaitement que mes prochaines lignes seront délicates à lire mais la guérison de la maladie vaut bien l'amertume du médicament. Le Messager d'Allah ﷺ a dit : *« Lorsque quelqu'un te blesse en te rappelant tes imperfections, ne réplique pas en lui rappelant les siennes.* » (rapporté par Mouslim). Que faire alors ? Primo, je me répète, mais vous n'êtes pas ennemis !!! Quand ce message est correctement intégré, le mieux est de se mettre en mode traducteur pour tenter de déchiffrer le message envoyé par l'autre. Derrière les mots et les reproches, il y a un message de fond, une gêne. Trouvez celle-ci et une grande partie du problème sera résolue. En se limitant aux mots et aux reproches, vous allez sombrer dans une spirale négative. Je me répète mais **« comprenez le langage pour saisir le message »**.

Secundo, apprenez à lâcher l'affaire, tout simplement. Acceptez de l'autre ses petits moments de « crise ». Le Messager d'Allah ﷺ a dit : *« Moussa (sur lui la paix) a dit : Ô Rabb, lequel de tes serviteurs Tu honores le plus ? Allah a répondu : Celui qui ayant les moyens de se venger, pardonne. »* (rapporté par Al Bayhaqi). Il ﷺ a dit aussi : *« Le fort n'est pas celui qui terrasse son adversaire, mais celui qui sait se dominer dans la colère. »* (rapporté par Al Boukhary) ou encore : *« Aux yeux d'Allah, pas un serviteur ne ravale quelque chose de meilleur que sa colère en recherchant uniquement la satisfaction d'Allah. »* (rapporté par Ahmed). Lâcher l'affaire n'est pas un aveu de faiblesse, en tout cas pas ici. Ne pas répondre n'est pas de l'impuissance. Patienter et retenir sa colère n'est pas l'attitude d'une victime. C'est même l'exact opposé ! Allah élève celui ou celle qui se retient pour Lui alors qu'il (ou elle) pourrait très facilement répondre à la provocation. Le Messager d'Allah ﷺ a dit : *« Celui qui se montre humble pour Allah, Allah ne fait que l'élever davantage. »*. Est une preuve indéniable de maturité que d'accepter de l'autre ce qu'il (ou elle) a à dire sans se sentir agressé et sans avoir besoin de contre-attaquer. Quand vous êtes en capacité de ne garder aucune rancune de ce que vous pouvez entendre, c'est que vous possédez une qualité rare et précieuse qui est la longanimité (qui se montre patient malgré la possibilité ou l'autorité qu'il aurait de faire cesser ce qui lui déplaît). Dans un monde en perte de repères, l'indulgence et le pardon sont vus (à tort) comme de la faiblesse. Mais dites-moi, qu'est-ce-qui est le plus facile, répondre au mal par le mal ou pardonner ? Lequel des deux choix vous demande le plus d'efforts ? Qu'est-ce-qui pique le plus vos ego ? La réponse est limpide, j'en veux pour preuve le grand mérite qu'Allah a accordé à celles et ceux qui mettent en pratique ces qualités. Allah dit par exemple : *« sauf ceux qui sont endurants et font de bonnes œuvres. Ceux-là obtiendront un pardon et une grosse récompense. »* (sourate 11 verset 9)

« La terre d'Allah est vaste et les endurants auront leur pleine récompense sans compter. » (sourate 39 verset 10)

« qui évitent les péchés les plus graves ainsi que les turpitudes, et qui pardonnent après s'être mis en colère » (sourate 42 verset 37)

Le second point pour éviter cette guerre d'ego, on l'a dit plus haut, c'est de reconnaître la valeur de l'autre tout en cultivant sa propre humilité. Comment cela se traduit-il au quotidien ?

-Par des remerciements. À tous les radins du « merci », voici une parole qui va vous aider à valoriser cette attitude: le Messager d'Allah ﷺ a dit : *«Celui qui ne remercie pas les gens n'a pas remercié Allah »*. (Rapporté par Abou Daoud dans ses Sounan n°4811). Pour ce qui est de la manière Il ﷺ a dit : *« Celui qui dit à quelqu'un qui lui a fait un bien « djazakallahou kheira » (qu'Allah t'en donne une bonne récompense) l'a ainsi suffisamment remercié.».* Sincèrement qu'est-ce que ça coûte de dire « djazakallahou kheira » ou « baarakallahoufik »? En réalité, il n'y a qu'à l'ego que ça va coûter quelque chose, et lui ne peut être le pilote de vos décisions si vous souhaitez vivre dans un couple solide et épanoui.

-Par des phrases pleines de politesse quand vous avez besoin de quelque chose, plutôt que d'assener des ordres. Le Messager d'Allah ﷺ a dit : *« Allah m'a inspiré ce commandement : soyez modeste jusqu'à ce que personne ne se vante de sa supériorité sur son prochain, et que nul n'agresse son prochain. »* (Riyad Salihin n°602, rapporté par Mouslim). Rien d'extraordinaire en réalité. Ce sont des règles de bases qu'on inculque aux enfants dès le plus jeune âge. Vous savez ces fameuses formules « *dire s'il te plaît et merci* ». Si cette base vous manque dans votre couple, vous en êtes encore au niveau maternelle, il est vraiment temps de se mettre en route vers quelque chose de meilleur *insha Allah*, et vite...

-Par le respect du rôle de chacun et la reconnaissance de celui-ci. Je m'explique, parce-que là, on va aborder quelques aspects sociologiques importants : Nous vivons dans des sociétés qui cherchent à mettre l'homme et la femme en concurrence au nom de « l'égalité ». Ce n'est pas d'égalité dont il s'agit dans leur lutte mais d'uniformité. Petit éclaircissement sémantique : L'uniformité se définit par l'absence de différences. L'égalité, elle, par l'équivalence dans la valeur même si les rôles et les statuts sont différents.

Valider le concept d'uniformité entre hommes et femmes revient à dire qu'il n'y a aucune différences entre eux dans le tempérament, les besoins, la manière de les exprimer ou les rôles de chacun au sein du couple et de la famille. Ce qui est faux. Prétextant que ce sont les rôles donnés qui définissent la valeur de l'individu, cette idéologie pousse la femme a concurrencer l'homme et ne fait que les dresser l'un contre l'autre, alors qu'ils sont complémentaires (notion d'équipe). C'est une idéologie qui ne vit que par opposition à l'homme. Qui dit opposition, dit guerre d'ego, fierté ou concurrence et par-dessus tout, l'opposition sous-entend qu'il y aura forcément un vainqueur et un vaincu... Comment pérenniser votre relation avec un tel état d'esprit ?

En réalité, ce qui donne de la valeur à l'individu, c'est la manière dont il (ou elle) assume le rôle qui lui est assigné par Allah et Son Messager ﷺ. Le Paradis n'est pas réservé aux hommes, Allah l'a crée pour toute personne, qu'elle soit homme ou femme, pourvu qu'elle ait œuvré pour l'obtenir.

Allah dit : « *Et quiconque, homme ou femme, fait de bonnes œuvres, tout en étant croyant... les voilà ceux qui entreront au Paradis; et on ne leur fera aucune injustice, fût-ce d'un creux de noyau de datte.* » (sourate 4 verset 124). Les mêmes récompenses, le même honneur, les mêmes opportunités auprès d'Allah pour la femme et pour l'homme. C'est cela l'égalité ! Ce concept est très très important pour ne pas sombrer.

Pour ne rien faciliter, d'autres modes de pensées ont vu le jour. Notamment l'émergence d'un développement personnel « moderne » prônant l'accomplissement de soi, par soi, en soi, sans qui que ce soit. Ses principes dits « émancipateurs », ne sont en réalité pour bon nombre que des croyances matérialistes divinisant l'ego. En adhérant à cette philosophie de vie, vous percevez l'autre comme la source de vos problèmes plutôt que comme une solution. Le mot « engagement » est transformé en « dépendance ». Ce qu'on appelle en Islam engagement sera vu comme un moyen d'entretenir une dépendance vis-à-vis de l'autre. Si l'homme a la charge financière du foyer, alors la femme est dépendante de lui. Pour « se libérer », elle devra alors développer sa propre ressource financière pour n'avoir besoin de personne, et surtout pas d'un mari. Dans cette philosophie tout n'est qu'affaire de « dominant et dominé », concept calqué sur la lecture qu'ils font de la nature, « manger ou être mangé » en quelque sorte. Quand quelqu'un prétend se compléter seul, il doit tout accomplir par lui-même. Il (ou elle) se sentira sans cesse en concurrence avec sa moitié pour prouver qu'il (ou elle) est capable et indépendant(e) et que l'autre n'est pas indispensable. Avec du recul, on pourrait même trouver cela ridicule ! Ce n'est rien d'autre qu'un conflit d'ego. Conflit qui saccage les relations de couple avec une très grande efficacité. Pour sûr ! Il est insupportable de vivre avec une personne narcissique au dixième degrés. La sensation de n'être qu'une variable d'ajustement dans la vie de quelqu'un est un sentiment dégradant. Difficile pour ne pas dire impossible de tenir sur le long terme avec de telles mentalités, quand on sait que le mariage est histoire de réciprocité, de partages et de compromis. Chez ces gens l'amour est calcul et intérêt. La loyauté, une simple histoire de besoins et de rentabilité. Les gens sont comparés à des objets interchangeables dont la durée de vie dépend de l'utilité qu'ils ont. La priorité étant de s'aimer soi, d'être heureux(se), et de ne dépendre de personne, l'autre porte de fait l'étiquette de l'ennemi à abattre puisqu'avec un(e) époux(se), il faut s'intéresser à l'autre, lui donner des droits et accepter qu'il ou elle a aussi voix au chapitre... Faisons un pas de côté. Le mariage est un engagement entre deux personnes, qui parce qu'elles sont musulmanes, veulent à travers cela se rapprocher de leur Seigneur. Elles ne se soumettent à personne d'autre qu'à Lui dans cet engagement à assumer certains devoirs et à recevoir certains droits. La foi en Allah inclut qu'elles ont la certitude que ce qu'Il décrète comme règles est ce qu'il y a de meilleur pour eux (pour nous tous !), ici-bas et dans l'au-delà. Allah dit : *« Quiconque obéit à Allah et à Son messager obtient certes une grande réussite. »* (sourate 33 verset 71).

Ce n'est ni le subterfuge d'un homme pervers pour dominer une femme, ni la stratégie perfide d'une femme pour avoir un homme à sa botte. Encore moins le besoin du Créateur. Cette obéissance ne profite à personne d'autre qu'à celui (ou celle) qui l'accomplit. Vous ne rajouterez rien à la toute Puissance d'Allah en lui obéissant, comme vous ne diminuerez rien de Sa Toute Grandeur en lui désobéissant ! Gardons les pieds sur terre ! Quand l'homme joue pleinement son rôle au sein du couple et de la famille, il ne fait que s'élever en tant qu'être humain. De même que la femme qui joue pleinement son rôle, s'élève. Il ne faut surtout pas sombrer dans cette bêtise de croire qu'Allah nous ordonne des choses par besoin ou qu'il y aurait une quelconque injustice dans Sa Législation. Les calculs ne sont pas bons ! Allah dit : *« Ô hommes, vous êtes les indigents ayant besoin d'Allah, et c'est Allah, Lui qui se dispense de tout et Il est Le Digne de louange. S'Il voulait, Il vous ferait disparaître, et ferait surgir une nouvelle création. Et cela n'est point difficile pour Allah. »* (sourate 35 versets 15 à 17). Allah dit dans un célèbre hadith Qoudoussi : *« Ô Mes Serviteurs ! Vous n'arriverez jamais à Me causer du tort et vous n'arriverez jamais à M'être utiles (...) »* (Riyad Salihin n°111, rapporté par Mouslim)

Celui qui souhaite être libre, avec une estime de lui-même pleine de dignité, doit nécessairement passer par l'éducation de son ego. Vous pouvez passer tout votre temps à combattre ceux qui vous entourent, mais *« celui qui n'est pas en paix avec lui-même sera en guerre avec tout le monde »*, ne l'oubliez pas. Ce n'est pas votre ego qui dirige votre vie, ce n'est pas lui que vous devez satisfaire à tout prix, au contraire, plus il est contrarié, plus grandes sont ouvertes les portes menant à l'épanouissement personnel. Toutes ces histoires d'indépendance ne sont que l'expression d'un ego démesurément prétentieux. « *Moi, moi, moi* ». Ces postures nombrilistes ne témoignent que de l'immaturité d'une âme d'enfant contenue dans un corps d'adulte. Il est important de veiller à la croissance des deux, l'âme et le corps. D'où l'importance de développer de **l'humilité** dans sa relation à Allah et à Ses créatures. Allah n'a besoin de personne, Il est Le Suffisant à Lui-même. Il est mon Roi et je suis son esclave. Puis développez cette humilité dans votre relation à Ses créatures. Vous n'aurez pas la paix autrement. L'humilité est l'antidote à ce virus qu'est la fatuité (contentement excessif de soi qui se manifeste par une vanité insolente). Elle permet de garder les pieds sur Terre, de considérer les autres avec autant d'estime que pour sa propre personne. Le Messager d'Allah ﷺ a dit : *« Vous ne serez véritablement croyant que lorsque vous aimerez pour votre frère ce que vous aimez pour vous même. »*. Cette parole Prophétique est connue, mais en mesure-t-on réellement la portée ? Imagine un couple où les époux se comportent entre eux avec la même considération que pour leur propre personne. Ça donne envie n'est-ce-pas ?

L'humilité permet aussi de se voir tel que l'on est. C'est ce que j'appelle l'effet « démaquillant ». En prenant conscience de vos propres manques, vous êtes beaucoup plus enclin à tolérer ceux des autres. Abou Sa'id (qu'Allah l'agrée) a dit :

« Seul celui qui trébuche est magnanime et seul celui qui a de l'expérience est sage ».

Enfin, toi ma sœur, ne dispute pas à ton mari le rôle qui est le sien, mais aide-le pour qu'il l'assume en suivant les ordres d'Allah et la tradition de Son Messager. Il n'y a qu'ainsi qu'il te sera une cause de bien. Et toi, mon frère, ne dispute pas à ton épouse le rôle qui est le sien, mais œuvre à être son soutien numéro un pour qu'elle l'assume en suivant les ordres d'Allah et la tradition de Son Messager. Il n'y a qu'ainsi qu'elle te sera une cause de bien. C'est votre réussite ici-bas et après la mort qui est en jeu !

-Par le respect des droits de chacun. Al Ahnaf Ibn Qays a dit : *« L'avare ne sera jamais loyal, et un homme de mauvais caractère ne règne pas. ».* Non seulement il ne règne pas, mais il va provoquer la révolution par ses injustices. Plus vous écrasez quelqu'un, plus vous le poussez à agir avec brutalité. C'est inévitable ! Donc, plus un des membres du couple est privé de ses droits, plus il (ou elle) va se sentir étouffé et va finir par riposter. C'est ainsi que le foyer se transforme en guerre de tranchées. Donnez de bon cœur ce qui revient de droit à l'autre. C'est souvent l'avarice qui est à l'origine des cassures dans le couple. Donnez de bon cœur, sans avoir peur, car jamais la générosité n'a été la cause d'une quelconque diminution. Allah a dit : ***« Dis: «Mon Seigneur dispense avec largesse ou restreint Ses dons à qui Il veut parmi ses serviteurs. Et toute dépense que vous*** *faites (dans le bien), Il la remplace, et c'est Lui le Meilleur des donateurs»* (sourate 34 verset 39). Le Prophète ﷺ a dit : *« Quel que soit l'acte par lequel tu recherches l'agrément d'Allah, tu seras récompensé, ne serait-ce que pour le fait d'avoir nourri ton épouse. »* (rapporté par Mouslim et Al Boukhary). Donnez de bon cœur, car la bonté est une cause d'amour entre les gens. Donnez de bon cœur car *« on bâtit sa vie avec ce que l'on donne »* comme disait Churchill. Donnez de bon cœur de votre temps, de votre attention, de votre écoute, de votre respect, de vos personnes, jusqu'à ce que vous n'ayez aucune raison légitime de rentrer dans une bataille d'ego l'un envers l'autre.

En réalité, chacun des deux époux a besoin de reconnaissance. Assumé ou pas, ce besoin existe bel et bien. Est-ce un mal en soi ? Je ne pense pas. Cette reconnaissance apaise les esprits, permet de se sentir à sa place, légitime et incontesté. Dès lors, les combats d'ego n'ont pas lieu d'être. Inutile de montrer les muscles pour exister, s'affirmer ou simplement s'exprimer. Chacun est là, bien dans ses baskets, dans son rôle, reconnu et respecté. Chacun œuvrant avec l'agrément d'Allah comme objectif. Participant à ce projet magnifique qu'est la construction d'un foyer, d'une famille. Chacun faisant tout son possible pour être une cause de bien pour lui-même et pour l'autre. Chacun se sentant émotionnellement bien dans son mariage avec la permission d'Allah. Tout cela passe par un respect réciproque. Entretenez-le, et vous aurez *insha Allah,* un couple solide.

6. NE PAS PRENDRE SES RESPONSABILITÉS

Le couple repose sur une définition noble de l'amour. Un amour fait de respect, de complicité, de communication et de confiance. Pour que cette confiance persiste et se renforce, il y a un autre élément qui rentre en ligne de compte : *que chacun prenne ses responsabilités.* C'est ce qui maintient l'estime réciproque et pérennise le couple.

No pain, no gain !

Là encore, on va revenir sur les principes de droits et devoirs. Pourquoi ? Parce-que prendre ses responsabilités, c'est accepter et assumer ses devoirs, et comme on l'a dit juste avant, s'entraider dans cette tâche. Prenons l'exemple de l'éducation des enfants. La femme porte une part de responsabilité dans cette tâche, très bien. Le hadith sur le sujet est très connu, le Prophète ﷺ a dit: *« Chacun d'entre vous est un berger et chacun d'entre vous sera interrogé concernant son troupeau. Le dirigeant est un berger, l'homme est un berger pour les gens de sa maison, la femme est une bergère pour la maison de son époux et pour ses enfants. Ainsi chacun d'entre vous est un berger et chacun d'entre vous sera interrogé concernant son*

***troupeau* ».** (Rapporté par Al Boukhary dans son Sahih n°5200 et par Mouslim dans son Sahih n°1829)

Si la femme est responsable d'une partie de l'éducation des enfants, l'homme est responsable de lui en donner les moyens. Si des dépenses supplémentaires sont nécessaires pour accomplir cette tâche, le mari est en charge de le lui fournir. Si l'épouse a besoin d'aide pour réussir à cumuler ses différentes casquettes d'épouse, de mère, d'éducatrice etc...son mari est directement responsable de trouver des solutions et de l'aider. Mais si je refuse en tant qu'époux d'apporter ces aides, d'investir et de m'investir, je ne prends pas mes responsabilités. Comment reprocher à mon épouse dans ce cas de ne pas en faire assez ? Comment lui fixer des objectifs extrêmement ambitieux quand elle n'en a pas les moyens ? Il n'y a rien d'étonnant à ce qu'une cassure se produise entre les époux quand l'un a clairement l'impression d'être abandonné à son sort. Dans ce cheminement qui *insha Allah* a le Paradis comme destination finale, c'est le soutien qui est de mise. Mais quand l'un des deux époux se défausse (se décharger d'une responsabilité, d'une corvée) sur l'autre, il est évident que le sentiment qui va dominer sera celui de la trahison ou de l'abandon, pas celui de la confiance.

Je veux, en tant qu'épouse, que mon mari me désire mais je ne fais rien pour cela. Je veux, en tant que mari, désirer mon épouse mais je passe mon temps à regarder les femmes à l'extérieur... On veut en tant que parents que nos enfants reçoivent la meilleure éducation sans être prêt à en payer le prix en terme d'investissements et de sacrifices. On veut vivre en couple sans les inconvénients et les responsabilités qui vont avec. On veut une famille tout en refusant de dépenser cet argent si durement gagné pour elle, ou juste le minimum du minimum. On se fixe des objectifs spirituels très ambitieux tout en remplissant notre foyer de distractions. Le mari souhaite vivre avec une épouse épanouie sans lui laisser de temps pour qu'elle se ressource (de manière licite évidemment). L'épouse rêve d'un mari apaisé sans lui laisser de moments pour récupérer. Les époux veulent de la communication sans être capable de s'écouter l'un l'autre. On réclame nos droits sans nous être assurés d'être loyaux dans l'exécution de nos devoirs. L'époux réclame de l'obéissance sans avoir les qualités du leader légitime. On se réclame de la science sans prendre de cours, ni ouvrir de livres. Ou de la spiritualité sans évoquer Allah, ou très peu. On se revendique de la piété en laissant libre cours à toutes les pulsions et tous les caprices qui nous traversent. On se réclame de la suivie des Compagnons sans chercher à vivre l'éducation par laquelle ils sont passés, ou de la suivie du Messager d'Allah ﷺ, en appliquant Sa Tradition, au cas par cas, suivant nos intérêts... La liste est longue. L'objectif de ces lignes n'est nullement de fustiger (critiquer avec acharnement) qui que ce soit, mais de pointer certaines de nos incohérences pour y mettre fin *insha Allah*. Allah dit : **« *Est-ce que les gens pensent qu'on les laissera dire: «Nous croyons!» sans les éprouver? Certes, Nous avons éprouvé ceux qui ont vécu avant eux. (Ainsi) Allah connaît ceux qui disent la vérité et ceux qui mentent.* »** (sourate 29 verset 2-3).

C'est que la sincérité englobe aussi la cohérence qu'il doit y avoir entre nos ambitions et notre niveau d'investissement. **Investissez-vous ! Ce doit être votre état d'esprit.** Vous ne consentez pas à l'installation d'une routine destructrice entre vous ? Ne la laissez pas s'installer. Ça paraît évident, mais beaucoup de personnes sont fatalistes et agissent comme si rien ne dépendait de leurs efforts. Romain Rolland disait : *« La fatalité, c'est l'excuse des âmes sans volonté »*. Le Messager d'Allah ﷺ a dit : *« **Recherche avec énergie ce qui t'est profitable** »*.

Les corps changent, les âmes mûrissent, vos capacités évoluent, vos envies aussi. Il y a des choses sur lesquelles vous n'avez pas de contrôle (je pense à l'effet du temps qui passe notamment). L'objectif est d'être bien dans son couple à chaque étape de la vie, d'entretenir, de faire la meilleure cuisine possible avec les ingrédients à votre disposition. Évitez le piège du « c'était mieux avant ». C'est l'alibi idéal pour justifier la paresse d'entretenir votre couple. Beaucoup ne vivent qu'au travers de souvenirs d'un passé idéalisé, comme pour se plaindre d'un présent qui ne leur convient pas. Quel gaspillage d'énergie ! N'y aurait-il pas bien mieux à faire si toute cette énergie était mise au service du moment présent ? Je suis convaincu que si !

Il n'est pas rare que le corps de la femme change après plusieurs grossesses, est-ce pour autant que l'attraction va disparaître ? Si après plusieurs années de vie commune, tu n'as pas, en tant mari, développé un amour pour ton épouse qui va au delà de l'aspect physique, c'est très inquiétant ! Est-ce légitime de venir avec des « je ne l'aime plus », qui en vérité signifie « elle ne m'attire plus physiquement » ? Si son corps a changé, c'est pour porter vos enfants *soubhan Allah*. Juste cette idée doit augmenter l'admiration du mari pour sa femme. Prendre ses responsabilités rime ici avec fidélité et maturité. Les hommes ont parfois ce côté ingrat. Il manque à certains cet aspect chevaleresque qu'avaient les anciens. Cette femme qu'Allah t'a donnée en épouse doit être honorée, alors ne diminue pas sa valeur parce-que son physique a changé. C'est dégradant. C'est de ta responsabilité d'époux de lui faire sentir que tu lui es fidèle et qu'elle n'a rien perdu de l'estime que tu lui portes. De quelle manière ? Comme on l'a dit plus haut, réserve-lui ton regard de désir, tes atouts de séduction, tes bonnes manières et tes mots les plus agréables. Combien font les *gentlemen* à l'extérieur mais plus chez eux ? N'hésite pas à la rassurer sur la force de ton amour par tes marques d'attention et de considération, marche à ses cotés fièrement, pas dix mètres devant comme si tu cherchais à cacher que vous êtes ensemble. Ne tombe jamais dans le piège pernicieux de la comparaison entre ton épouse et les autres femmes, montre lui que c'est elle qui compte.

Omar Ibn Al Khattab (qu'Allah l'agrée) a dit à un homme qui envisageait de divorcer de sa femme : Pourquoi voulez-vous divorcer ? L'homme lui dit : Je ne l'aime plus.
Omar (qu'Allah l'agrée) dit : *Chaque maison doit-elle être construite sur l'amour ? Qu'en est-il de la loyauté et de l'appréciation ? Il poursuivit en disant : Vous les hommes !*

Quand nous nous marions, nous leur faisons une promesse sérieuse. Une femme donne naissance à des enfants, traverse des moments difficiles pendant sa grossesse. Elle allaite ensuite son bébé, s'occupe toutes les nuits de ses enfants lorsqu'ils tombent malades ou ont besoin de quoi que ce soit. Elle sacrifie sa beauté pour être mère. Est-ce juste que son mari la quitte quand elle est plus âgée ? Si elle n'avait pas pris soin de sa maison et de sa famille, et pris soin de son corps et de sa beauté, son mari aurait dit : Quelle mauvaise mère elle est. Où est l'intégrité et la loyauté ? Craignez Allah concernant votre comportement avec vos femmes. » (Al bayyan wa at-tabayyen 2 /101). Plus jeune on utilisait souvent l'expression « *agir en bonhomme* » pour désigner un comportement digne et loyal. C'est vraiment l'expression consacrée à ce genre de situation, « *agir en bonhomme* » dans sa relation de couple. Mais si tu ne le fais pas, le sentiment de sécurité va forcément prendre un coup, avec lui, la confiance qu'il y a entre vous. Vous allez vous éloigner l'un de l'autre, et la plupart du temps, cela se soldera par un divorce.

L'épouse ne doit pas non plus se cacher derrière le rideau de la fatalité. Entretiens ton corps, ton esprit et ton cœur. Il n'est pas nécessaire de faire huit heures de sport par semaine, mais au minimum de remplacer certains trajets habituellement accomplis en voiture par des moments de marche. Celle-ci entretient la vigueur du corps, maintient la densité musculaire dont celle du cœur. Idem pour les époux, si vous pouvez par exemple exécuter vos allers-retours maison-mosquée à pieds, vous lierez ainsi l'utile à l'agréable. Décidez d'un côté comme de l'autre d'être disciplinés et attentifs à la manière dont vous vous alimentez. L'obésité, et à moindre mesure, l'embonpoint sont des fléaux communs aujourd'hui. Les causes qui entretiennent ces problèmes sont nombreuses, mais la discipline est un choix, et « *celui qui veut trouve une solution quand celui qui ne veut pas trouve des excuses* ». Il s'agit de déterminer à laquelle des deux catégories vous appartenez. Combien de maris prennent du ventre avec l'âge, négligent l'hygiène corporel et dans le même temps, reprochent à leurs épouses de ne plus avoir le corps qu'elles avaient au début du mariage ? Combien d'épouses se laissent complètement aller et reprochent à leurs maris leur manque d'intérêt pour elles par la suite ? Faites les causes pour qu'Allah préserve votre couple, n'attendez pas bras ballants qu'un miracle se produise, ça n'est pas sérieux. Prenez vos responsabilités !

Lisez, apprenez, ne stagnez pas. Beaucoup, avant le mariage sont dans une dynamique d'apprentissage qui disparaît dans la vie de couple. Pourquoi ? Le temps libre n'est plus aussi conséquent qu'avant, c'est vrai. Et ? La fatigue ? Ce point est particulièrement vrai. Entre le travail, les enfants, le rythme de vie complètement fou de nos sociétés, les gens sont souvent épuisés. Pourtant, il y a toujours du temps pour regarder les infos (dans le meilleur des cas) ou un film. Pourquoi ne pas glisser trente minutes de lecture dans cet espace « détente » ? Avec le développement des livres audio, ça devient encore plus facile. On met les écouteurs dans ses oreilles et on se pose dans son fauteuil, au calme. Les facilités ne manquent pas, *al hamdoulillah* !

J'ai remarqué que dans pas mal de couples musulmans, chacun apprend la religion de son côté. C'est le genre de système qui peut donner lieu à des tensions dans le foyer. Bâtissez une ambiance religieuse commune, où vous apprenez ensemble certains sujets ou lisez ensemble certains ouvrages. C'est une activité qui aide à la cohésion. Combien de couples se chamaillent par « esprit partisan » religieux ? L'homme est le fervent disciple de cheikh untel, l'épouse d'un (ou une) autre et les deux se bagarrent le leadership de l'instruction religieuse de la maison. Les bizarreries sont nombreuses aujourd'hui en la matière, notamment avec l'émergence de toutes sortes de « prédicateurs » pour ne pas dire « influenceurs » hommes et femmes sur internet. Si vous voulez préserver votre couple et votre famille, filtrez ce qui entrent chez vous comme informations. Il s'agit de se préserver soi et ses proches des extrêmes, des ignorants, et de leurs influences nuisibles, tout comme de celles et ceux qui tordent la Parole d'Allah et de Son Messager ﷺ pour leur faire dire ce qu'ils ne disent pas. Allah dit : *« Demandez donc aux gens du rappel si vous ne savez pas. »* (sourate 16 verset 43) faisant référence ici aux gens de science. Il est vital pour vous d'aborder la religion conscients de ce principe afin d'éviter les pièges. Encore une fois, il s'agit ici de prendre vos responsabilités.

Autre danger auquel vous devez faire face : la lassitude. Ses conséquences vont de l'abandon au durcissement des cœurs. Quand vous vous lassez d'une chose, c'est le cœur qui s'en détourne en premier. Même si les membres du corps continuent par habitude à pratiquer certaines actions, l'entrain disparaît, laissant place à une routine routinière. L'esprit vague à la recherche d'autres horizons, il cherche d'autres sources de motivation. Vous n'évoquez plus Allah, ou alors juste le minimum. Vous vous autorisez ce que vous vous interdisiez formellement avant, vous remplacez la routine spirituelle par des frivolités... Si vous tenez à être constants dans votre évolution religieuse, diversifiez les thèmes que vous abordez. Mêlez la lecture de livre de *fiqh* à celle de livre traitant de spiritualité. Combinez les cours et les exercices spirituels. Alliez la science à la pratique. Éduquez vos âmes tout en nourrissant vos esprits. Prenez le temps ! La piété ne s'acquiert pas en un clignement d'œil, c'est le travail de toute une vie. Équilibrez-vous entre « *dîne* » et « *douniya* » en accordant à chacun un temps. **Prendre ses responsabilités, c'est être conscient de cette réalité et l'anticiper au maximum pour éviter la chute.** La vie n'est pas un sprint mais une course de fond. Allah ne se lasse pas de vous récompenser pour le bien tant que vous ne vous lassez pas de l'accomplir. Le Messager d'Allah ﷺ nous enseigne que les actes auxquelles Allah accorde le plus de valeur sont ceux qui sont faits avec constance. Pour l'obtenir, ne vous étouffez pas par un rythme de vie trop rigide sous couvert de piété. Oui ça va impressionner votre entourage religieux, qui va vous complimenter à coups de « *masha Allah* le frère », « *masha Allah la sœur* » mais si c'est pour vous transformer en cocote minute, quel intérêt ? **Prendre ses responsabilités, c'est accepter de vivre chaque étape du cheminement qui mène à Allah, et d'accepter son rôle d'accompagnant.** Je m'explique : Ta moitié et toi cheminez ensemble. Vous n'êtes plus seuls, et il est contre-productif de nier cette évidence. Parfois l'un d'entre vous est pressé, ça n'avance pas assez vite pour lui (ou elle), mais vous avez aussi un rôle d'accompagnant à jouer l'un pour l'autre. Adaptez-vous. Respectez le rythme de chacun plutôt que de faire du forcing, Le Messager d'Allah ﷺ dit : *« Enseignez, facilitez et ne rendez pas les choses difficiles. Annoncez la bonne nouvelle et ne faites pas fuir les gens »* (rapporté par Ahmed). Nous sommes nombreux à ne pas respecter ce principe sous couvert de motivation religieuse, puis à rejeter la faute sur l'autre quand il y a cassure dans le couple. Ce n'est pas de cette manière que l'on assume ses responsabilités. Allah dit : *« Entraidez-vous dans l'accomplissement des bonnes œuvres et de la piété ».* Et par-dessus tout, ne regardez pas les autres couples, chacun son rythme, chacun son cheminement, c'est à l'arrivée qu'on fait les comptes.

Si vous aviez beaucoup de temps pour vous deux au départ, avec les enfants, ce n'est plus pareil. L'attention, l'énergie, ne sont plus les mêmes. Pourtant, le couple n'est pas forcé de flétrir. **Prendre ses responsabilités, c'est s'adapter aux étapes de la vie et en tirer le meilleur.** Tout est question d'équilibre. Combien se plaignent après des années du temps qu'a nécessité l'éducation des enfants alors que ce n'est pas le problème. Le souci vient du manque d'équilibre entre vos priorités. Le Messager d'Allah ﷺ a dit : *« Il y a un temps pour chaque chose »* (tiré d'un hadith plus long rapporté par Mouslim). Tout cela demande deux qualités : l'organisation et l'entraide. Il ne suffit pas de parler à sa moitié avec des verbes à l'impératif (synonyme d'ordre) *« fais ceci »* *« va acheter cela »* ou avec des *« t'as qu'à faire ça »*. Il y a une citation que j'aime bien qui dit : *« Il ne suffit pas de souhaiter bonne chance aux autres, il faut la leur offrir »*, c'est exactement l'état d'esprit de ceux qui prennent leurs responsabilités. Quand on se facilite l'un l'autre nos responsabilités respectives, ça libère du temps et de l'énergie pour se retrouver. Il existe un autre extrême qui consiste à donner la stricte priorité à ses activités individuelles en prétextant que cela rend meilleur socialement. C'est une jolie histoire dans laquelle des personnes cherchent à se marier tout en gardant un planning de célibataire... Celui qui souhaite ne s'occuper que de sa propre personne ne se marie pas. Le mariage induit la notion d'engagement, de partage et d'objectifs communs. Quand une personne ne veut répondre à aucun de ces points, pourquoi veut-elle se marier ? **C'est cela aussi prendre ses responsabilités, assumer ses choix en acceptant d'en payer le prix.** De plus, cette idéologie est fausse à bien des égards, Churchill disait : *« On gagne sa vie avec ce que l'on reçoit, mais on la bâtit avec ce que l'on donne. »*. Je pense également qu'accorder du temps à l'autre est aussi une cause d'épanouissement personnel.

Le mariage est une adoration légiférée par la Révélation qui nourrit des objectifs précis. Il ne s'agit pas de suivre ses passions dans sa relation à l'autre, comme si le seul but de notre existence était de satisfaire une âme insatiable. Allah nous dit : *« Ce n'est pas par divertissement que Nous avons créé les cieux et la terre et ce qui est entre eux. Nous ne les avons créés qu'en toute vérité. Mais la plupart d'entre eux ne savent pas. »* (sourate 44 versets 38-39) Le « poids » des responsabilités va de paire avec la grandeur des récompenses auprès d'Allah. Certains parmi les savants nomment ce bas-monde *daroul houqqouq,* c'est-à-dire « la maison des droits », parce que dans toute relation sociale, il y a des droits et des devoirs à respecter pour chacun. Le mariage n'échappe pas à cette règle. Un Compagnon a dit : *« Plus tu as d'amis, plus tu as de dettes. On lui a demandé : quelles sont ces dettes ? Il a répondu : Les droits dont tu dois t'acquitter. »* (rapporté par Al Boukhary). Une personne responsable est consciente des enjeux. Elle se donne la peine d'obtenir ce qu'elle désire, et s'efforce de se protéger de ce qu'elle craint. Et encore une fois, dès que vous perdrez de vue cet état d'esprit, c'est toute la cohésion du couple qui est fragilisée.

Responsabilités, finances et équilibre du couple

Attention, sujet qui fâche ! Ça va piquer fort ! Dès qu'on parle d'argent, tu assistes à de véritables mutations...les gens calment s'énervent, les discours deviennent contradictoires, l'honnêteté laisse place à la mauvaise foi...mais bon, on a dit qu'on allait se parler sans langue de bois, alors allons-y...

L'aspect financier est la cause de beaucoup de tensions dans le couple, menant parfois jusqu'au divorce. Que dit l'Islam à ce sujet ? Que le mari a la responsabilité financière de son foyer. L'épouse, elle, si elle exerce un métier ou possède des biens (par l'héritage par exemple), n'a aucune obligation vis-à-vis de son mari. Celui-ci n'a même aucun pouvoir de décision en ce qui concerne la part financière de son épouse. Pourquoi ce droit de l'épouse sur le mari ? Les responsabilités sont réparties dans le foyer de manière à combler tous les besoins. Ce que j'assume en tant qu'époux, te permet de t'en dispenser en tant qu'épouse, et vice-versa. Là, on est dans les principes de base. Pour autant, rien ne vous interdit de vous entraider (c'est un euphémisme) dans les responsabilités qui sont les vôtres.

Que se passe-t-il aujourd'hui ?

Dans de plus en plus de couples, ce sont les deux époux qui travaillent. La femme gagne son argent et peut, si elle le souhaite, le mettre de côté. Tandis que le mari a la charge du fonctionnement de la maison, plus les besoins de son épouse. Résultat ? Nombreux sont les maris demandant à leurs épouses de participer financièrement et nombreuses sont les épouses qui s'en plaignent. Elles mettent en avant ce que l'Islam leur donne comme droits. Ce qui est tout à fait juste du point de vue de la législation islamique. Même si, comme on l'a dit, l'Islam encourage l'entraide et la solidarité. Imagine le scénario : les membres du couple s'enferment dans des postures nombrilistes, avec comme raisonnement « *chacun ses responsabilités, débrouille-toi avec les tiennes* ». Si tu devais écrire la suite de l'histoire, quelle serait-elle ? Personnellement, je vois une suite type « *ma moitié, mon pire ennemi* ». Pas très réjouissant... Quand l'époux se bagarre pour maintenir le foyer à flot, que sa moitié est en capacité de l'aider financièrement, mais qu'elle vit cela comme une injustice...la confiance en prend un sacré coup ! Qu'est-ce-que révèle une telle attitude ? La tête du mari risque de se remplir de *wess-wess* : « *qu'est-ce-qu'elle prépare ?* », « *quelle est sa réelle motivation ?* », « *en réalité, notre couple n'est que secondaire à ses yeux* » et j'en passe... Alors oui, ce soutien n'est nullement obligatoire. C'est juste une question de bon sens. ***« Entraidez-vous dans le bien et la piété »***. Pourquoi l'aspect financier ferait-il exception à la règle ? Allah n'a jamais interdit la solidarité. Pour maintenir la confiance entre vous, chacun a besoin de se sentir soutenu. Je ne parle pas du cas où vous vous êtes organisés ainsi pour faire face aux dépenses de plus en plus importantes du foyer, ou pour concrétiser un projet important (achat immobilier par exemple). Parce qu'ici, il est logique que vous soyez solidaires financièrement.

Ce problème d'équilibre se produit aussi quand l'époux laisse sa moitié travailler à sa place. Ce phénomène revêt la même incohérence que pour le cas précédent. Allah a donné au mari la charge financière du foyer, qu'il joue son rôle. Quand son épouse travaille, cela le dédouane-t-il de ses responsabilités ? Absolument pas. Si par-dessus le marché il lui laisse la responsabilité de toutes les activités du foyer, ils vont droit à l'implosion. Ce type de comportement ne fait qu'alimenter un sentiment d'injustice entre vous. Pas étonnant que vous en arriviez à vous affronter. Prenez vos responsabilités ! Acquittez-vous de vos devoirs, tout en rendant votre présence à la maison utile et profitable pour tout le monde. On a demandé à Aïcha (qu'Allah soit satisfait d'elle) comment était le Prophète ﷺ à la maison. Ce à quoi elle a répondu : *« Il servait sa famille »*. Positionnez-vous en soutien et complément l'un de l'autre et ne laissez pas de place à l'ego dans votre mode de fonctionnement, votre couple en dépend !

Au delà du *« halal »* et du *« haram »*, posez-vous la question de savoir si une organisation de vie dont le ressort principal est l'argent sert vos objectifs. Il y a d'autres aspects à compléter qui font de nos vies des vies réussies. Peut-être est-ce pour cela qu'Allah a diversifié les responsabilités au sein du couple, afin de parfaire toutes les facettes d'une existence aboutie. Si vous êtes tous les deux focus sur l'aspect financier, que vous reste-t-il de volonté pour les autres challenges qui vous attendent ? Quels déséquilibres allez-vous provoquer ? Faire la part des choses exige une débauche d'énergie conséquente. Avez-vous cette énergie ? Allah dit : *« La course aux richesses vous distrait, jusqu'à ce que vous visitiez les tombes »* (sourate 102 verset 1&2). Le piège est clairement défini. Le désir de ce bas-monde est un aspirateur. Il vous prend tout, absolument tout, alors que l'enjeu véritable est ce qui vient après la mort ! Abou Bakr As-Siddiq (qu'Allah l'agrée) a dit : « *entrer dans la tombe sans bonne action, c'est comme prendre la mer sans embarcation* ».

Il y a une expérience personnelle que j'aimerais vous partager : Là où je vis, les *madarisses* (écoles religieuses) sont nombreuses et bien organisées, *al hamdoulillah*. La majorité des parents y déposent leurs enfants en laissant aux enseignants l'entière responsabilité de l'éducation religieuse de leurs bambins. Eux, n'ont ni l'énergie, ni le temps de cerveau disponible pour accompagner la progression de leur progéniture. Les résultats ne sont évidemment pas au rendez-vous ! Le suivi à la maison est quasi inexistant. Parfois même, l'ambiance à la maison saborde l'effort mis en place à la *madrassa*. Mes enfants ont, par la Grâce d'Allah, mémorisé l'intégralité de la Parole d'Allah durant leurs quelques années passées à la *madrassa*. L'équilibre entre le suivi à la maison et le suivi du professeur, leur a permis d'avoir un rythme régulier et de faire un travail de qualité. Pour nous, parents, cela s'est traduit par un investissement quotidien et des choix de vie en cohérence avec nos objectifs. Il fallait définir nos priorités clairement et agir en fonction. Pour quels résultats ? La construction de fondations fortes dans la vie de nos enfants. Et ça, ça n'a pas de prix ! Quand le Messager d'Allah ﷺ nomme l'époux comme berger de sa famille, et l'épouse comme bergère de ses enfants et de son foyer, ce n'est pas pour rien ! **Prendre ses responsabilités, c'est assumer ces rôles.** Imagine qu'un homme ait un rendez-vous professionnel dans un pays étranger. Il s'y rend et à son retour, tu l'interroges : comment s'est passé ton entretien ? Ce à quoi il te répond : j'ai visité tout ce qu'il y avait à visiter dans ce pays, c'était formidable, mais je ne suis pas allé au rendez-vous en question. Vas-tu considérer qu'il aura accompli sa mission ? Son voyage est-il une réussite ? Absolument pas ! Tu auras envie de lui rappeler que sa priorité était ce rendez-vous, et que le tourisme aurait pu attendre. Que l'un passait logiquement devant l'autre, au vue des enjeux... C'est exactement pareil en ce qui nous concerne.

Il existe un autre piège dans lequel vous ne devez pas tomber : considérer les schémas familiaux traditionnels comme obsolètes et dépassés. Les représentations vendues par le monde matérialiste de la « *working girl* » mise en opposition à la « *femme au foyer* » et de « *l'homme moderne* » opposé au « *patriarcat* » ne sont que des constructions idéologiques issues d'êtres humains sujets à l'erreur comme toi et moi. C'est aussi une manière de nous diviser, les uns jugeant les autres. Que l'amour de l'argent, la recherche des plaisirs et le sentiment de concurrence avec les autres n'obscurcissent pas votre réflexion. Une femme au foyer n'est pas une ratée. Un homme qui subvient seul aux besoins de sa famille n'est pas un intégriste, pas du tout ! Tout comme un couple dont les deux membres travaillent ne sont pas des monstres. Quel que soit le schéma que vous choisissez, vous avez les mêmes défis à relever, les mêmes ambitions à réaliser (l'entrée au Paradis et la préservation du

Feu). Cela passe nécessairement par le fait d'assumer les différentes responsabilités qu'Allah vous a confiées. À vous de trouver par quels moyens cela va se concrétiser.

Al hamdoulillah, nous avons la religion comme boussole pour définir correctement le succès, l'échec, l'honneur, ou le déshonneur. Ne vous laissez pas embarquer dans des concepts hasardeux *insha Allah*. **Prendre ses responsabilités, c'est garder cela à l'esprit.** Ceci étant, si le poids financier était LE critère de réussite, d'honneur ou de considération, les Prophètes (sur Eux la Paix) en auraient été gratifié au plus haut niveau, mais tu sais que ça n'a pas été le cas. Oui, je ne suis pas d'accord avec ceux qui justifieront leur amour de l'argent par le fait qu'il permet « d'exister socialement », et que sans lui, nous ne valons pas grand chose. Cette croyance ne nous correspond pas. Le Messager d'Allah ﷺ va même jusqu'à dire : *« Si la vie d'ici-bas avait auprès d'Allah la valeur de l'aile d'un moustique alors Il n'aurait pas donné à boire à un mécréant une seule gorgée d'eau ».* (Rapporté par Attirmidhi dans ses Sounan n°2320). Nous ne devons pas calquer nos modes de vie sur ceux de gens dont la seule finalité est ce bas-monde, et dont les cœurs sont aveuglés. L'amour de ce bas-monde est une ivresse, la soumission à ses passions est un aveuglement. Donnerais-tu le volant de ta voiture à un individu complètement ivre tout en étant toi-même assis du côté passager ? Jamais ! Ce serait de la folie pure n'est-ce-pas ? Que dire alors de celui (ou celle) qui lui confierait ses orientations de vie ? Allah dit : *« Et n'obéis pas à celui dont Nous avons rendu le cœur* *inattentif à Notre Rappel, qui poursuit sa passion et dont le comportement est outrancier. »* (sourate 18 verset 28).

L'état d'esprit d'un croyant et d'une croyante est lié à l'engagement. Quand on atteste de l'unicité d'Allah et de la véracité du Messager d'Allah ﷺ par la *chahada* (l'attestation de foi), on s'engage à n'adorer qu'Allah, à suivre le Prophète ﷺ et à respecter du mieux que l'on peut les prescriptions divines, y compris dans le mariage. Chacun est responsable de ses actes. L'ignorance, la fatalité, le manque de volonté ne peuvent justifier l'inaction, comme dit la citation : *« Les gens ne font rien parce-qu'ils ne savent pas quelle décision prendre, mais ne rien faire est déjà une décision ! »*. C'est pourquoi je me répète depuis le début du chapitre en disant *« prenez vos responsabilités »*. Ne pas le faire est une forme de lâcheté, c'est-à-dire un manque de courage et d'énergie morale. Voire d'apathie, qui est une forme d'indifférence poussée jusqu'à l'insensibilité complète. Si vous en êtes à ce stade, il est plus que temps de tirer la sonnette d'alarme, parce qu'il est impossible de bâtir une relation de confiance dès lors que l'un ou l'autre est détaché à ce point. Il est compréhensible que certain(e)s en arrivent à se demander si seuls(es), les choses ne seraient pas plus simples.

Que faire ? La solution est évidente me diras-tu, il faut se retrousser les manches et agir. C'est vrai. Cependant les choses se jouent aussi en amont, dans le choix de l'époux et de l'épouse. Bien avant le mariage, il faudra t'assurer de la réalité du courage de la personne qui s'apprête à partager ta vie. Quand une personne ne sait que consommer, user et jeter, il est difficile de se projeter sur du long terme. Il y a un certains nombres de questions à se poser pour obtenir des éléments de réponse concrets : Comment le (la) prétendant(e) se comporte lorsqu'il (ou elle) vit encore chez ses parents, participe-t-il (elle) aux frais du foyer ou ne s'occupe-t-il (elle) que de ses envies ? Est-ce quelqu'un sur qui les gens de sa famille s'appuient ? Quel est son lien avec ses petits frères et sœurs ? Joue-t-il (elle) un rôle de mentor et d'exemple ? Les réponses que tu vas obtenir vont t'indiquer si oui ou non tu es face à quelqu'un qui a le sens des responsabilités. Et Allah est plus Savant.

7. TOLÉRER L'INGÉRENCE À OUTRANCE

Il arrive que la communication soit rompue dans un couple. La Sounna enjoint à ce moment-là de faire intervenir une tierce personne, généralement le tuteur de la femme, ou une personne de confiance et de piété, qui on l'espère, saura rétablir le courant entre les époux. Ce principe est clair *al hamdoulillah*. Il arrive aussi, comme nous l'avons précisé un peu plus haut, que chacun ait un(e) ami(e) proche ou un groupe d'amis, dignes de confiance et pieux(ses) auprès de qui prendre conseil. Tout cela est très bon, *al hamdoulillah* ! On a tous besoin d'avoir des gens sur qui compter, une famille sur qui s'appuyer, un entourage qui nous souhaite le bien. Tout cela fait partie des bienfaits d'Allah à n'en pas douter. Allah dit : **« *Entraidez-vous dans l'accomplissement des bonnes œuvres et de la piété et ne vous entraidez pas dans le péché et la transgression* »** (sourate 5 verset 2)

Pourtant, quand l'influence de l'entourage se transforme en ingérence et que cela est toléré, voire entretenue par l'un des époux sans le consentement de l'autre, c'est la porte ouverte à une fracture dans le principe de confiance. Cela donne le sentiment que l'un et l'autre ne forment pas une équipe soudée. Imaginez la complexité de votre relation si à chaque décision ou presque, vous êtes victimes d'interférences. Qu'il s'agisse de choisir le prénom de votre enfant ou son éducation, l'agencement du foyer, ou l'endroit des vacances...Tout le monde y va de son commentaire. Alors peut-être te demandes-tu ce qu'est une interférence ? Prends l'exemple du prénom de l'enfant. Vous, parents, vous vous êtes décidés, mais ce n'est pas du goût de tout le monde. Il suffit que l'un des époux aille chez ses parents, ou voit ses amis pour revenir avec un nouveau discours qui s'avère en vérité ne pas être le sien, mais celui des autres. Tout est remis en question à cause des critiques extérieures. Au nom de l'amitié, des liens de parenté, vous remettez sans cesse en question la cohésion du couple. À la longue, c'est fatiguant d'avoir à subir ce genre d'ingérence et de voir que l'autre accepte de le subir. C'est décevant de sentir cette fragilité dans la confiance que vous pouvez vous accorder. Tout le monde sent qu'il n'y a pas totalement d'unité et que lors des moments difficiles entre vous, cette faiblesse risque d'aggraver les choses. Comment procéder pour pérenniser votre relation, faire la part des choses et se préserver mutuellement dans le couple ? On va aborder quelques point ensemble :

Quelle attitude adoptée pour se préserver ?

Imperméabiliser la relation

Chaque fois que vous entreprenez quelque chose, il faut absolument sortir des questionnements type « *mais qu'est-ce-que vont dire les autres ?* ». Se concerter avec vos « gens de confiance » est une chose, vivre dans l'espoir de faire l'unanimité en est une autre. **Votre vie, vos choix**. Tout le monde ne les comprendra pas, vous serez sujets aux critiques, aux moqueries, mais comme disait Ibn Hazm (qu'Allah lui fasse miséricorde) : « *Quiconque croit être à l'abri des attaques et des critiques est un fou.* ». L'imam As-Shafi'i (qu'Allah lui fasse miséricorde) a dit : « *Il n'existe aucune voie qui permette d'échapper à la critique des gens. Suis donc scrupuleusement ce qui t'est bénéfique.* ».

Quoi qu'il arrive, vivre à travers le regard des autres n'est pas et ne sera jamais la solution, comme le fait d'être en permanence en comparaison avec eux. Cette ingérence psychologique n'est pas de la faute des gens qui vous sont extérieurs, mais de la vôtre. Elle vous empêche de prendre vos propres décisions, parce que vous êtes toujours occupés à regarder où vont les autres pour vous empresser de les suivre. Le bien est rarement du côté de la masse. Pour que la confiance demeure entre vous, vous devez sentir que ta moitié et toi êtes forts sur vos appuis, clairs dans ce que vous visez, déterminés quant à suivre le plan d'action et totalement solidaires quand il faudra en assumer les conséquences. Parce que vos moments de difficultés seront utilisés pour remettre en question votre cohésion et tenter de s'immiscer entre vous. Soyez unis dans la facilité comme dans la difficulté, dans la réussite comme dans l'échec *insha Allah*. Certains définissent le couple comme reposant sur quatre piliers, dont l'un est la construction de projet à deux. Oui à deux, pas à trois, pas à dix, pas avec l'ingérence de sa famille ou de la tienne, mais juste vous. D'où l'importance d'imperméabiliser la relation. C'est-à-dire, de vous préserver des comportements parfois toxiques de votre entourage, en mettant des limites dans ce que vous tolérez comme paroles et actes de leur part.

Jamais vous n'acceptez qu'on rabaisse, critique, se moque de votre moitié en votre présence.

Ni de la part de vos parents, ni des frères et sœurs, encore moins de vos « ami(e)s » proches. Même avec le prétexte de l'humour, jamais vous n'abondez dans leur sens si cela se produit. Peu importe les raisons, pression sociale, familiale, la pertinence des critiques, peu importe. Ne soyez jamais le ou la complice de l'humiliation de votre moitié. Protégez votre zone, protégez votre couple en préservant votre honneur. Quand l'un est atteint, vous êtes tous les deux touchés, il ne doit pas en être autrement. Si tout votre entourage est lucide sur cela, plus personne ne se risquera à essayer de s'en prendre à l'un d'entre vous. Votre confiance mutuelle n'en sera que plus forte, votre couple aussi.

Ne prenez pas d'engagement sans avoir au préalable consulté votre moitié.

C'est une marque de respect et de cohésion. Quand l'épouse reçoit une invitation et qu'elle se concerte avec son mari avant de l'accepter, chacun verra clairement qu'aucune décision n'est prise dans votre couple sans concertation. Ceci ferme la porte à l'idée que l'un des époux puisse agir de concert avec d'autres dans le dos de sa moitié. Il n'y a ainsi aucune place pour que quelqu'un s'immisce entre vous. Exit les surprises types « *ah, mais ta femme est au courant depuis le début, elle ne t'en a pas parlé ?* », laissant supposer qu'il y a entre vous des secrets et des sources de division, voire de trahison. Le diable est un ennemi, ne lui concédez aucune opportunité de vous blesser. Plus c'est clair et fluide entre vous, moins il y a de tensions et de divisions, plus vos cœurs sont sereins et apaisés. Schéma identique dans le sens de l'homme vers son épouse. Elle ne doit pas être perpétuellement au garde à vous à subir les choses, sans participer aux décisions. Certes l'époux est l'émir de son foyer, cela l'empêche-t-il pour autant de se concerter avec les autres membres de la famille ? Ne laissez pas les petites phrases type « *c'est l'homme qui décide, c'est tout !* » vous déstabiliser. Le leadership de l'époux ne fait que se renforcer quand il sait prendre en compte l'avis de celle qui partage sa vie. Ce n'est pas toujours possible pourriez-vous me rétorquer. Quoi qu'il arrive, la concertation est votre règle, les prises de décisions individuelles sont votre exception. Et s'il arrive que l'un d'entre vous décide seul, cela ne doit pas être perçu comme la volonté de l'un d'invisibiliser l'autre. Et vous ne devez autoriser personne à le sous-entendre. Il n'y a pas de perfection dans un couple on est d'accord. Il y aura forcément des tensions entre vous, des points de désaccord ou d'agacement. Malgré cela, montrez-vous toujours unis en public *insha Allah* et réglez vos différents en privé. Les gens se permettent de s'immiscer dans votre vie dès lors qu'ils repèrent des fissures entre vous. Un des moyens de se préserver est de ne pas laisser ces fissures apparaître aux yeux de tous.

Vous n'êtes pas tenus de tout justifier

Ce ne sont pas les autres mais bien vous qui décidez de ce que vous dévoilez de votre vie privée. La plupart du temps, les gens veulent savoir juste pour savoir. Il n'y aucun intérêt réel derrière cela si ce n'est alimenter la médisance, la calomnie ou la jalousie. Le Messager d'Allah ﷺ a dit : *« Fait partie du bon islam que de ne pas se mêler de ce qui ne nous regarde pas. »* (hadith bon rapporté par Attirmidhi n°2317)

Aucun d'entre vous deux ne doit se sentir obligé de répondre à des questions indiscrètes. Plus vous donnez d'informations, plus vous donnez accès à votre intimité. Moins vous avez le contrôle sur ce que les autres savent de vous, plus vous êtes en position de subir leur ingérence, chacun y allant de son commentaire, sa critique, ou son jugement, alors que vous n'avez rien demandé à personne. Dans les pires des cas, certains utiliseront ce qu'ils savent pour vous faire du mal, abîmer votre réputation, tenter de saborder vos projets, ou susciter l'animosité des autres contre vous. Le Messager d'Allah ﷺ a dit : *« Favorisez la réussite de vos projets en ne les dévoilant à personne. Car chaque personne qui a un bienfait aura un envieux (jaloux) »* (Rapporté par Al Khala'i et authentifié par Cheikh Albani dans Silsila Sahiha n°1453, 3/436 et voir sahih al jami' n°943)

Vous n'êtes pas tenus de justifier tous vos choix aux gens « du pourquoi et du comment». Je fais référence ici à cette catégorie de gens qui posent mille et une questions jusqu'à vous déstabiliser, transformer votre certitude en doute et finir par éteindre votre motivation. Ils exigent par leurs interrogations que vous soyez capables de prévoir toutes les situations, que vous ayez réponses à toutes les éventualités. Ils questionnent vos certitudes, remettent en cause votre clairvoyance jusqu'à vous faire douter de ce qui était pour vous une évidence. Il n'existe souvent aucune réponse concrète à un événement hypothétique qui pourrait se passer dans un futur dont personne n'a connaissance. Pourtant, ils vous interrogerons dessus. C'est toute la différence qu'il existe entre une question et un *wess-wess*. La question est là pour apporter une réponse à un problème concret, qui contribue à faire grandir. Le *wess-wess* n'est là que pour faire croître le doute. À travers l'abus de questions, certains ne font en réalité que déverser sur vous leurs propres incertitudes. Oui, il faut avoir un certain sens de l'anticipation, reconnaissons-le, mais vous n'aurez jamais réponse à tout. L'anticipation a ses limites. Il y a des réponses que l'on ne découvre qu'en vivant les choses, pas avant. Celui qui est contaminé par les insufflations pernicieuses des autres, doute perpétuellement. Il lui faut un temps fou pour passer à l'action. À la moindre remarque extérieure, tout est remis en question. Il (ou elle) ressentira le besoin d'être validé par les autres, qu'ils comprennent et acceptent ce qu'il (ou elle) souhaite mettre en place. Cette vulnérabilité fragilisera le couple et son fonctionnement. Bon, j'avoue, j'ai la drôle d'impression de diaboliser tout le monde. Les gens ne sont pas tous des êtres malfaisants. Cependant il est intéressant de s'interroger sur les motivations de ceux qui souhaitent se mêler de tout ce qui ne les regarde pas et s'insinuer dans vos affaires.

Pourquoi autant d'ingérence ?

Il y a ceux qui vous veulent du bien, tout simplement, de manière sincère et désintéressée.

Je tiens à parler de ceux-là avant les autres, car je

crains que tu ne trouves mon propos trop fataliste. Il existe des gens bien, et c'est de ceux-là dont il faut s'entourer... Appartiennent à cette catégorie, ceux qui s'interrogent par inquiétude mais n'abusent pas dans leurs questions, ils vous font suffisamment confiance. Leurs interrogations se ponctuent souvent par des *« si t'as besoin de quoi que ce soit, je suis là ! »* ou des *« qu'est-ce-que je peux faire pour vous aider ? »* parce qu'ils sont dans la construction de votre projet presque autant que vous. Tu ne ressens aucune curiosité déplacée, ni même de jugements rabaissants. Ces gens-là vous veulent du bien en respectant votre intimité, sans trop s'immiscer pour ne pas vous mettre mal à l'aise. Ils respectent l'idée que vos décisions vous appartiennent, qu'elles leurs plaisent ou non, mais sont toujours d'un conseil sincère. Ils respectent votre intimité en ne parlant à personne des choses que vous leur confiez. Bref, c'est le genre de personne qu'on demande à Allah d'avoir dans son entourage, mais tous ne sont malheureusement pas comme ceux-là...

Il y a ceux qui ne parlent qu'à travers leurs propres déceptions.

Parfois les gens n'ont jamais connu l'amour ou la stabilité dans leur couple. La bonne entente, la communication, l'entraide sont des notions qui leur sont inconnues. Ils n'ont goûté qu'à la dureté, la critique et l'humiliation. Ils sont incapables d'exprimer autre chose que ce à quoi ils ont été abreuvé. Pire, ils n'arrivent pas à concevoir que vous puissiez vivre quelque chose de différent. La jalousie n'est pas toujours consciente, certes, mais ses dégâts sont bien réels. Même le croyant doit faire attention à ce fléau. On a demandé à Al Hassan Al Basri (qu'Allah lui fasse miséricorde) : *« le croyant est-il jaloux ? Ce à quoi il répondit : Ne te rappelles-tu pas du récit des frères de Youssouf (sur lui la paix). Cache la jalousie en toi, elle ne te causera aucun tort tant qu'elle ne se manifeste ni en actes, ni en paroles. »*.

Vivons heureux, vivons cachés ? Disons qu'il faut choisir ce que l'on dévoile ou pas de sa vie de couple plutôt que d'être en mode télé réalité. Sur ce point, il est important de préciser que vous portez votre part de responsabilité quand vous exposez vos réussites, posez vos jolis enfants comme des trophées sur vos feeds instagram. L'être humain dans son amour pour la reconnaissance révèle trop d'aspects de sa vie, alors que le Messager d'Allah ﷺ a dit : **« *Favorisez la réussite de vos projets en ne les dévoilant à personne.* »**. C'est cette soif de notoriété qui pousse à raconter les moindres détails de votre vie. Les réseaux sociaux sont des vitrines, tout y passe, des lieux de vacances à votre look du jour, tant que cela met en valeur et attire l'attention des autres. Parce que la finalité recherchée est bien celle-ci : attirer l'attention. Difficile après cela de réclamer de la préservation.

D'autres parlent à travers leurs propres peurs.

Conformistes, ils ne supportent pas de voir des gens sortir du rang. C'est un phénomène courant quand on entre dans le domaine religieux. Vous voulez enseigner à vos enfants la pudeur, le sérieux, et l'éthique dans un monde qui glorifie le superficiel, le spectacle et la décadence. Évidemment que vous allez passer pour des extra-terrestres. Combien de fois ai-je entendu parce que je n'avais pas de télévision, « *comment allez-vous vous informer ?* », ou « *que vont faire vos enfants, les pauvres ?* ». Idem pour les fêtes qui n'en sont pas pour nous (Noël, anniversaire etc...). Certains deviennent (miraculeusement) psychologues, à parler de traumatismes et d'autres jolis termes en « -isme »... Les remarques sur la barbe et le hijab sont aussi courantes. Combien de parents font pression sur leur fille pour qu'elle aille à son tour faire pression sur son mari pour qu'il taille sa barbe ? Et combien de cas similaires concernant le hijab ? *Soubhan Allah !* Le conformiste a peur de sortir du rang, de penser en dehors de la boîte comme on dit. Cette peur le pousse à interférer dans votre vie pour vous ramener à la norme sociale, sans se soucier du bien-fondé de sa démarche. Cette crainte d'être différent est la sienne et ne doit pas devenir la vôtre. Il vous appartient de définir l'orientation que prend votre couple. À vous de définir le mode de vie que vous adoptez. Idem en ce qui concerne les idées stéréotypées sur l'homme et la femme. Combien de petites phrases aux gros dégâts, type « *t'as pas honte, ta femme te commande* »,

« *tu fais ce que tu veux, t'as de compte à rendre à personne,* *surtout pas à ton mari* » ou « *les hommes, tous les mêmes,* *tous des diables.* »... sont monnaies courantes dans les discussions. Ces propos sont la « réalité » de ceux qui les expriment. Ce sont leurs biais cognitifs, ils ne doivent en aucun cas être les vôtres ! À chacun son vécu, ses choix, ses réussites et ses échecs. Quand vous vivez votre réalité à travers les blessures des autres, votre perception des choses est pervertie. La moindre remarque, la plus petite plaisanterie, chaque posture au sein de votre couple, tout va être scruté avec ce type d'idées en toile de fond. C'est la porte ouverte à la suspicion. Vous allez vous soupçonner de tentatives d'agression là où il n'y a rien, juste par ce qu'on vous aura répété que « *l'homme par nature est mauvais* », ou que la femme « *par nature est vicieuse* . Comment la confiance peut-elle exister ? Comment trouver repos et sérénité dans un tel mariage ? Impossible. Qui est le grand gagnant dans cette affaire ? Pas vous, ça c'est clair. Le diable lui se frotte les mains. Ne laissez pas les autres entrer dans vos têtes !

D'autres ne parlent qu'à travers leurs propres traumatismes.

Ils veulent que tu souffres comme ils ont souffert. Parce qu'ils estiment qu'il n'y a pas d'autres chemins. À coup de « *c'est comme ça depuis toujours* » ou « *nous, c'est comme* *ça qu'on nous a appris* ». Ce point rejoint celui de la jalousie.

Mais ici, on est plus dans l'amertume. C'est le cas de personnes qui n'arrivent pas à être heureuses pour vous. Elles sont focalisées sur les petits ratés de vos projets tout en éclipsant tout ce que vous avez brillamment réussi par la grâce d'Allah. Les choses ne sont jamais assez bien faites, ton mari ou ton épouse ne sera jamais assez bien. Si vous faites l'acquisition d'un véhicule, ce type de personne sera là pour vous montrer qu'il existe un modèle supérieur au vôtre, comme pour critiquer vos choix et vous prouver votre médiocrité. Votre appartement sera soit trop petit, soit mal placé, soit trop cher... On dirait que leur seul but est de vous faire douter et de vous gâcher le plaisir de vivre. Pessimiste endurci, ce genre de personnes est rarement content, et jamais satisfait. Si cette maladie du cœur vous atteint, c'est la porte ouverte à l'insatisfaction permanente, les reproches et le manque d'estime entre vous. Encore une fois, ces maladies du cœur sont celles des autres, pas les vôtres, ne vous laissez pas contaminer !

Il y a ceux qui ne vivent que dans la comparaison et la concurrence.

Ces gens posent mille et une questions dans le but d'établir un comparatif entre votre vie et la leur. Généralement, ils n'hésitent pas à faire étalage de tout ce qu'ils vivent, des endroits où ils vont en vacances, de l'achat de leur dernière voiture etc...Dans quel but ? Se prouver et vous prouver qu'ils sont les meilleurs. Vous faire ressentir à quel point votre vie est médiocre. Et au final instaurer une hiérarchie entre vous. Quand cela arrive, ils se sentent légitimes pour vous dire comment vous devez vivre, ce qu'il vous manque dans votre maison pour être bien, comment la femme doit se comporter avec son époux et vice-versa. C'est l'ingérence dans toute sa splendeur. Ils s'intéressent à des choses juste parce que vous vous y intéressez. Et si vous achetez un objet, ils le voudront aussi, tout en recherchant ce qui lui est équivalent ou supérieur, avec cet état d'esprit malsain de la comparaison et de la concurrence. J'ai connu des gens, qui dès que j'achetais quelque chose, s'empressaient de rechercher la même chose ou un modèle plus sophistiqué et venaient m'en parler par la suite en comparant ce qu'ils avaient trouvé et ce que j'avais acheté. Dans un hadith, le Messager d'Allah ﷺ a dit : **« Ne vous concurrencez pas »**. Il ﷺ voulait dire par là, ne vous intéressez pas à une chose juste parce que vous avez vu votre frère s'y intéresser, et ne cherchez pas à le surpasser dans celle-ci. On est en plein dedans... Le pire des effets que cela peut avoir sur vous, est de vous faire entrer dans ce cercle pervers de la concurrence et de la comparaison avec eux. Vous avez votre mode de vie. Ils ont le leur. Vous avez votre subsistance, ils ont la leur. L'objectif pour des croyants doit être l'agrément d'Allah et Son Paradis. Il n'y a que dans ce domaine que l'on doit être en concurrence et « s'envier ». Le Messager d'Allah ﷺ a dit : **« Il n'y a de jalousie que dans deux choses: un homme a qui Allah a enseigné le Coran qu'il récite nuit et jour. Alors un de ses voisins l'entend et dit: Malheur à moi, si** *seulement il m'avait été donné ce qui a été donné à untel j'aurais alors œuvré comme il œuvre. Et un homme a qui Allah a donné de l'argent qu'il dépense abondamment dans la vérité alors un autre homme dit: Malheur à moi, si seulement il m'avait été donné ce qui a été donné à untel j'aurais alors œuvré comme il œuvre »*. (Rapporté par Al Boukhary dans son Sahih n°5026)

Ce poison qu'est l'envie ne doit pas entrer dans vos vies. Sans quoi la femme se met à réclamer à son mari ce qu'elle a vu chez les autres. Le mari se plaint de son épouse en comparaison de ce qu'il lui a été raconté sur d'autres couples. Tout cela dérègle votre boussole et vous fait perdre la direction que vous avez fixée quand vous vous êtes mariés. La vraie réussite reste le Paradis. Pour le reste, Allah donne à celui qu'Il aime et à celui qu'Il n'aime pas. À chacun ses victoires et ses défaites. Reste que la course se gagne en franchissant la ligne d'arrivée. À quoi vous servira cette concurrence matérielle si vous échouez après la mort ? Pour finir, ne pas tolérer l'ingérence veut dire ici que c'est à vous de choisir ceux qui vous servent de source d'inspiration, en fonction de vos objectifs de vie. Ce ne sont pas les gens qui s'imposent à vous comme références.

Il y a ceux qui se réjouissent de vos échecs.

Cette dernière catégorie est la pire selon moi.

Y appartiennent des gens qui veulent tout savoir de votre vie, en particulier ce qui ne va pas, et s'en régalent. Étrange comme mode de fonctionnement me direz-vous, mais cela existe bel et bien. Pourquoi agir de la sorte ? Parce que c'est rassurant pour eux. Tout le monde est éprouvé, mais la plupart ne voit pas ce que vous vivez comme difficultés. Ils n'ont pas idée des sacrifices et de l'investissement que vous fournissez pour avancer dans vos projets. Ils vous imaginent au top dans votre couple, alors qu'eux vivent des situations délicates. Mais dès lors que vos difficultés apparaissent au grand jour, ils se sentent rassurés, finalement vous êtes comme eux. Ressentir votre fragilité est une sensation réconfortante pour eux. Certains n'hésiteront pas à justifier leur médiocrité à travers vos difficultés. « *regarde ceux-là, ils prient et sont éprouvés par telle chose, tu vois bien que ça ne sert à rien* » sont des phrases qu'on peut entendre de leurs bouches. Ce sont ces gens qui envient les résultats, mais se refusent à accepter les sacrifices qui les engendrent. Ils ne voient pas votre mérite mais de « la chance » dans le bien qu'Allah vous accorde. Leur curiosité reflète aussi une forme de frustration face à vos réussites. C'est tellement âpre pour eux d'avoir à encaisser votre progression, qu'ils s'attachent à chercher des motifs de satisfaction dans ce qui ne vous réussit pas. Médisants, ils (ou elles) n'hésitent pas à propager vos coups durs avec un certain plaisir, l'air de dire *« ils ne sont pas si bien que ça finalement »*. Ce sont les gens avec qui vous devez mettre le plus de barbelés. Ne leur dites rien, ni en bien, ni en mal. Et n'acceptez d'eux ni « conseils », ni remarques, rien. Faux conseilleurs, mauvais amis, mauvais frère (religieux). Le Messager d'Allah ﷺ a dit : **« Les pires de gens sont ceux que l'on fuit pour se préserver de leur mal. »**

Dans ce chapitre, j'ai parlé de pas mal de maladies du cœur. Attention, la plupart du temps les gens ne sont pas conscients des mécanismes qu'ils utilisent. Il se peut que leurs intentions soient loin d'être mauvaises. Chacun réagit avec ce qui est en lui, il ne peut pas en être autrement. Parfois un parent voulant sincèrement le bien à son enfant l'aiguillera vers la mauvaise direction malgré tout, non pas parce qu'il en a envie, mais parce qu'il voit le monde à travers son propre logiciel d'analyse et de réflexion. Il y a un exemple qui me vient en tête que je vais vous partager :

Le Prophète ﷺ a dit : **« Nul n'a parlé au berceau excepté trois...** (jusqu'à ce qu'Il ﷺ dise:) **Un élégant cavalier, sur une monture de grande valeur, passa devant un bébé qui tétait le sein de sa mère. Elle dit alors : « Ô Allah ! Fais que mon fils lui ressemble ! ». Le bébé lâcha le sein, se tourna vers l'homme, le regarda puis dit : « Ô Allah ! Fais que je ne lui ressemble pas ! » et il reprit le sein.**

Abou Hourayra (qu'Allah l'agrée) a dit : « C'est comme si je voyais le Messager d'Allah ﷺ sucer son index, imitant ainsi la tétée de l'enfant. ». Il ﷺ poursuivit : **« Ils passèrent devant une jeune femme que des gens rouaient de coups en lui criant : « Tu as forniqué et volé ! ». Mais elle leur répondait : « Allah me suffit et Il est le meilleur Garant ! ». La mère s'exclama alors : « Ô Allah ! Fais que** *mon enfant ne lui ressemble pas ! ». Le bébé lâcha le sein, regarda en direction de la femme puis dit : « Ô Allah ! Fais que je lui ressemble ! ». Une conversation s'engagea alors entre la mère et son enfant. Elle dit : « Un homme de belle allure est passé et j'ai alors dit : « Ô Allah ! Fais que mon enfant lui ressemble ! » Mais, toi, tu as dit : « Ô Allah ! Fais que je ne lui ressemble pas ! ». Puis, nous sommes passés à côté d'une femme que l'on battait en lui reprochant : « Tu as forniqué et volé ! ». Et j'ai dit : « Ô Allah ! Fais que mon enfant ne lui ressemble pas ! ». Mais, toi, tu as rétorqué : « Ô Allah ! Fais que je lui ressemble ! ». L'enfant répondit : « L'homme à la belle allure était un tyran, j'ai donc dit : « Ô Allah ! Fais que je ne lui ressemble pas ! ». Quant à la femme, elle fut accusée de commettre la fornication et de voler alors qu'elle était innocente de tout cela, j'ai donc dit : « Ô Allah! Fais que je lui ressemble !» »* (rapporté par Al Boukhary et Mouslim)

Cette maman ne veut certainement pas le mal pour son bébé, ce qui ne l'a pas empêché de se tromper dans ce qu'elle a demandé à Allah pour lui. Beaucoup interfèrent dans votre vie en pensant bien faire. Beaucoup s'ingèrent dans vos affaires s'imaginant protéger vos intérêts. Il vous faut donc éviter toute conclusion hâtive *insha Allah,* et ne pas se dire qu'en coupant les ponts avec tout le monde, vous trouverez forcément la paix. Ce n'est pas comme ça. *« Celui qui recherche un frère sans défaut restera sans frère ».* Soyons lucides. Cependant, il ne faut pas tenter le diable non plus. Je m'explique : On sait que l'être humain est sujet à la jalousie et à l'envie, alors soyez attentif à ce que vous exposez de votre vie privée et à la manière dont vous le faites. La vantardise ne fait qu'attirer les foudres des envieux sur vous. Oui, il faudra s'asseoir sur ce besoin humain de reconnaissance, mais c'est pour le bien de tous ! Deuxièmement, la guérison du cœur passe par un traitement adapté. Si tu allais voir ton médecin traitant pour lui dire que tu souhaites te débarrasser de l'envie, de la vanité, de la jalousie ou encore de l'amour de ce bas-monde, quel médicament pourrait-il te prescrire ? Lui, aucun. Les médecins des cœurs, eux, par la Grâce d'Allah, détiennent une science efficace sur le sujet. Au lieu de couper les ponts avec tout le monde, on pourrait plutôt s'appeler au bien, se motiver au changement et à l'amélioration, non ? En vérité, ce n'est même pas une question, c'est un devoir en tant que musulman(e).

Les liens de parenté ont une valeur très forte en Islam. Pourtant, la vie de couple et la préservation des liens de parenté ne sont pas opposés. On a parfois du mal à faire la part des choses. Entre le respect, l'amour et l'estime dus à ses proches et ces mêmes sentiments dus à sa moitié, comment trouver un équilibre ? Lorsque des époux décident de se lancer dans un projet, ils vont en parler entre eux. Ils vont définir leur objectif, les grandes lignes de leur projet, puis prendre conseils autour d'eux. Ils vont en reparler afin de partager toutes les informations qu'ils ont reçues et qu'ils ont jugé pertinentes. C'est ce qu'on appelle la concertation (*la choura* en arabe). Dans ce processus de prise d'informations, de réflexion, et de conseils, rien n'est décidé, mais on exprime tout son respect envers nos proches en les ayant écoutés avec attention. C'est enfin ensemble, le mari et l'épouse, qu'ils vont définitivement trancher leurs décisions, en s'assurant d'avoir un cœur uni et une manière de voir commune. Qu'ils soient en désaccord avec leurs proches est une éventualité qu'ils devront assumer ensemble. Si chacun cède à la pression de sa famille au détriment de sa moitié, comment réussir à ne faire qu'un dans le couple ?

On risque de me répondre que la valeur des parents, et de la mère en particulier, est sans commune mesure. Et c'est tout à fait vrai. ***D'après Jahima (qu'Allah l'agrée), je me suis rendu vers le Prophète 🕌 pour le consulter concernant le djihad. Alors le Prophète 🕌 m'a dit: «As-tu tes parents ? J'ai dit: Oui. Le Prophète 🕌 a dit: «Accroche toi à eux car le Paradis est sous leurs pieds».*** (Rapporté par Tabarani)

Pourtant Allah ne charge pas une âme d'une responsabilité qu'elle ne peut pas assumer. Alors si Allah fait de l'homme le berger de sa famille et qu'Il a en même temps donné aux parents une importance de premier plan, c'est que l'homme doit trouver un équilibre entre ces deux notions. C'est l'excès d'un côté ou de l'autre qui porte préjudice. Quand une maman, si importante soit-elle, s'imagine qu'elle peut interférer sans limites dans la vie de couple de son enfant, elle ne l'aide pas, mais elle contribue à fragiliser son mariage. De même qu'une épouse qui cherche à évincer l'importance de la mère dans le cœur de son mari va provoquer exactement le même résultat. C'est dans l'équilibre que se trouve la tranquillité. À chacun son droit, à chacun son temps, à chacun ses affaires. Cloisonne, et montre à chacun combien il est important sans diminuer la valeur de l'autre. Pour source d'inspiration tu peux prendre l'attitude du Messager d'Allah ﷺ avec ses Compagnons : Quand ils étaient assis avec Lui ﷺ, personne ne se sentait dévalorisé, et Il ﷺ donnait à chacun une attention particulière, de sorte que personne ne se lève de l'assemblée frustré.

Quand on est parent, on doit accepté que le mariage de son enfant lui fait intégré une nouvelle équipe. Il (ou elle) a désormais ses propres responsabilités. C'est de la sagesse des parents que de le valider. Ceux qui étouffent leurs enfants, en prétextant l'amour ou les liens de parenté, ne font preuve que d'un égoïsme pur et dur. Ils se servent de l'amour de leurs enfants pour leur faire un espèce de chantage affectif. Attention ! Les parents aussi importants soient-ils, n'ont pas tous les droits ! Pousser son enfant à l'injustice n'est pas un droit. De toute façon, il n'y a pas d'obéissance à la créature dans la désobéissance du Créateur, c'est une règle de base. Par contre, cette attitude contre-productive va détériorer la relation parent/enfant. Qui va en ressortir gagnant ? Certainement pas vous. Encore une fois, c'est le diable qui se frotte les mains dans ces situations, il faut en avoir conscience. D'où l'importance de ne pas tolérer l'ingérence à outrance en fixant certaines limites. Vous allez très certainement faire grincer des dents au début, mais avec le temps, tout le monde saura comment vous fonctionnez, ce qu'ils peuvent ou ne peuvent pas se permettre avec vous. N'oublie pas : *« fais attention à ce que tu tolères, tu enseignes aux gens comment se comporter avec toi »*. En conclusion, je dirais qu'il est nécessaire de cloisonner sa relation de couple, tout en maintenant nos relations sociales. C'est encore la notion d'équilibre qui va s'appliquer ici. Équilibre entre ce que l'on expose ou pas de sa vie. Entre « accepter d'être conseillé » et « subir l'ingérence des autres ». Équilibre entre ce que vous supportez ou pas des gens qui vous entourent, de manière à préserver votre unité et la confiance qu'il y a entre vous.

8. TROP EN FAIRE

C'est bien connu, le diable a plusieurs cordes à son arc. Parfois, nous attaquer par le péché n'est pas la solution. Va-t-il baisser les bras pour autant ? Ce serait mal le connaître. Une de ses stratégies consiste à nous pousser dans la voie du bien avec excès jusqu'à nous fatiguer et faire de la religion un fardeau. Quelle option nous reste-t-il quand nous en arrivons là ? L'abandon, ou pire, fuir vers l'opposé de la pratique religieuse avec l'espoir totalement absurde d'y trouver l'apaisement. Par cette ruse le diable nous pousse à prendre le chemin inverse de celui qui nous apporte la réussite ici-bas et dans l'au-delà. C'est vraiment la pire des tromperies.

Pourquoi je parle de cela ? Parce que bon nombre de croyants et de croyantes entrent dans le mariage avec la ferme intention de bien faire les choses, de s'investir avec ardeur. On ne va pas le leur reprocher me diras-tu. Particulièrement aujourd'hui, où on se plaint de la médiocrité de nos relations sociales. C'est vrai, cependant...**« La vie n'est pas un sprint mais une course de fond ».** Et si vous vous lancez en trombes dans un dix milles mètres, vous allez vite avoir des points de côtés. Le problème n'est pas de se lancer dans le mariage avec détermination. Le défi est de tenir sur la durée. Je vais aborder différents cas de figure par lesquels la bonne volonté se transforme en cause de cassure entre vous :

L'autre n'est pas sur la même longueur d'onde.

C'est peut-être le souci le plus contrariant. « *Je lui ai tout donné* », « *J'ai tout investi sans recevoir la même chose en retour* », « *Je me suis sacrifié(e) pour notre bien-être mais....* » et d'autres phases du même genre. Mais avant de s'en prendre à l'autre, il faut regarder la relation dans sa globalité et avec du recul. Tu te donnes à deux cents pour cent au début. Est-ce naturel ou forcé ? Et qu'attends-tu en retour ? Que l'autre en fasse autant ? Ta moitié en est-elle seulement consciente ? Est-ce dans ses capacités ?

Premier cas de figure, c'est un investissement forcé de ta part qui n'a rien de naturel. Quel est l'intérêt d'être en surrégime au début, alors que tu sais pertinemment que tout cela ne représente en rien ta véritable manière d'être ? En mettre plein les yeux à ta moitié ? S'assurer qu'il (ou elle) soit bluffé(e) et se dise « *j'ai décroché le bon numéro* » ? Il paraît évident qu'en t'investissant de la sorte, tu espères que l'autre en fasse autant. Est-ce une façon de l'obliger à se surpasser ? Mais, en est-il (elle) capable ? Est-ce ce qu'il (elle) s'imaginait en se mariant ? La plupart des gens à qui on met la pression n'ont qu'une envie, FUIR ! Le résultat risque d'être l'exact opposé de celui espéré au départ. Vous rêviez de prendre votre envol, vous finissez crashés au sol. C'est moche ! Posez-vous les bonnes questions : À ce jeu d'en faire toujours plus, que va-t-il se passer quand vous allez vous fatiguer ? C'est l'ascenseur émotionnel garanti. Beaucoup l'avouent après quelques années de mariage : « *Au début c'était extraordinaire, et après, plus rien* », « *On faisait tout ensemble, on était inséparables, fusionnels, après...le vide* », « *Il m'aidait aux tâches ménagères, limite je n'avais rien à faire, puis je me suis retrouvée avec toutes les corvées sur le dos...* », « *Tous les soirs, elle m'attendait, bien apprêtée, parfumée, c'était incroyable, ça a duré quelques jours, puis...plus rien* » ...

Bosser dur ne suffit pas. Il faut aussi bosser intelligemment ! Vous êtes ensemble pour progresser, on est d'accord. La base de votre relation reste donc l'authenticité. Pourquoi vous mettre la pression et en faire trop artificiellement ? Vous allez vous épuiser. Puis, piéger par la fierté, vous allez jouer des rôles et porter des masques, juste pour ne pas perdre la face. Avec le temps et l'usure, vous allez finir par vous retourner l'un contre l'autre. Chacun reprochant à sa moitié l'épuisement qu'il (elle) ressent. Ça va casser, tôt ou tard ! Alors oui, parfois on en fait beaucoup parce qu'on ne connaît pas son rythme de croisière. La vie de couple est une expérience nouvelle, on a envie de bien faire alors on ne ménage pas ses efforts, quitte à faire des choses inhabituelles. Mais voilà, l'être humain est une créature d'habitudes et d'expériences. Quand il se familiarise avec quelque chose, il a du mal à accepter le changement. Soyez vrais dès le départ, avec vos qualités et vos défauts. C'est la base de toute relation qui dure *insha Allah*.

Si ce surinvestissement est naturel, on ne peut rien te

reprocher, mais n'aies pas la même exigence avec ta moitié si ce n'est pas sa manière de fonctionner. La confiance se nourrit de respect, ici, celui du mode de fonctionnement de l'autre. C'est un point que vous avez normalement réglé au préalable, avant même que le mariage soit acté. À chacun son rythme. La réciprocité ce n'est pas s'investir de la même façon en mode clone, c'est s'investir avec le même niveau de sacrifice. Et dans ce domaine, ce qui est peu pour l'un peut être un énorme sacrifice pour l'autre. Attention, c'est davantage une affaire de qualité que de quantité ! Les langages de l'amour sont souvent différents, là aussi il faut prendre la chose en compte. Il est possible que l'un(e) s'investisse de toutes ses forces et que l'autre reçoive la chose comme une banalité, parce qu'ils n'accordent pas la même importance à tel ou tel acte. C'est assez simple de régler ce différent, accordez-vous du temps pour apprendre à vous connaître. Ainsi le sentiment d'ingratitude n'existera pas entre vous.

Vous foncez tête baissée jusqu'à l'épuisement

Comme ma fille lorsqu'elle a appris à nager et qu'elle ne savait pas quand il fallait respirer... Elle nageait avec toute son énergie jusqu'au moment où, par manque d'oxygène elle s'arrêtait net. Dans le couple, c'est le même principe. Vous voulez que tout soit nickel et c'est une très bonne chose *masha Allah*. Mais vous ne prenez pas le temps de respirer.

L'imam Ahmed (qu'Allah lui fasse miséricorde) rapporte la parole suivante : « *Il est écrit dans les sagesses destinées à la famille de Daoud : Il incombe à chaque individu doué de raison de ne pas manquer ces quatre moments : un moment pour méditer et évoquer son Seigneur, un moment pour faire un examen de conscience, un moment pour s'isoler avec ses frères qui l'informeront de ses défauts et seront sincères avec lui et **un moment où il permet à son âme d'assouvir ses désirs dans ce qui est licite et bon, car ce moment aide à accomplir les trois autres et procure l'apaisement du cœur.** ».* C'est le dernier point qui nous intéresse ici. Vous avez besoin de vos moments pour vous ressourcer et récupérer. Et je ne pense pas uniquement aux occasions de détente. Maintenez un rythme de sommeil régulier, un temps pour votre entretien spirituel ou un autre pour pouvoir reposer votre mental. Parfois ce temps sera vécu chacun de son côté, et ce n'est pas un mal en soi. Vos activités se répartissent en deux catégories : la partie collective et la partie individuelle. Il ne faut pas éprouver de jalousie inutile, vous allez vous compliquer la vie pour rien. Quand la jalousie mal placée s'en mêle, le schéma est simple : Vous vous empêchez d'avoir vos moments à vous. Vous êtes frustrés (donc énervés). Vous vous prenez la tête et au final, ni l'un ni l'autre n'avez ce qui vous aurait fait tellement de bien. Difficile de faire plus contre-productif. S'enfermer dans vos responsabilités familiales sans prendre le temps de souffler revient à prendre le chemin qui mène tout droit au « burn out ». C'est ce qui touche de plus en plus de couples. Un épuisement physique et mental absolu qui enlève même le goût des actes d'adoration. Tout devient insipide (qui n'a aucune saveur, aucun goût) et vous abandonnez ce que vous aviez mis en place. Mais pas que... Très souvent on associe le « burn out » à la personne qui partage notre vie, comme si l'un et l'autre étaient de mèche. D'un coup, l'autre devient le responsable de ton mal être... Inutile de te faire un dessin, sans prise de conscience rapide, sans changement concret, tu sais pertinemment que ce genre d'histoire ne se termine pas par un « *happy end* ». Ta moitié n'est pas ton ennemi mais ton allié ! Je le répète pour que ce soit ancré *insha Allah*. Ce qui signifie qu'il (ou elle) est là pour t'accompagner jusqu'à ce que ça aille mieux, ne t'en prive pas ! Certes, il y aura des réglages à faire pour que l'entraide se passe au mieux, mais ce n'est rien d'insurmontable par la permission d'Allah.

Vous habituez le foyer à quelque chose qui ne va pas durer.

L'être humain est comme ça, il fonctionne par habitudes. Quand l'un(e) se donne à deux cents pour cent, sa moitié s'y accoutume. Ce qui est en réalité exceptionnel est perçu comme ordinaire. Il (ou elle) ne ressent pas la nécessité d'être plus reconnaissant qu'un(e) autre. Et si un jour tu faiblis, ce sera l'étonnement général. Je pèse mes mots, mais on le sait tous, quand ça arrive, c'est souvent plus la colère que l'étonnement qui s'exprime. Une colère mêlée d'incompréhension « *Qu'est-ce qu'il t'arrive ?* », « *Tout allait bien jusqu'à ce que tu craques complètement* », « *Pourquoi tu changes, tout allait bien jusqu'à maintenant* », « *Je ne comprends pas ce qu'elle a, elle était heureuse, il n'y avait pas de souci, on était bien, et là, elle lâche tout, comme* ça » et d'autres dans le même genre. C'est ce dont on a parlé juste en haut, ce fameux « burn out ».

Il y a deux cas de figure. **Le premier :** quand l'un(e) vit le « burn out » de l'autre. C'est moche l'ingratitude, il n'y a pas de doute là-dessus. Chacun doit repenser sa vie, regarder ceux qui sont moins bien lotis et montrer toute sa reconnaissance. Le Messager d'Allah ﷺ dit que celui qui ne remercie pas pour peu, ne remerciera pas pour beaucoup. Voilà un point d'ancrage fort. Avec ce mindset, toutes les petites attentions sont importantes. Que dire des grandes ? En suivant l'exemple Prophétique vous ne manquez pas l'occasion d'apprécier l'exceptionnel comme il se doit. Ajoutez-y les qualités citées dans ce hadith : *« **Voulez-vous que je vous indique qui est interdit au Feu ? Toute personne à l'abord facile, douce et peu exigeante.** »* et vous êtes des époux(ses) qui ne laissez pas leur moitié s'épuiser. Quand l'un(e) veut tout faire, l'autre l'aide même si on ne lui a rien demandé. Vous vous devancez dans certaines tâches pour vous alléger. En clair, vous vous ménagez l'un l'autre pour vous éviter tout surmenage. La reconnaissance s'illustrant par les paroles et les actes, vous ne lésinez pas sur les moyens pour exprimer toute votre gratitude l'un envers l'autre. Et, cerise sur le gâteau, vous vous montrez satisfaits facilement en limitant vos exigences. Ce n'est pas tout. J'ai entendu récemment dans un cours que le sens du hadith qui fait mention de « *Il servait sa famille* » quand on a questionné Aïcha (qu'Allah l'agrée) sur ce que faisait le Messager d'Allah ﷺ à la maison, n'est pas forcément celui qu'on lui prête communément. L'enseignant disait qu'il s'agissait du fait que le Messager d'Allah ﷺ s'occupait lui-même de certains de ses besoins et n'attendait pas que quelqu'un soit à son service. Là encore, vous avez un bon point d'ancrage. Prends les devants pour certains de tes besoins, et fais-le sans que qui que ce soit n'ait eu à réclamer quoi que ce soit. C'est tellement plus agréable quand les choses se font de manière limpide. Personne n'a l'impression de « mendier » de l'empathie, l'honneur de chacun est ainsi préservé. Cette spontanéité est indéniablement un facteur de confiance entre vous.

ATTENTION ! Ne tombez dans le piège du « *quand il n'y en a plus, il y en a encore* ». C'est-à-dire que plus ta moitié en donne, plus tu en réclames dans un cercle sans fin. Ne considère jamais la bonté des gens comme une opportunité d'en tirer le maximum de bénéfices à moindre frais, tu vas le payer cher quand tout va partir en vrille. C'est l'effet boomerang (mécanisme psychologique, politique ou économique, où une action aboutit à la conséquence inverse de celle recherchée.). Encore une fois, il n'existe pas d'actions sans conséquences.

Quand tu vis le burn-out de ta moitié, il y a forcément

beaucoup d'incompréhension. Comme tout s'est dégradé en coulisses, tu ne comprends pas nécessairement comment vous en êtes arrivés là. Imagine une armoire pleine de termites. Ces insectes rongent le bois de l'intérieur. Toi, naïvement, tu penses que votre armoire est en bon état jusqu'au jour où elle s'effondre d'un seul coup. Ce n'est qu'après qu'apparaît au grand jour le travail de sape des termites. Petit à petit, sans bruit, sournoisement, elles ont rongé tout ce qui faisait la solidité de l'armoire, comme le surmenage ronge jour après jour la force vive de ta moitié. Tu pensais l'armoire solide alors qu'elle était chaque jour un peu plus fragilisée, comme beaucoup, ne se fiant qu'aux apparences, imaginent que tout va bien dans le meilleur des mondes, alors que leur mariage se fragilise jour après jour. Nombreux sont ceux qui vivent le « burn out » de leurs moitiés comme inexpliqué et surprenant. Il n'y a qu'avec du recul et de la communication qu'on ouvre les yeux et qu'on réalise qu'il n'y a en vérité rien de soudain. L'usure a travaillé ta moitié petit à petit, jour après jour jusqu'à la cassure. Vous devez absolument prendre conscience que ce n'est pas juste une mauvaise passe, c'est tout votre mode fonctionnement qu'il faut mettre à jour.

Le second cas de figure est quand tu vis le « burn out »: C'est la déception qui prime. Tu t'es donné(e) entièrement pour des gens qui n'ont aucune empathie lorsque tu es au bout du rouleau. C'est en tout cas comme cela que tu le vis. Cette déception est légitime, pourtant, en vouloir à la terre entière n'est pas le remède. C'est tentant mais rarement positif. En réalité, tout le monde a sa part de responsabilité, y compris toi. Ce n'est ni tout noir, ni tout blanc. S'en prendre aux autres en disant qu'ils ne te méritent pas n'est pas la solution, car ce n'est pas le seul problème (quand c'est le cas). La plupart du temps, ta moitié n'est pas consciente de tes limites parce qu'elle ne les a jamais vues et que tu ne les lui as jamais montrées. Ce qui est caché est caché. Cet état de fait est dur, j'en conviens, mais bien réel. Par contre, il est indéniable que vous avez un gros problème de franchise d'un côté et d'empathie de l'autre. Ce qui vous a empêché d'exprimer et de comprendre clairement ce qui était en train de se passer. Donc, oui, ce conseil de « coach de vie » (et je mets de gros guillemets) de « *le (la) laisser parce qu'il (elle) ne te mérite pas* », est le raccourci d'une réflexion biaisée de quelqu'un qui manque cruellement de recul et de clairvoyance. Quoi qu'il en soit, tout comportement a une origine. Cette manie de trop en faire vient forcément de quelque part. C'est peut-être issu de l'éducation, ou peut-être de la manière que l'un ou l'autre a choisi pour devenir indispensable et unique auprès de sa moitié. Peut-être qu'au fond, vous pensez avoir des choses à prouver. Les raisons sont nombreuses. Peut-être avez-vous été abreuvé à ces principes de vaillance et d'invulnérabilité, et que c'est ainsi que vous définissez une personne forte, tout en vous considérant comme des personnes fortes. La société de la performance a aussi fait son job, à coup de « *Tu peux tout faire* », « *Tu peux tout réussir* », « *Tu peux tout être* » « *Voilà une formation pour booster ta productivité* », et tous les appels capitalistes à en faire toujours plus comme si le corps humain n'était qu'une machine. Le productivisme tue les bonnes volontés.

Pour en revenir à notre sujet, l'épuisement amène la lourdeur puis le dégoût et enfin l'abandon. Les réactions des uns et des autres peuvent aggraver les choses jusqu'à briser le couple. « *J'étais à terre, j'avais besoin de soutien et je n'ai trouvé personne* », « *Tu n'as pas cessé de me faire des reproches alors que j'étais à bout* », « *Tu t'es plains à la planète de mon épuisement, sans prendre la peine de me tendre la main* ». Si l'un des époux en arrive à tenir ce genre de propos, c'est que le dossier entre vous est très épais. Le sentiment de trahison est profond. Je te laisse imaginer ce qu'il subsiste de la notion de confiance... Mais comme disent nos anciens : « *On ne coupe pas la ficelle quand on peut défaire le nœud* ». Donc ?

Il faut défaire les nœuds, prendre ses responsabilités et assumer ses choix. Puis faire quelque chose d'évident : si ça ne fonctionne pas, on change. Et quand l'un des époux est à terre, ça ne fonctionne clairement pas ! Personne ne doit craindre le changement. Toi qui vis ce « burn out », ce n'est pas une humiliation que de revoir ta manière de faire. Tu es fait(e) de chair et de sang comme nous tous. Apaise-toi. Tomber est une chose, se relever pour faire beaucoup mieux en est une autre. Continuez d'écrire votre histoire avec la permission d'Allah. Toi qui a vécu cela à travers ta moitié, tu sens le vent tourné, n'aies pas peur. Rien ne sera comme avant, c'est vrai, tout sera *insha Allah* beaucoup mieux ! Sois de la partie au lieu de t'accrocher à l'ancien monde parce que tu le trouvais très confortable. C'est là que votre capacité d'adaptation va entrer en jeu. Le musulman est éveillé et vif. Il est aussi courageux et perspicace. Le confort de l'un(e) ne doit pas aller au détriment de l'autre. Allah a ordonné l'équité et a interdit l'injustice. Le craquage de l'un des époux n'est pas synonyme de clap de fin mais de nouveau départ. Et qui dit nouveau départ dit renouvellement de votre intention. Il faut réussir à sortir de l'esclavage de la notoriété. Oui, prenez toutes ces envies d'être un(e) leader(euse), charismatique, multi potentiels et que sais-je encore, et jetez tout ça à la poubelle. Vous avez l'ambition d'être de vrais croyants. Voilà ce qui vous animent ! Devenir des hommes et des femmes de qualités, à l'image du Messager d'Allah ﷺ, de Ses Compagnons, hommes et femmes, et de tous ceux qui veulent leur ressembler. Pour y arriver, vous n'avez d'autre choix que d'adopter la philosophie du Messager d'Allah ﷺ.

Une fois que la mire est réglée, on construit sur des bases qui respectent les besoins de chacun. On arrête le surrégime, et on avance avec régularité. Oui, vous verrez certainement d'autres faire bien mieux que vous ailleurs. L'autre, sa maison est bien plus stylée que la vôtre. L'autre là-bas, fait deux formations en plus de s'occuper de ses enfants et va même faire des trails je ne sais où. Oui, et alors ? Vous ne trouverez pas l'apaisement dans la vie des autres. Suivez votre chemin et avancez vers Allah. C'est à la fin qu'on fait les comptes. Apprenez à allier ambition et humilité. Parce que c'est aussi ça le problème. Dans ce monde matérialiste, plus on en montre, plus on a l'air d'être efficace et d'aller quelque part. Du coup, les gens remplissent leur planning d'activités, courent à droit et à gauche pour donner l'impression de construire une vie exceptionnelle. Ces gens-là confondent la quantité et la qualité. Ils se comparent les uns aux autres avec comme leitmotiv : Je veux être le meilleur. Meilleur par rapport à qui, et à quoi ? Pour aller où ?

Le premier pilier de la réussite est l'effort sur soi. Commencez par régler votre boussole sur ce qu'Allah et Son Messager ﷺ aiment. Vous allez vous simplifier la vie. Pas la négliger, non, la fluidifier, mettre votre énergie dans ce qui en vaut vraiment la peine. Vous allez voir la vie en rose comme dirait l'autre. Les joies et les peines seront des moyens d'avancer et de prospérer *insha Allah*. Le Messager d'Allah ﷺ a dit : *« Que le cas du croyant est étonnant ! Tout ce qui le concerne est un bien, et cela n'appartient à personne d'autre qu'au croyant : Si un bonheur l'atteint, il se montre reconnaissant et c'est un bien pour lui. Et si un malheur l'atteint, il se montre patient, et c'est un bien pour lui. »* (Rapporté par Mouslim). Vous devez vous fixer des priorités. Votre énergie est limitée, le temps vous est compté, votre capacité d'absorption est aussi limitée, alors choisissez vos batailles. Et acceptez le fait que votre vie est faite d'étapes. L'empressement vient du diable, il n'y a que lui qui ait intérêt à ce que vous vous lanciez à fond pour vous prendre ensuite les pieds dans le tapis.

Pour finir, je suis conscient que dans certains cas, on peut tomber sur des profiteurs(euses) qui font passer leur confort avant l'équilibre du couple, qui veulent absolument garder l'avantage dans la relation parce qu'ils (elles) ne lisent les lignes de la vie qu'avec la mentalité de « manger ou être mangé ». Pour ma part, je pense qu'il y a deux options : patienter en essayant d'apporter à l'autre des moyens d'évoluer, d'activer une prise de conscience. Dans ce cas, ne tombe pas dans le piège de penser que c'est à sens unique. Quand tu patientes sur un tort, Allah t'octroie toujours quelque chose en retour, toujours ! J'ai en tête l'histoire de cet homme à qui Allah a mis un lion à son service par la cause de sa patience vis-à-vis du très mauvais comportement de son épouse (Al Kabaïr de l'imam Az-Zahabi p358 chap.47). Pour ce qui est de la seconde, tu la connais, quand aucune amélioration n'est envisageable, vous n'allez pas attendre de vous détruire pour agir. Si vous en arrivez au divorce, faites les choses de la bonne manière. L'injustice est interdite même dans la séparation.

9. ALLIÉS, PAS ENNEMIS !

C'est vraiment le pire scénario qui puisse arriver. Deux époux unis devant Allah qui finissent par se voir comme deux ennemis. C'est vraiment triste. Ce point résume tous les autres parce qu'il est la finalité à laquelle on arrive quand la confiance s'émiette dans le couple. À force de bagarres d'ego, de coups bas, de manque d'empathie, d'absence de communication et de tout ce qu'on a pu citer jusqu'à maintenant, un croyant et une croyante peuvent finir par être ennemis, alors que le véritable ennemi est cité par Allah dans le Coran : *« Ne vous ai-Je pas engagés, enfants d'Adam, à ne pas adorer le Diable? Car il est vraiment pour vous un ennemi déclaré, et [ne vous ai-Je pas engagés] à M'adorer? Voilà un chemin bien droit. »* (sourate 36 verset 60-61)

Comment en arrive-t-on à de telles extrémités ? Je vais citer quelques exemples en plus de tous les sujets que l'on a traité jusque là. Je ne vais pas les développer comme des chapitres à part entière mais plus comme des points de repères auxquels on doit vraiment faire attention. Considère-les comme des balises pour délimiter les comportements à bannir entre vous *insha Allah.*

Quand l'un pousse l'autre jusqu'à ce qu'il (ou elle) perde le contrôle de ses nerfs.

Imaginons qu'une dispute éclate. Le mari s'énerve, et veut sortir prendre l'air, mais son épouse ne le laisse pas faire. Elle veut régler la chose ici et maintenant. À chaud, c'est rarissime d'en tirer du positif, mais c'est très courant de voir l'un ou l'autre péter un câble. Autre situation, l'épouse est en colère, elle a besoin d'entendre de la part de son mari, des paroles qui vont la rassurer et par la permission d'Allah, l'apaiser, mais il préfère la laisser disjoncter... C'est de cette manière que l'un peut devenir l'allié du diable contre sa moitié ! Il n'y a pas de meilleures circonstances pour lui que ces instants de colère incontrôlée pour vous pousser à la faute. Dans ces moments-là, ta moitié a besoin que tu saches lâcher l'affaire. Tout simplement. Assieds-toi sur ta fierté et accorde à l'autre ce dont il (elle) a besoin, c'est ainsi que tu viens à son secours et que tu l'empêches de déraper.

Quand l'un détruit moralement l'autre à coups de paroles blessantes et assassines.

Évidemment que vos regards comptent l'un pour l'autre. Évidemment que ce que vous vous dites a bien plus d'impact que ce qui viendrait d'un inconnu. Évidemment que l'amour qui vous lie augmente la douleur que provoque des paroles blessantes, humiliantes et assassines. Ne jouez pas la carte de la naïveté pour tenter de vous dédouaner, non. On dit souvent que de l'amour à la haine il n'y a qu'un pas, parce que la déception en amour est parfois si violente qu'elle vous fait basculer vers son opposé. Au lieu d'être l'allié, vous endossez le rôle du bourreau... Ça n'est pas possible, tôt ou tard vous allez vous prendre en pleine tête le retour de flamme. Apprendre à s'exprimer fait partie intégrante du bagage indispensable au mariage qu'on appelle l'éducation. Vous pouvez vous briser ou susciter les pires réactions chez l'autre par les paroles que vous prononcez et c'est le diable qui se délecte de voir la tristesse chez les croyants. La faiblesse que cela occasionne est une porte ouverte pour lui vers vos cœurs. Doutes, colère, rancunes, *wess wess*, perte de repères, perte d'estime de soi, mauvaise pensées sur Allah, invitation à remettre en question le bien fondé de la religion. Qui a ouvert cette porte ? Vous, alors que vous êtes censés vous protéger, être un vêtement l'un pour l'autre.

Quand l'un critique l'autre et fait un parallèle entre ses défauts et sa pratique religieuse.

« *Tu as tel comportement et tu portes le hijab, c'est mieux que tu l'enlèves...* » « *tu tiens tels propos alors que tu pries, franchement t'as pas honte, ta prière te sert à rien...* » etc... La liste est longue. Qu'est-ce-que que vous espérez en tenant de tels propos, qu'arrêter la prière changera son comportement en bien ? Qu'enlever le hijab l'aidera à mieux se comporter ? Est-ce-que ce raisonnement a du sens pour vous ? Pour moi, non. Imagine maintenant que ta moitié t'écoute, et s'enfonce dans la bêtise que tu as lancée, votre couple va-t-il s'améliorer ? Ce sera encore pire, tu vas l'accuser d'être ceci et cela... Le but est de corriger ce qui ne va pas, pas d'enlever ce qui est bon. *« Déteste toujours ce qui est mal, mais ne déteste pas son auteur. Hais le péché de tout ton cœur mais pardonne et ais pitié pour le pécheur. Critique le discours mais respecte l'orateur.* **Notre travail est d'éradiquer la maladie et non le patient.** *»* disait l'imam As-Shafi'i (qu'Allah lui fasse miséricorde).

Quand vous refusez de donner les droits à votre moitié par punition.

Certaines femmes refusent d'avoir des rapports avec leurs époux quand elles n'obtiennent pas ce qu'elles veulent. Parfois les hommes refusent de faire les courses pour montrer leur mécontentement. Ce genre de « punitions » rend l'accès au licite (*halal*) compliqué. Et que se passe-t-il dans ces cas-là ? Soit les gens patientent, soit ils tombent dans ce qu'Allah a interdit. Un mari va parfois sombrer dans la masturbation (ou pire) parce que sa femme se refuse à lui. Une épouse va parfois chercher un revenu qui va l'obliger à sortir de la maison, transformer son hijab en bandana, rattraper ses prières ou négliger ses devoirs à la maison parce que son mari refuse de s'acquitter de ses devoirs.

Sur ce point-ci, il est vrai que bon nombres de sœurs *masha Allah* font énormément d'efforts pour travailler de la manière la plus licite et indépendante possible. Cependant, imagine la douleur du diable si au lieu de travailler toutes ces heures, ces femmes investissaient ce temps dans l'apprentissage du Coran à leurs enfants par exemple. Elles seraient à la tête de commerces qui ne font jamais faillite et dont les bénéfices sont garantis par Allah ! Imagine le nombre de *hafizoul Qouran* (littéralement : les protecteurs du Coran, c'est-à-dire ceux qui l'ont mémorisé dans son intégralité) qu'il y aurait. Imagine les bénédictions qu'il y aurait dans toutes ces maisons où y est récité le Coran matin et soir. Combien parmi les éminents savants de cette communauté ont eu leur mère comme premier mentor ? L'imam Malik, Al Boukhary, et bien d'autres... Quand le diable vous fait passer d'une action extraordinaire à une simple bonne action, c'est déjà une victoire pour lui et une défaite pour vous.

Quand l'un donne des munitions aux diables humains contre sa moitié.

Les diables existent sous plusieurs formes, il en est qui sont humains comme nous. Ils ont souvent pour objectif d'affaiblir la religion et ses représentants et de rendre tortueux le chemin qui mène à Allah. Quand le couple bat de l'aile, vous pouvez être tentés de dévoiler certains éléments de votre intimité. Ce seront évidemment les dossiers blessant l'image et l'honneur de votre moitié qui seront mis sur la place publique. Idéal pour jeter le discrédit sur les musulmans et par ricochet sur l'Islam. Ces diables se servent de vos difficultés pour ternir un peu plus l'image du croyant et de la croyante que vous êtes. Parfois même vous faire des problèmes et, comme ils n'ont vraiment honte de rien, remettre en question le bien fondé des règles religieuses. Habillés du vêtement du « soutien », ils ne cherchent en réalité qu'à vous affaiblir dans votre religion. Évidemment, votre moitié sera l'ennemi à abattre, en plus de présenter la religion comme un carcan. Faites attention à qui vous vous confiez, tout le monde ne veut pas votre bien !

Quand vous ne respectez pas vos personnalités et tentez inlassablement de transformer l'autre suivant votre volonté.

Chacun a été crée avec une nature propre. Chacun avec ses modes de fonctionnement. Chacun avec ses imperfections. Si vous choisissez de ne pas faire preuve de patience l'un vis-à-vis de l'autre, et que vous optez pour le conflit permanent dans l'espoir de transformer l'autre, vous allez finir par vous détester, tout simplement. On en a parlé dans la partie qui traite de la fierté. L'intolérance débouche sur des batailles d'ego et en un tour de main, vous voilà ennemis, avec comme objectif de briser l'ego de l'autre. Ici, la responsabilité de l'époux est différente de celle de l'épouse. Il a le devoir de montrer l'exemple en tant que leader de la famille. Le hadith est très connu, le Messager d'Allah ﷺ a dit : *« La femme a été créée d'une côte : elle ne se tiendra jamais pour toi droite sur un chemin. Dès lors, si tu tires profit d'elle, tu tires profit d'elle alors qu'il s'y trouve une courbure. Et si tu te mets à la redresser, tu la brises. Et la briser c'est la répudier"* (rapporté par Mouslim, n° 1468/59) . Dans son article sur le sujet, cheikh Anas Lala cite le commentaire de Ibn Hajar (qu'Allah lui fasse miséricorde) disant ceci : *« Dans ce (hadith) il y a la façon de gérer les femmes, en les excusant et en faisant preuve de patience sur leur courbure et que celui qui veut redresser cette (courbure) ne pourra vivre avec elles [al-intifâ' bi-hinna] ; (...) c'est comme si le Prophète ﷺ avait dit : « Vivre avec elle [al-intifâ' bi-hâ] ne peut se faire qu'en faisant preuve de patience par rapport à elle. »* (Fath oul-bari 9/315), voir l'article complet: https://www.maison-islam.com/articles/?p=601

Quoi qu'il en soit, sans une certaine dose de tolérance, vous n'irez pas loin. Et puis, une des portes qui donnent accès à l'amélioration est l'unité. Le Messager d'Allah ﷺ nous enseigne que l'inimité rase tout et qu'à contrario, Allah accorde par la douceur ce qu'Il ne donne ni par la dureté, ni par toute autre cause. Conclusion ? En étant longanimes, Allah, dans Sa Générosité vous donnera des résultats bien meilleurs de par les efforts que vous allez faire.

Quand vous vous rendez la pratique religieuse trop lourde.

Untel interdit à sa femme de rendre visite à sa famille sous prétexte d'obéissance au mari. Unetelle exige des choses que le mari n'est pas en mesure d'assumer financièrement au nom du droit que la femme a sur lui. Un autre prive ses enfants de toutes activités sous couvert de préservation. Allah dit : *« Allah veut pour vous la facilité, Il ne veut pas la difficulté pour vous »* (sourate 2 verset 185) et le Messager d'Allah ﷺ a dit : *« Enseignez, facilitez et ne rendez pas les choses difficiles, annoncez de bonnes nouvelles et ne faites pas fuir et lorsque l'un d'entre vous s'énerve qu'il se taise».* (Rapporté par Ahmed) . Il ﷺ dit encore : *« La religion est aisance et facilité. Personne n'est dur dans la religion sans que celle-ci prenne le dessus sur lui. Suivez plutôt la voie du juste milieu, rapprochez-vous de la perfection et soyez optimistes(...) »* (rapporté par Al Boukhary. Riyad Salihin n°145)

Dans l'inconscient collectif, facilité égale faiblesse ou laxisme. Personne ne vous a dit de travestir votre religion, ni dans le sens de la dureté, ni dans le sens du laisser-aller. Se faciliter les choses c'est s'entraider à l'accomplissement de ses obligations. C'est savoir doser son niveau d'exigence pour ne pas surcharger l'autre. C'est aussi prendre en considération le contexte et le niveau religieux de chacun. Combien vont chercher des avis religieux chez des érudits pour qui la vie que nous avons leur est inconnue, ou exige un niveau de *zouhoud* (ascétisme) exagéré. Le résultat ? La religion est vue à tort comme invivable et étouffante alors qu'elle est facile et épanouissante. Le Messager d'Allah ﷺ a dit : *« **Le pire des bergers est celui qui les brise** »* (rapporté par Mouslim). Ce hadith doit nous faire réfléchir. A-t-on vraiment envie d'être de cette trempe ? Il est primordial d'en revenir aux savants en matière de religion. Il ne faut pas se contenter de lire des versets ou des *ahadiths* sans rechercher leur explication. Les savants sont là pour expliciter la parole d'Allah, pour nous permettre de la comprendre et **nous faciliter sa mise en pratique.** C'est un des objectifs du *'ilm* (science religieuse) : vivre la religion comme Allah l'attend de nous, pas selon notre compréhension, nos envies ou nos intérêts. Il n'y a que de cette façon que l'individu se rapproche le plus de la justice, et donc de l'équilibre. Sinon, vous risquez de vous briser humainement aussi bien que spirituellement. Qui peut assumer au Jour du Jugement d'avoir été la cause du dégoût d'une personne pour la religion ?

Même face au péché, il y a une manière d'aborder la chose. L'imam Malik (qu'Allah lui fasse miséricorde) rapporte dans son *Mouwwatta* une parole attribuée à Issa Ibn Maryam (sur lui la paix) qui se termine par ces mots : *« **Ne regardez pas les péchés des gens comme si vous étiez des maîtres (et eux des esclaves) et regardez vos péchés comme si vous étiez des esclaves (face à leur Maître). Les gens se divisent en deux catégories : les éprouvés (par le péché) et les*** *épargnés. Quand vous voyez les gens éprouvés, ayez de la miséricorde envers eux et implorez Allah de vous en préserver.* ». N'agissez pas entre vous comme des juges et des bourreaux, faites preuve de miséricorde l'un envers l'autre, tu ne sais pas de quoi est fait l'avenir. Peut-être est-ce toi qui seras à ton tour éprouvé par le péché. De quoi auras-tu besoin à ce moment-là, de quelqu'un qui te juge et te condamne ou de quelqu'un qui te conseille et t'aide à t'en sortir ? L'objectif reste d'éliminer le péché pas de briser la personne.

Quand vous êtes contaminés par l'idéologie qui vise à mettre en concurrence l'homme et la femme.

Vous n'êtes pas ennemis, ni concurrents, au contraire, vous avez été créé pour être alliés. L'un étant un vêtement pour l'autre comme Allah le dit dans la sourate 2 au verset 187. En Islam il n'a jamais été question de faire porter à Hawa (Eve) la responsabilité de leur (Adam et Hawa) exclusion du Paradis, contrairement aux religions juive et chrétienne. Allah dit : « *Peu de temps après, Satan les fit glisser de là et les fit sortir du lieu où ils étaient* ». Puis Allah poursuit en ces termes : « *Et Nous dîmes: «Descendez (du Paradis); ennemis les uns des autres. Et pour vous il y aura une demeure sur la terre, et un usufruit pour un temps* » (sourate 2 verset 36). Là encore, « ennemis les uns des autres » ne visent nullement Adam et Hawa, mais les êtres humains et les diables ! Ou dans une autre explication, l'inimité que les humains vont éprouver les uns pour les autres (quel que soit leur sexe !). Mais ce n'est pas un verset qui stipule un conflit de genre entre l'homme et la femme. Pas du tout.

Deuxièmement, Allah nous a crée pour son adoration. Allah dit : *« Je n'ai créé les djinns et les hommes que pour qu'ils M'adorent »* (sourate 51 verset 57). Nous, musulmans, avons accepté cet état de fait et cheminons en ce sens. Vivre ce *tawhid* se manifeste par le fait de se soumettre de bon gré à Sa Volonté, convaincus qu'Il nous veut plus de bien que nous n'en voulons pour nous-mêmes. À partir de là, peu importe le rôle qu'Allah donne à chacun, ce qui compte, c'est la manière dont vous l'assumez en œuvrant pour atteindre Sa Satisfaction. Alors oui, ce que j'écris se trouve en totale opposition avec la pensée dominante de nos sociétés dites modernes, j'en conviens. Mais quel est l'intérêt d'avoir entre ses mains la carte aux trésors (les Ordres d'Allah et la Sounna de Son Messager) si c'est pour suivre la voie des ignorants ? Qui est ton Seigneur, qui est ton Guide, en qui as-tu le plus confiance ? Les gens ? Ton ego ? Tes envies, ou Allah ? Ce n'est pas facile mais tellement nécessaire de garder le cap même face à des vents contraires, parce qu'à la fin, vous en sortirez gagnants. Le Messager d'Allah ﷺ a dit : *« Quiconque satisfait Allah, quitte à provoquer la colère des gens, Allah se satisfera de lui et fera en sorte que les gens soient tout aussi satisfaits. Et quiconque satisfait les gens tout en provocant la colère d'Allah, les gens ne lui seront d'aucune utilité face à Allah. »*

Quand vous vous ramenez sans cesse à vos erreurs du passé

« *Le pécheur a insha Allah un futur, et le pieux a un passé* ». Si l'un ramène sans cesse l'autre à ses erreurs passées, il (elle) ne fait que l'empêcher de sortir la tête de l'eau. À quel moment ce comportement va-t-il avoir des répercussions positives ? Allah Lui-même pardonne et efface les fautes, comment en serait-il autrement entre nous ? Et puis ramener ta moitié a ce qu'elle a été, revient à faire une croix sur tous les efforts qu'il (elle) a fait jusqu'à maintenant. On fait rarement mieux pour briser une personne...

Veillez à ne pas devenir la marionnette du diable dans votre couple. C'est cette idée que je veux que vous gardiez de ce chapitre. L'ennemi, c'est lui et une de ses ruses consiste à détourner votre attention de cette vérité en agitant des épouvantails. Armez-vous de piété, de science, d'un bon entourage et de patience. Entraidez-vous dans le bien au lieu d'utiliser votre énergie à vous nuire l'un l'autre. Et par-dessus tout, laissez votre ego au vestiaire. Allah a déclaré : **« La fierté est Mon pagne et l'orgueil est Mon manteau. Celui qui Me dispute l'un d'eux, Je le châtierai ! »** (rapporté par Mouslim). Il n'y a pas de place pour l'orgueil dans le cœur de ceux qui désirent la proximité divine ! Tout le monde rêve du grand amour, mais ne se trouve-t-il pas dans ces attitudes ? Je pense que si ! Quand chacun est capable de mettre son ego de côté pour le bien commun, c'est à mes yeux une fantastique marque d'amour. Pourquoi ? Parce qu'il n'y a pas plus grand sacrifice que celui de sa propre personne. Il n'y a pas de bataille plus âpre que celle menée contre son ego. Aristote disait : « Le sacrifice de soi est la condition de la vertu ». Enfin, je vous dirais d'invoquer Allah de toutes vos forces. Aucun changement n'intervient sans Sa Permission. Ne faites pas l'erreur de penser que vous êtes en mesure d'atteindre un quelconque bien sans qu'Il ne le vous permette.

10. SEXUALITÉ ET INTIMITÉ

Petite mise au point importante : la sexualité a toujours été un sujet important dans le couple. Elle figure parmi les bienfaits du mariage et parmi les plaisirs licites de ce bas-monde. Il est rapporté dans « Péchés et guérisons » de Ibn Al Qayyim qu'il arrivait que le Messager d'Allah ﷺ sorte vers Ses Compagnons de bonne humeur parce qu'Il ﷺ venait d'avoir un rapport intime avec l'une de ses épouses. Les jeux de séduction, le romantisme, tout cela a toujours existé dans la vie de couple, peu importe l'époque, même chez les meilleures personnes que la Terre a porté après les Prophètes (sur eux la paix), à savoir les Compagnons du Messager d'Allah ﷺ (qu'Allah soit satisfait d'eux).

D'un autre côté, nous vivons dans des sociétés qui divinisent le plaisir. La sexualité est désormais un objet de culte. Pire, le sexe est utilisé comme anesthésiant social. Aldous Huxley l'auteur du roman « Le meilleur des mondes » dit ceci : « *On mettra la sexualité en premier rang des intérêts humains. Comme tranquillisant social, il n'y a pas mieux.* ». La sexualité est partout. De manière directe et crue, ou de manière sous-entendue. Les références sexuelles sont omniprésentes, les blagues, les jeux de mots, les allusions. La nudité est chose commune au cinéma, les scènes sexuelles aussi. La femme est ramenée à son corps et à sa capacité à en faire un objet de désir et de séduction. Les modèles publicitaires ont toujours un air désirable dans le regard ou la posture (la manière de mettre sa hanche sur le côté pour faire ressortir le fessier par exemple), les décolletés et autres vêtements moulants qui dessinent le corps comme s'il était nu. La démocratisation d'internet et des smartphones a donné accès à toutes sortes de contenus. La plupart des jeunes apprennent (ou ont appris) la sexualité à travers la pornographie (sauf ceux qu'Allah a préservés). Et ce phénomène touche des enfants de plus en plus jeunes. Dans un article sur le sujet, Stéphane Blocquaux, spécialiste en prévention des risques numériques pour la jeunesse dit ceci : « *La primo-exposition se situe autour de 11 ans. On est plus sur celui qui vient s'informer, on est sur celui qui n'a rien à faire là en fait. On tue l'enfance très rapidement et* **cela va poser problème à ces enfants dans leur construction de cette sexualité.** ». Apprendre la sexualité par la pornographie revient à apprendre à conduire en regardant « *Fast & Furious* », il n'y a rien de réel, tout est poussé à l'extrême, la transgression est glorifiée, nous ne sommes que dans le cinéma et les jeux d'acteurs. Il ne viendrait à l'esprit d'aucun moniteur d'auto-école de montrer ce genre de films pour préparer les futurs conducteurs à la réalité. Ce serait tout simplement irréaliste et extrêmement dangereux. De la même façon, cette surexposition à la matière pornographique formate les esprits à une conception du sexe tout à fait particulière, voire malsaine et dangereuse. Même les jeunes qui se sont « préservés » avant le mariage, notamment les jeunes étudiants en science religieuse, sont la cible de ce travers. Certains, malgré leur bagage religieux, ont la tête pleine de fantasmes, veulent une femme avec un physique bien précis (d'où viennent les références ???), et comptent bien vivre une sexualité digne de tout ce dont ils ont été abreuvé. Tout cela donne naissance à des gens à l'apparence très pieuse avec des pensées des plus perverses. De jeunes hommes pour qui le physique est primordial, la femme doit avoir une forte poitrine, pas de ventre, ni de défauts physiques quelconques, comme dans les films ou sur les réseaux. L'épouse doit être coquine, voire complètement débridée, comme dans les films. Elle doit être au fait de tout ce qui se pratique en matière de sexe, toujours disponible pour son mari, avec une libido qui casse les murs, comme dans les films. Le tout, sous couvert de religion, de droits et de devoirs islamiques. C'est la réalité qui dépasse la fiction comme dirait l'autre...

Loin de moi l'idée de diaboliser le désir, ce n'est pas le sujet. Il faut en revanche réapprendre à vivre la sexualité. Cela passe par la nécessité de désapprendre tout ce que la pornographie, le cinéma et tout le reste a construit dans les esprits. Dans toute action, la sexualité y compris, il y a des règles de bienséance à respecter. Le plaisir d'être ensemble passe par des étapes dont fait partie la sexualité, mais elle n'est pas le seul élément de la relation de couple. Chez la femme, particulièrement, l'acte sexuel est l'aboutissement d'une bonne entente, de sentiments forts, d'une attirance réciproque, d'une séduction qui donne envie de l'autre. Chez l'homme, c'est souvent plus « terre à terre ». Mais dès lors que vous réalisez que la relation sexuelle se vit à deux, vous êtes forcément attentifs aux besoins de chacun. Il y a toutes ces petites choses du quotidien qui font monter le désir, toutes ces attentions qui prouvent que les sentiments sont toujours présents, ces jeux de séduction qui attisent l'envie. Il y a tous ces préliminaires qui participent à l'atteinte du plaisir. Tout cela s'apprend, se découvre, se perfectionne et par-dessus tout, s'entretient ! Il y a aussi le respect que vous vous portez, et le bon comportement que vous avez l'un vis-à-vis de l'autre. Vous n'avez pas idée de la manière dont le mauvais caractère enlaidit une personne et transforme l'attirance en répulsion. Tu te vois beau (belle) dans l'image que tu as de toi-même, quand ta moitié te voit laid(e) par ta manière d'être. Comment trouver du plaisir ensemble à partir du moment où il n'y a plus d'attirance ? Compliqué. Le Messager d'Allah ﷺ a enseigné cette invocation : *«Ô Allah, embelli mon caractère comme Tu as embelli mon apparence. »*. C'est une invocation à apprendre ! Ibn Hajar a écrit : « *La relation intime n'est agréable que si l'âme en a envie et si on a le désir de vivre ensemble* » (*Fath Ul-bârî* 9/377). Trouvez votre équilibre ensemble, et vous prendrez tous les deux du plaisir *insha Allah*.

Si vous avez envie d'une sexualité épanouissante, il vous faudra non seulement respecter les besoins de chacun, et également arrêter de se comparer aux autres. L'ultra grande majorité des photos postées sur les réseaux sont retouchées. Les logiciels pour transformer un corps tout à fait anodin en bimbo (jeune femme à la féminité provocante et stéréotypée) font de véritables miracles visuels. Ne compare pas le corps de ta femme à des photos retouchées ! Cher frère, baisse tes yeux et sois réaliste, on te manipule, les réseaux sociaux sont des usines à *fakes*. Nous vivons dans la société du spectacle où tout n'est qu'apparences et embellissements ! Arrête de croire qu'elles sont toutes plus belles, plus débridées ailleurs, c'est faux ! Usine à *fakes* on t'a dit ! Chère sœur, ne te contente pas de faire la police et d'espionner ton mari. Rappelle-lui que tu es celle auprès de qui il va trouver la satisfaction de ses désirs. Le charme est une arme redoutable, sers t'en avec lui ! Et baisse tes yeux également sur tout ce qu'on essaie de te vendre comme embellissements. L'herbe n'est pas plus verte ailleurs, elle l'est là où on l'arrose !

Le plaisir est un droit pour l'homme comme pour la femme. La jouissance n'est pas une affaire exclusivement masculine. Cheikh Anas Lala cite Ibn Abbas (qu'Allah soit satisfait d'eux) en ces termes : ***« J'aime m'embellir pour mon épouse comme j'aime qu'elle s'embellisse pour moi, car Allah a dit: « Et elles ont des droits comparables à leurs devoirs, dans la bienséance » (sourate 2 verset 228) »*** (*Tafsir At-Tabari*). (Voir l'article complet sur le site du Cheikh https://www.maison-islam.com/articles/?p=360. Qui dit sexualité épanouissante, dit réciprocité. Encore une fois, les postures nombrilistes détruisent les relations de couple. Quand vous êtes attentifs au plaisir de l'autre comme du vôtre, vos relations ont une toute autre saveur. Vous vous découvrez, vous vous donnez du plaisir, vous explorez des sensations ensemble. C'est tout simplement kiffant ! L'attirance que vous éprouvez l'un pour l'autre est entretenue, voire décuplée. Tous les hommes connaissent le hadith où le Messager d'Allah ﷺ dit : « *Lorsque l'homme invite sa femme pour ce dont il a besoin (rapports intimes), qu'elle réponde à son invitation même si elle se trouvait occupée au fourneau* » (rapporté par Attirmidhi, n° 1160. Une parole voisine est rapportée par Ibn Majah n° 1853) Mais combien ont pris le temps de lire les conditions qu'Ibn Tayymiya cite, à savoir :

1/Que le mari exprime son désir
2/Dans la mesure de ses disponibilités physiques à elle.
3/Tant que cela ne l'empêche pas d'accomplir d'autres choses nécessaires qu'elle a à faire. (*As-Siyâssa ash-shar'iyya*, p. 133). (Tout cela est cité dans l'article de cheikh Anas)

Combien prennent le temps d'appliquer le principe de réciprocité ? Combien prennent la peine de remplir le réservoir émotionnel de leurs épouses avant de rechercher le rapport sexuel ? Combien recherchent le plaisir de l'épouse au lieu d'être exclusivement concentré sur leur propre plaisir ? Combien d'hommes connaissent avec précision leurs attentes, mais combien connaissent celles de leurs épouses ? Quels sont les jeux de séduction qui la font craquer ou à l'inverse, qu'est-ce qui la braque, etc.... Je me suis adressé aux hommes, mais cette réalité concerne aussi les épouses. Et la femme peut se pauser le même type de questions et voir si elle est capable d'y répondre. Qu'est-ce-qui fait craquer ton mari ? Dans quelle tenue, il te trouve le plus désirable ? Qu'est-ce-qu'il l'excite et lui donne envie de toi ? Etc... On doit arrêter de consommer les gens comme on consomme un produit si on veut d'un couple stable sur le long terme. Ces comportements me font penser à ceux d'enfants capricieux dont la seule réponse est « c'est à moi, j'ai le droit ». Ce manque de bonnes manières peut engendrer des malaises, engendrant eux-mêmes des blocages, menant parfois à un dégoût pur et simple de la sexualité. **Et un couple sans sexualité est un couple en sursis, pour ne pas dire à l'agonie.** C'est pourquoi beaucoup de savants conseillent à chacun de se préoccuper de ses devoirs avant ses droits (de penser à l'autre avant de penser à soi). Ainsi, vous apprenez à vous projeter dans les attentes de l'autre, ce qui fera *insha Allah* augmenter votre complicité et la confiance qui vous lient.

Malgré tout, ce ne sera pas toujours parfait. Une fois la confiance établie entre vous, tolérez les moments où les choses se feront sans avoir respecté tous les « protocoles ». Nous ne sommes pas en train de remplir des dossiers administratifs où toutes les pièces justificatives doivent être fournies, sous peine de voir le dossier rejeté. Pas du tout. Il faut se détendre. Ne soyons pas trop procéduriers (c'est le contraire d'arrangeant!). Parfois il n'y aura pas de préliminaires, d'autres fois, vous ne serez pas au top de la séduction, ça va arriver et ce n'est pas grave. Parfois le besoin physique prendra le pas sur le romantisme, la relation se fera en catimini, et alors ? Il ne faut pas y voir nécessairement un manque d'estime. En acceptant les aléas de la vie, on se facilite les choses, et on permet à chacun d'être lui-même. Dans ce monde de la performance et de la recherche de la totale satisfaction, on a tendance à noter chaque moment de vie comme on noterait un produit acheté sur Amazon. Calmons-nous. La sexualité est aussi vécue en fonction du rythme de vie du couple. Vous n'êtes pas des machines.

À l'inverse, se priver et priver sa moitié de rapports sexuels n'aura aucun résultat positif, comme le fait de vous brider en n'ayant aucune ouverture d'esprit sur le sujet. Cela ne fera qu'accroître la frustration, et de celle-ci va éclore de la colère et de la violence. En y regardant bien, la frustration est à l'origine de beaucoup de disputes. Il est bien plus agréable de se défouler en prenant du plaisir qu'en se criant dessus pour des motifs futiles. Et puis quel bien espérez-vous de réactions engendrées de la frustration ? À partir du moment où vous vous rendez l'accès au licite compliqué, vous ne faites qu'ouvrir grandes les portes de l'illicite. Une personne frustrée n'aura que cela à l'esprit, les pensées vont devenir des fantasmes, et comme l'explique Ibn Al Qayyim : de la pensée naît la réflexion qui devient volonté, puis tout cela la poussera à l'acte. Il explique que même si le passage à l'acte est impossible, la volonté et la réflexion vont faire naître envie et désir qui orienteront l'individu vers l'assouvissement de ses fantasmes. C'est un cercle vicieux dangereux, particulièrement quand commettre le péché est aussi accessible qu'aujourd'hui. **Il faut le reconnaître, vivre une sexualité épanouissante est une soupape de décompression que vous ne devez pas négliger.**

Pour avoir ou préserver une sexualité épanouissante, ne sombrez pas dans des extrêmes type idéalistes, ou perfectionnistes et autres genres qui aiment avoir le contrôle des choses.... N'en faites pas trop, concentrez-vous sur le voyage ET la destination (les préliminaires et l'acte sexuel). D'autres y recherchent de la spiritualité, à l'image de la tendance tantra, qui tente de relier méditation, yoga et sexualité. L'Islam se trouve toujours au juste milieu entre toutes ces exagérations. Le seul plaisir du corps n'est pas rabaissant. Là encore, chacun doit redescendre son ego de son pied d'estale. Sans parler de ceux pour qui la sexualité est vécue comme quelque chose de « sale ». Ces gens doivent revoir leur perception des choses et ne pas vivre dans le déni. La sexualité fait partie de l'existence de l'Homme. Ce qui est sale, ce sont les perversités que l'être humain s'est permis. Il ne faut ni exagérer sa pudeur, ni faire des amalgames. Ici, il y a un principe important à appliquer : à chaque situation sa manière d'être. Dehors, avec les gens au travail, etc...la pudeur est de mise, que ce soit dans les attitudes ou les paroles. Dans l'intimité du couple, l'affaire est différente. Les marques d'affections, la proximité physique, les compliments, la drague et la sexualité sont carrément recommandés. Je me répète : à chaque situation sa manière d'être ! Il ne faut pas tout mélanger.

En Islam, on ne nie pas les envies et besoins physiques, comme on ne nie pas les besoins et envies émotionnels. Même quand la raison évoquée est religieuse. Al Boukhary rapporte que la femme de Abdallah Ibn Amr Ibn Al As (qu'Allah soit satisfait d'eux) est venue se plaindre au Messager d'Allah ﷺ de la négligence de son époux. Elle s'est plainte du grands nombres de ses prières et de ses jeûnes facultatifs qui occasionnaient l'absence d'intimité entre eux (entre autres choses). Le Messager d'Allah ﷺ a dit : *« Et ton épouse a des droits sur toi »* (rapporté par Al Boukhary n°1873). Certains pourraient se dire que nous sommes dans ce bas-monde pour œuvrer et préparer l'au-delà, pas pour prendre du plaisir, que l'au-delà va être l'endroit où l'on va profiter pleinement. Le Messager d'Allah ﷺ a répondu à cela en disant : *« Et il y a une aumône dans les rapports sexuels que vous avez. Les Compagnons dirent : Ô Messager d'Allah, l'un de nous assouvi son désir et il est récompensé en cela ? Il ﷺ dit : S'il l'avait satisfait dans le haram (l'illicite) n'aurait-il pas commis un péché ? Ainsi s'il l'assouvit dans le halal (le licite), il a en cela une récompense. »* (rapporté par Mouslim). Même les rapports sexuels dans le mariage sont un moyen de construire son au-delà, *soubhan Allah*. Donc pas la peine de se lancer dans de la culpabilisation à outrance ou de la fausse piété exagérée.

La sexualité se vit à deux. Laissez-vous porter par vos inspirations et acceptez de découvrir ce que l'autre peut vous apporter. Chaque couple a sa manière de vivre la chose. Tant que l'un et l'autre y trouvent du plaisir, l'objectif est atteint. La sexualité se vit à travers la piété, il ne peut pas y avoir de sexualité épanouissante dans la transgression des limites qu'Allah a fixées. Elle se vit dans la confiance et l'acceptation de l'autre. Allah vous a mis ensemble pour que soyez une cause de plaisir mutuel, profitez-en ! Le Prophète ﷺ vit une femme puis alla trouver Zeyneb (qu'Allah soit satisfait d'elle) et assouvit son désir avec elle. Il ﷺ dit : *« La femme se présente et s'en va sous l'apparence d'un démon. Si l'un de vous voit une femme et qu'elle lui plaît, qu'il assouvisse son désir avec son épouse, car cela repoussera ce qu'il ressent. »* (Sahih Al jami n°5200). Vous connaissez tous cette citation « *l'herbe n'est pas plus verte ailleurs, elle l'est là où elle est arrosée* ». C'est exactement ça ! Au lieu de rechercher le plaisir ailleurs, profitez de ce qu'Allah vous a rendu licite par le mariage. On se plaint beaucoup de la « *fitna* » (des tentations) dans laquelle nous vivons, mais la solution est là, dans ce que le Messager d'Allah ﷺ a enseigné ! Si cette solution ne vous comble pas, rappelez-vous que l'être humain, de par sa nature, est un éternel insatisfait. Il convoite sans cesse ce qu'il n'a pas, sans savoir apprécier les bienfaits qu'Allah a mis dans sa vie. Le Messager d'Allah ﷺ a dit : *« Si le fils d'Adam possédait une vallée d'or, il aimerait en avoir une deuxième. Or, seule la terre comblera son ventre. Et Allah accorde le repentir à quiconque se repent. »* (rapporté par Al Boukhary). Et ce monde de l'ultra consommation n'est pas là pour arranger les choses. On vous vend l'idée que vous n'avez que l'embarras du choix, que vous auriez tort de vous « contenter » de votre moitié, qu'il y a toujours mieux ailleurs... Quoi qu'il en soit, une personne dominée par ses passions ne peut pas imputer son insatisfaction permanente à sa moitié. Le problème n'est alors pas la personne qui partage ta vie, mais les maladies spirituelles de ton âme. Ne te trompe pas de diagnostic, tu te tromperais de solution. Ô Allah, nous cherchons refuge auprès de Toi contre une âme insatiable ! Amine !

Je vais me permettre une parenthèse concernant la polygamie : Celui qui ouvre la porte de la polygamie par suivi de ses pulsions va faire de gros dégâts. Je me répète, toute interaction nécessite de la bienséance, qu'elle soit cadrée par la Loi Islamique, et animée d'une bonne intention. La polygamie ne fait pas exception. Il ne m'appartient pas de blâmer une pratique autorisée par Allah et Son Messager, entendons-nous bien. Ce que je blâme, c'est la soumission totale à ses pulsions sous couvert de « *halal* ». En clair, tous ces hommes qui recherchent la polygamie par pulsion sexuelle sans avoir ni les moyens, ni les qualités pour donner leurs droits à plusieurs épouses, vont faire de nombreux dégâts. Si vous le faites, faites-le bien *insha Allah,* car les dommages engendrés par des âmes immatures et puériles retomberont finalement sur la religion et le fait qu'elle autorise cette pratique. Le problème, quand il y a problème (et ce n'est pas toujours le cas) n'est pas la polygamie mais la médiocrité de celles et ceux qui y prétendent. Fermons cette parenthèse.

La liberté qu'Allah vous octroie est largement

suffisante pour trouver plaisir et satisfaction. Allah dit : *« Vos épouses sont pour vous un champ de labour; allez à votre champ comme (et quand) vous le voulez (...) ».* Quand il s'agit des « 'adat » (les actes de la vie quotidienne), tout est autorisé, chacun est libre de faire ce que bon lui semble, selon ses habitudes, sa culture, ses envies, tant que vous êtes tous les deux consentants, et tant qu'il ne s'agit pas d'un interdit religieux clair. Franchement, le champs des possibles est vaste *al hamdoulillah*. Encore faut-il se désintoxiquer de tout ce flot d'âneries que vomissent la télé, le cinéma et les réseaux sociaux. Leurs codes ne sont que très rarement les nôtres. L'autorisé étant à leurs yeux trop banal, ils ne jurent que par la transgression sous couvert de modernisme. Cette mentalité pourrit le lien que l'être humain entretient avec le concept de sexualité, car celle-ci ne peut être épanouissante (selon cette idéologie) que lorsqu'elle est transgressive. Bienvenu dans le monde de l'exagération, des aberrations et des pratiques de plus en plus inhumaines.

Il est important qu'en tant que parents, vous soyez attentifs à l'éducation de vos enfants sur le sujet. Cela passe obligatoirement par la gestion des smartphones. On ne peut sciemment pas soumettre son enfant à la tentation en lui fournissant téléphone et connexion internet, puis se plaindre et feindre d'être scandaliser par sa manière de vivre la sexualité une fois adulte. Ne vous comportez pas en parents naïfs, vous formez les adultes de demain, ceux qui seront des maris et des épouses *insha Allah*. La confiance et le contrôle ne sont pas opposés mais complémentaires. Et ces sujets doivent être abordés, clairement, sans fausse pudeur. Mieux l'individu est préparé, mieux *insha Allah,* il sera apte à faire face le moment venu.

Pour nous adultes, l'éducation de l'âme reste la priorité. Il n'y a qu'ainsi que le plaisir licite va libérer toute sa saveur. Ce n'est que de cette manière que vous allez éviter tout excès et faire la part des choses. Dans ces sociétés où le plaisir et la jouissance sont devenus des buts en soi, le croyant et la croyante doivent prendre du recul. Votre bonheur, votre épanouissement ou votre bien-être ne dépendent pas uniquement de votre sexualité. Il y a d'autres cases à cocher pour devenir quelqu'un d'accompli par la permission d'Allah. Le verset cité plus haut dit : **« Vos épouses sont pour vous un champ de labour, allez à votre champ comme (et quand) vous le voulez (...) »** puis Allah termine en disant : **« et œuvrez pour vous-mêmes à l'avance. Craignez Allah et sachez que vous Le rencontrerez. Et donne la bonne nouvelle aux croyants ! »** (sourate 2 verset 223). La finalité de tout ce que vous vivez demeure la réussite dans l'au-delà, traduite par votre entrée au Paradis *insha Allah.* Apprenez votre religion, quels sont les délices qu'Allah a préparé au Paradis. De quoi est fait l'Enfer, les actions qui y amènent, les gens qui vont le peupler (qu'Allah nous en préserve), afin de faire naître en vous un autre souci que celui de satisfaire l'âme bestiale (*an-nafs*). La peur de l'Enfer, le désir du Paradis doivent vivre dans vos cœurs. L'être humain a besoin d'être guidé par une ambition qui dépasse l'assouvissement des plaisirs, sans quoi ses aspirations seront celles des animaux ! C'est tout le paradoxe qui subsiste entre matérialisme et aspirations religieuses. Jean Claude Michéa (philosophe contemporain français) a dit ceci : « *Le déracinement généralisé qu'induit la dynamique capitaliste, oblige l'homme à chercher ses formes d'identité compensatoire dans l'univers privilégié de la mode et de la consommation marchande* ». L'individu comble le manque de spiritualité par l'assouvissement des plaisirs. Mais en vivant de cette manière, quelle différence y a-t-il entre lui et l'animal ? Comment cheminer vers Allah quand il est dominé par ses envies ? Comment nourrir le désir de l'au-delà quand le seul tracas de l'individu est son plaisir sexuel ? En tant qu'être humain, nous savons que ce n'est pas possible et qu'il faut choisir.

En conclusion, il faut se rappeler que la sexualité, à l'image des autres aspects de la vie, ne sera pas toujours parfaite. Ce bas-monde reste un endroit d'imperfections et de limites. Et puis, ce qu'Allah ne nous accorde pas ici-bas, nous l'aurons *insha Allah* dans ce qui vient après la mort. Cette vie ne dure qu'un laps de temps court quand l'au-delà est éternel et parfait. Allah dit : **« Mais, vous préférez plutôt la vie présente, alors que l'au-delà est meilleur et plus durable. »** (sourate 87 verset 17). La foi joue un rôle prépondérant dans tous les compartiments de nos vies. C'est notre arme pour ne pas nous faire piéger par nos ego. C'est une lumière qui dévoile au grand jour la tromperie du trompeur, Allah dit : **« Ô hommes! La promesse d'Allah est vérité. Ne laissez pas la vie présente vous tromper, et que le grand trompeur (Satan) ne vous trompe pas à propos**

d'Allah! **»** (sourate 35 verset 5) . À travers la foi, vous apprenez à apprécier à sa juste valeur ce dont Allah vous a fait grâce, vous craignez de commettre l'injustice comme vous craignez de tomber dans l'illicite. Cet état d'esprit va vous permettre de profiter ensemble pleinement de ce qu'Allah vous a rendu licite par le mariage et d'en faire un argument en votre faveur au jour où vous le rencontrerez *insha Allah*.

11. GESTION DES CONFLITS

Première réalité : les conflits dans le couple sont inévitables. Celui qui se vante d'avoir un couple épanoui parce qu'il ne vit aucune dispute avec sa moitié cache quelque chose.

Seconde réalité : les conflits sont l'expression de vos manquements, qu'ils soient individuels ou collectifs. C'est l'occasion de se questionner sur sa manière de fonctionner.

Troisième réalité : parfois la dispute n'a rien à voir avec tout cela, c'est simplement un mauvais moment à passer. Donc aucune raison d'en faire une affaire d'état. Il suffit de laisser passer l'orage.

Quatrième réalité : le meilleur moment d'une dispute, c'est la réconciliation. Généralement la colère provoque un pic d'excitation. Et quel est le meilleur moyen d'exprimer cette excitation ? Certainement pas en laissant le conflit s'éterniser. Réconciliez-vous sous la couette !

Cinquième réalité : plus vous parlez, plus vous augmentez la probabilité de dire quelque chose de blessant. Une blessure met toujours un certain temps à cicatriser. Qui dit blessures, dit rancunes, et qui dit rancunes, dit terrain fertile pour les disputes à venir. Vous n'allez jamais vous en sortir. Conclusion : la gestion des conflits passe par la gestion de ses émotions et le contrôle de sa langue.

Sixième réalité : le meilleur est celui qui fait le

premier pas. Pas celui qui boude le plus longtemps. Encore moins le plus méchant. Il n'y a qu'à regarder le Messager d'Allah ﷺ pour se faire une idée du niveau de miséricorde dont vous devez faire preuve dans le couple.

Septième réalité : le diable n'a jamais été un bon conseiller. Il y a la réalité et ce qu'il veut vous faire croire. D'où le danger de se lancer dans des interprétations hasardeuses sur les intentions de l'autre. Tenez-vous en aux faits, et donnez plus d'importance à la parole de votre moitié qu'aux insufflations du diable.

Huitième réalité : rares sont les personnes à qui vous pouvez demander conseil. Il y a la facilité d'aller auprès de celles et ceux qui ont un parti pris pour vous, mais pour quels résultats ? Souvent les pires, malheureusement. C'est l'honnêteté qui prime, pas la complaisance.

Neuvième réalité : Vous n'avez pas toujours raison. Non, désolé. Vos perceptions de la réalité ne sont pas toujours les bonnes. Quand vous l'acceptez, la discussion devient tout de suite plus apaisée entre vous. Il y a beaucoup plus de retenue, moins d'accusations à tout va.

Dixième réalité : nous sommes des épreuves les uns pour les autres, et le meilleur n'est autre que le meilleur dans les actions. Si vous voulez sortir gagnant d'une dispute, rappelez-vous de cette réalité.

Je ne veux pas prendre de postures idéalistes sur le sujet, mais bien gérer ses conflits permet de faire durer le couple. L'excès de disputes fatiguent les esprits et effritent les sentiments. Pire encore quand le tout est rythmé par la rancune. « *Il y a huit ans tu m'as dit ceci* », « *la dernière fois tu m'as fait cela* », vous vous servez des menus de disputes avec rancunes, blessures, mauvaise opinion de l'autre en version XXL à tous les coups. Soyons honnêtes, on est tordus, hommes et femmes, on a des soucis de fierté, d'orgueil même. On aime avoir raison, on déteste porter la responsabilité du conflit, on s'aime parfois plus qu'on n'aime l'autre. On a énormément de difficulté à faire preuve d'empathie, on a souvent cette part d'égoïsme en nous. Ce ne sont pas forcément les meilleurs paramètres pour vivre une relation apaisée me direz-vous, et je le pense aussi. Du coup, quels ingrédients pourriez-vous mettre pour faire de ces conflits, des moments de vie anodins plutôt que des guerres nucléaires ?

La Miséricorde

Oui, ce mot est utilisé partout, il est beau, il exprime une idée magnifique, voire trop idéalisée pour nous, mais cette qualité est indispensable. Allah dit : **« *Il a mis entre vous de l'affection et de la miséricorde* ».** Si vos maîtres mots sont intransigeance, autoritarisme, rancune, ou reproche, ça va être compliqué, très compliqué. Allah a mis dans le couple de la miséricorde. Il faut pardonner, mais plus que ça, il faut fermer les yeux sur certaines petites fautes.

C'est ce qu'on appelle « *sabr wa ta<u>h</u>amoul* » c'est-à-dire patienter et supporter le tort des autres. Ainsi, vous vous évitez des disputes pour tout et pour rien. C'est épuisant de s'embrouiller à répétitions. Dans un monde idéal, la miséricorde serait la norme et la dispute, l'exception... dans un monde idéal. C'est là qu'entre en compte le pouvoir des habitudes. Au début du mariage, l'amour passionnel est omniprésent et vous fait relativiser ce qui sera plus tard source de conflits. C'est à ce moment qu'il faut bâtir des habitudes de communication entre vous, quand votre relation est encore tendre. Une habitude est une attitude à laquelle vous revenez naturellement, un peu comme un réflexe. Si cette habitude n'a pas été prise dès le départ, rien n'est perdu ! Nous sommes tous capables de changer ! Cependant, cela ne marche que si vous avez encore des sentiments positifs l'un pour l'autre. Si vous en êtes à vous détester, tout cela va vous demander un effort titanesque, voire impossible. La haine est l'opposée de la miséricorde. Il est évident qu'il ne faut pas attendre d'être au stade de la détestation pour tenter quelque chose parce qu'il est déjà trop tard.

La modération

Si vous n'avez pas de limites, que ce soit dans les paroles ou les actes, c'est cuit d'avance. La capacité d'absorption d'une personne est limitée. Si vous vous poussez dans vos retranchements, ça va exploser, c'est certain. Par contre, si vous arrivez à maintenir une limite que vous ne dépassez pas quand vous vous disputez, ce sera beaucoup plus simple de revenir par la suite. Imagine que le Messager d'Allah ﷺ a dit à Aïcha (qu'Allah soit satisfait d'elle) : *« Je sais quand tu es contente de moi et quand tu es fâchée contre moi. Et comment le sais-tu ? lui demanda Aïcha. Quand tu es contente de moi, tu dis : Non, par le Seigneur de Mouhammed ! Et quand tu es en colère contre moi, tu dis : Non, par le Seigneur de Ibrahim ! En effet, je ne délaisse que ton nom, fit Aïcha. »* (Al Boukhary 4930, Mouslim 2439). Voilà comment s'exprime le mécontentement de notre mère Aïcha (qu'Allah soit satisfait d'elle). Aujourd'hui les gens s'insultent ou se menacent. Certains humilient carrément l'autre. Où est passé le respect ? Où est la pudeur ? La pudeur est un produit de la foi, le Messager d'Allah ﷺ a dit : *« Celui qui n'a pas de pudeur qu'il fasse ce qu'il veut ».* Celui qui agit sans avoir honte de sa conduite devant Allah n'a donc aucune pudeur. Dans quel état est sa foi ? Alors oui, on entend souvent *« c'est de sa faute, c'est lui (ou elle) qui m'a poussé à... »* mais le fait que ta moitié dépasse les limites vis-à-vis d'Allah te permet-il de les dépasser aussi ? Non. Il figure même dans les caractéristiques de l'hypocrite le fait qu'il piétine toute justice et toute morale quand il est en litige avec quelqu'un, et il apparaît dans les qualités des croyants de rendre le mal par le bien. Le Messager d'Allah ﷺ a dit : *« Quatre défauts, celui qui les possède tous est un parfait hypocrite. Celui qui n'en a qu'un seul a l'une des caractéristiques de l'hypocrisie jusqu'à ce qu'il se débarrasse de ce défaut : (jusqu'à ce qu'Il* 🕌 *dise:) Quand il est en litige, il piétine toute justice et toute morale.* » (Riyad Salihin n°1543 rapporté par Al Boukhary et Mouslim).

On dirait que l'on agit parfois sans réfléchir au lendemain, comme s'il n'y allait pas avoir de suite après la dispute. Aimez et détestez avec modération. Pensez au jour d'après, quand la colère va retomber et que vous allez devoir faire face à tous les propos que vous avez tenus. Imaginez l'ambiance quand vous avez prononcé les pires paroles et que vous devez vous retrouver dans le même lit par la suite. Franchement, celui qui n'a pas de retenu n'a aucune chance de trouver la paix dans son foyer. Je ne parle même pas de la violence physique. Quand cette porte est ouverte, la violence risque de devenir la norme, et ce pour des motifs qui seront de plus en plus futiles. C'est tout le problème de la ténacité des mauvaises habitudes. Certains estiment que certaines femmes ne comprennent que ce « langage ». Vraiment ? Ou est-ce l'homme qui ne sait pas s'exprimer autrement que par la violence ? Il n'y a aucune source de la Révélation qui justifie de dire de certaines femmes qu'elles ne « comprennent que ce langage ». Par contre il est rapporté ceci : Aïcha (qu'Allah soit satisfait d'elle), épouse du Prophète 🕌, relate : « *Jamais le Messager d'Allah n'a levé la main sur quelqu'un, ni une épouse, ni un serviteur. La seule occasion (où il utilisait sa main contre quelqu'un) était lorsqu'il combattait pour la cause d'Allah (contre des combattants ennemis)* » (Mouslim, n° 2328, Abou Daoud, n° 4786). Voilà comment celui qu'Allah a choisi comme modèle pour l'humanité entière jusqu'à la fin des temps se comportait.

La personne qui ne sait pas retenir ses nerfs, qui n'a pas assez d'éducation pour modérer ses paroles et ses actes, doit se soigner spirituellement, psychologiquement, humainement, et doit intégrer un programme pour se réformer. Le caractère en dit long sur l'état spirituel d'une personne, et ce malgré la barbe ou le hijab et les autres signes extérieures de religiosité. Le Messager d'Allah ﷺ a dit : *« Parmi ceux d'entre vous que j'aime le plus et qui seront les plus proches de moi au Jour de la Résurrection, il y a ceux qui sont dotés des meilleurs caractères. (...) »* (rapporté par Attirmidhi)

Omar Ibn Al Khattab (qu'Allah l'agrée) a dit : *« Celui qui fait preuve de piété devant Allah n'assouvit pas sa colère. Celui qui craint Allah, ne fait pas ce qu'il veut. D'ailleurs, sans l'existence du Jour de la Résurrection, il y aurait d'autre chose que ce que vous voyez. »* (Ihya Ouloum Ad-dîn résumé de Ibn Qoudama p236)

D'autres tentent de légitimer leurs actes par le Coran. Ils te diront qu'Allah a dit : *« Et quant à celles dont vous craignez la désobéissance, exhortez-les, éloignez-vous d'elles dans leurs lits et frappez-les »*. Le terme en français est très approximatif, car il a une connotation tout à fait différente que ce qui est voulu en langue arabe. Jamais le terme arabe utilisé n'a eu le sens de « battre son épouse » ! Mais regardons ce que dit Ibn Abbas (qu'Allah soit satisfait d'eux) à ce sujet: « *Par le siwak (petit morceau de racine tendre dont on se sert pour se frotter les dents) ou quelque chose de semblable.* » (Tafsir Tabari n°9387). Sans compter la parole du Messager d'Allah ﷺ : « ***Ne frappez pas les servantes d'Allah*** ». Là tu vas me dire qu'il manque la suite du hadith, c'est vrai. Omar est venu voir le Prophète ﷺ pour lui signifier que « *les épouses se sont révoltées contre leurs époux.* ». À ce moment-là le Prophète ﷺ a autorisé de lever la main, dans certaines conditions, et d'une certaine manière (avec le siwak), comme expliqué par Ibn Abbas juste plus haut. N'en reste pas moins que son ordre premier demeure : « ***Ne frappez pas les servantes d'Allah*** », qu'exception peut être faite dans certains cas bien spécifiques et d'une manière qui l'est aussi. Il n'a jamais été question de gifler son épouse ou de la frapper comme tu frapperais quelqu'un lors d'une bagarre. L'interdiction formelle de toucher le visage ou de blesser la personne existe bel et bien en Islam. **L'objectif n'a jamais été de faire mal à l'autre mais d'avoir un geste de réprimande qui soit symbolique.**

Aujourd'hui la violence physique est malheureusement des deux côtés. Hommes et femmes qui n'ont aucune limite dans leurs réactions malgré leur appartenance à l'Islam. Sachez que les réactions extrêmes n'apportent que du désarroi, rien d'autre. C'est une maladie dont il faut se débarrasser par tous les moyens possibles, c'est un cancer pour votre couple. Avant d'en arriver aux extrêmes, il y a le dialogue, les tentatives d'arrangements, le conseil. Si vous vous prenez encore la tête, mettez de la distance entre vous, faites lit à part. Que chacun, avec la distance, se rende compte de l'importance de l'autre dans sa vie, et se rappelle que cette relation vaut la peine d'un certain nombres d'efforts et de compromis. Pourquoi tout cela existe ? C'est l'effet entonnoir, plus tu descends, moins il y a de situations qui justifient l'usage de l'autorité. À la fin, il n'y a que les cas extrêmes qui en arrivent à ce stade, c'est-à-dire le minimum. Mais si vous êtes deux personnes éduquées, il n'y a aucune raison d'en arriver à cela.

L'écoute

Imaginez la scène : Vous vous disputez, ta moitié et toi. Chacun criant à l'autre ses griefs. Vous ne vous écoutez pas, vous ne pouvez donc pas résoudre le problème. Et croire qu'avoir le dernier mot est synonyme de victoire est une terrible ânerie. Vous n'avez pas le choix, l'écoute est le seul moyen de sortir réellement du désaccord. Écouter pour comprendre, pas pour se défendre. Écouter sans parler ni interrompre l'autre, simplement l'écouter s'exprimer avec ses mots. Dans ces moments de tension, c'est un *djihadou nafs* (lutte contre soi-même) titanesque, c'est vrai. La bonne nouvelle c'est qu'ainsi vous vous donnez la possibilité de vous exprimer et d'opérer la désescalade. La mauvaise, c'est que vous allez froisser vos ego en acceptant ce que l'autre a à vous dire. Ça va piquer mais pour quels résultats ? Dès lors que vous vous sentez écoutés et compris, que vous avez dit ce que vous aviez sur le cœur, toute cette contrariété n'est plus en vous, la tension baisse forcément d'un cran. Tout ce qui n'est pas exprimé par des mots, s'exprimera par des maux. C'est bien connu.

Chacun ses sensibilités

L'un d'entre vous a besoin de prendre l'air ? Qu'il y aille. L'autre a besoin d'avoir du recul pour analyser le problème ? Qu'il le prenne. Vous ressentez le besoin de pleurer un bon coup pour évacuer vos émotions ? Pleurez. Nous n'avons pas tous les mêmes sensibilités ni la même manière d'exprimer notre désaccord. Certains sont des boudeurs. Pour rappel, il est arrivé que le Messager d'Allah ﷺ soit mécontent de son épouse et qu'ils ne se parlent pas toute une journée. De même qu'il est rapporté que certaines d'entre elles « boudaient » une journée entière. D'autres, parmi les gens, ne supportent pas que le conflit stagne, ils veulent régler la chose au plus vite. Certains haussent la voix, d'autres pleurent. Bref, chacun ses sensibilités.

Quand vous êtes frustrés par une situation, vous n'avez pas besoin que votre moitié en rajoute une couche en critiquant votre manière de l'exprimer. Apprenez à vous connaître l'un l'autre, décodez vos modes de fonctionnement, les tiens et ceux de ta moitié, sinon l'écoute est impossible. L'empathie (*capacité de s'identifier à autrui dans ce qu'il ressent*) est plus que nécessaire. La tolérance (*attitude qui consiste à admettre chez autrui une manière de penser ou d'agir différente de celle qu'on adopte soi-même*) est obligatoire. Comprenez le langage pour saisir le message. Si vous vous arrêtez à des « *tu ne fais que pleurer* », « *t'es toujours en train de crier* », « *tu t'énerves tout le temps* », vous n'accéderez malheureusement jamais à l'origine du problème, donc jamais à la solution. Et puis, quand vous vous empêchez d'exprimer vos sentiments de la manière qui vous convient, vous créez une impression d'étouffement, ne soyez pas étonnés que tout cela vous explose en pleine figure par la suite.

Ne pas laisser les plaies s'infecter

Il paraît plus pratique de cacher la poussière sous le tapis, de jouer de son autorité pour mettre fin à une discussion soûlante pour retrouver au plus vite une sensation de tranquillité. Pour beaucoup d'hommes, la chose la plus contrariante du conflit c'est qu'il brise leur tranquillité. En caricaturant un peu ça donnerait : « *Je rentre du travail, fatigué, j'ai juste envie de me poser, de trouver un peu de sérénité et là...tu viens avec tes problèmes, tes revendications et tes mécontentements. Moi la seule chose que je vois, c'est que tu vas rajouter de la fatigue à ma fatigue* ». Cette réflexion n'est pas illégitime en soi, mais elle ne prend pas en compte un paramètre important : l'état émotionnel de ta moitié. Pour les hommes dominants, tout sera réglé par un petit coup de pression et quelques pleurs ou du mécontentement de la part de l'épouse. Ont-ils pour autant résolu un quelconque problème ? Pas du tout. C'est plutôt le contraire. Ils ont fermé la porte du dialogue et de l'écoute. Conclusion ? Si l'épouse ressent le besoin d'être écoutée, elle devra chercher ce sentiment ailleurs. Pas auprès de son époux. Amies, famille, voisinage, réseaux sociaux vont compenser ce que l'époux n'a pas su donner, mais pour quels résultats ? On sait tous les dégâts que font les mauvais conseils dans un couple.

Mon frère en Islam, si tu es fatigué le jour où ton épouse vient te parler, rattrape le coup le lendemain, et fais le premier pas en relançant toi-même la discussion. Elle verra ainsi que tu es attentif à ce qu'elle ressent. Elle sera aussi plus encline à patienter lorsque tu seras fatigué. Pose des actes concrets. Les promesses soulagent sur le moment, mais si elles ne sont pas tenues, tu ne fais que déplacer le problème dans le temps. Si le conflit est désagréable aujourd'hui, il le sera aussi demain. Encore une fois, cacher la poussière sous le tapis n'est pas une solution.

Ma sœur en Islam, ce cas de figure est aussi valable pour les épouses. Quand ton mari vient se plaindre alors que tu es fatiguée par ta journée, ne te contente pas de retourner la situation avec des « *t'as vu la journée que j'ai eue, tu ne peux pas penser un peu aux autres ?* » et par la suite pester contre ses silences et ses prises de distance avec toi.

Ne considérez jamais l'abandon de votre moitié comme une victoire. Certains, voyant que ce n'est pas le bon moment pour dialoguer, s'entêtent malgré tout, ne lâchent rien et finissent par arracher une victoire apparente par l'obtention d'un échange forcé. Quand l'un d'entre vous renonce par lassitude, ça n'augure rien de bon. Là encore, les blessures que cela occasionnent sont bien réelles et ressortiront tôt ou tard, à plus ou moins grande échelle. Attention, ces démissions lors de conflits ne sont pas des signaux positifs. Il faut avoir un minimum de flexibilité des deux côtés pour préserver l'envie d'échanger. Se comporter en dictateur n'augmentera en rien la confiance que vous vous accordez, au contraire.

Les querelles tournent généralement en faveur de celui ou celle qui a le dernier mot. Avoir le dernier mot signifie-t-il pour autant avoir raison ? L'un d'entre vous aura peut-être gagné la bataille de l'éloquence, mais votre problème est-il résolu ? La plupart du temps, non. L'autre est soumis au silence parce qu'en manque d'arguments mais qu'en est-il du grief qui a été à l'origine de votre dispute ? Qu'en est-il du sentiment de sécurité que chacun doit ressentir dans le couple ? Qu'en est-il de l'état de la confiance entre vous ? Avoir la meilleure éloquence, ou la meilleure argumentation ne te garantit pas d'avoir raison. Cela ne fait pas non plus de l'autre le seul responsable du conflit. C'est ce qui arrive quand l'un argumente mieux que l'autre, la discussion se termine par des « *tu vois, le problème vient de* toi ! » ou « *tu t'inventes des problèmes, tu vois bien* ». Le Messager d'Allah ﷺ a dit : ***« Je ne suis après tout qu'un être humain et vous venez m'exposer vos litiges. Or, il se peut que l'un de vous soit plus habile que l'autre à avancer ses arguments. Je juge donc en sa faveur selon ce que j'entends. Celui à qui une sentence accorde à tort le droit de son frère, je ne fais là que lui accorder un morceau de l'enfer. »*** (Riyad Salihin n°219, rapporté par Mouslim et Al Boukhary). Il n'y a pas de paix tant qu'il y a de l'injustice. Vous aurez beau avoir les meilleures punchlines, tant que le sentiment d'injustice persistera, vous n'aurez rien régler. Encore une fois l'objectif est la préservation de votre couple, pas d'avoir le dernier mot. Une plaie qui s'infecte provoque bien plus de dégâts qu'un petit bobo. Alors pardonnez-vous. Chaque soir couchez-vous avec un cœur libéré de la rancune et levez-vous capable de porter sur votre moitié un regard neuf. En vouloir à quelqu'un demande de l'énergie, accapare l'esprit, et fait faire des actes qui ne rapprochent pas du but ultime qu'est le Paradis. N'y a-t-il pas des moyens plus fructueux d'exploiter votre temps de vie en ce bas-monde ? On sera d'accord sur la réponse, même si dans vos esprits il y aura peut-être des « oui, mais... ». Avoir les bonnes attitudes est un choix à faire. À vous de le faire.

LE DIVORCE

Encore une fois, il ne s'agit pas d'aborder le côté législatif du divorce en Islam. Nos savants (qu'Allah les honore) ont traité ces sujets et la littérature est très détaillée par la grâce d'Allah. Ceci étant, à l'image de beaucoup d'autres domaines, nous apprenons les *« houkms »*, les règles du licite et de l'illicite, mais nous oublions souvent d'apprendre la philosophie, la sagesse et l'éthique qui les accompagnent. En ce qui concerne la finance par exemple, beaucoup de gens s'interrogent sur ce qui est licite ou pas d'un point de vue *« char'an »* (législatif) mais ne s'interroge pas (ou très peu) sur l'éthique islamique, sur la philosophie qui accompagne normalement chaque décision du croyant. Tant et si bien qu'on se retrouve parfois à vivre comme de vrais petits capitalistes, drogués à la consommation, en quête de *« kiffer la vie »* sans se soucier des retombées de tels comportements sur l'ensemble de l'humanité (course à la richesse, injustices sociales, écologie...) avec comme passe partout : *« oui mais c'est halal (licite) »*. Idem en ce qui concerne l'alimentation. Tant que c'est *« halal »* c'est bon. Est-ce-que c'est de la mal bouffe ? Peu importe, c'est *« halal »* on t'a dit ! L'Islam, ce n'est pas un ensemble de règles sans vocation. Les enseignements Prophétiques ne sont pas une compilation de *ahadiths* sans objectifs. Il nous a aussi légué un état d'esprit, une philosophie de vie, des valeurs. L'Islam enseigne la modération, interdit le gaspillage, éduque l'être humain pour qu'il soit plus dans l'être que dans l'avoir. Il encourage la générosité, interdit l'injustice, met comme signe d'une foi parfaite le fait de vouloir pour son frère ce que l'individu veut pour lui-même. Il appelle également à vivre un certain détachement face aux choses matérielles par le souci de ce qui vient après la mort...

Aujourd'hui beaucoup ne vivent le *dîn* qu'à coup de *fatwas*. Le divorce n'échappe pas à la règle. On assiste même à la parution d'ouvrages dont l'objectif est de dédramatiser le divorce et d'aider les femmes à « réussir leur divorce ». Le premier argument pour présenter le divorce est évidemment le fait qu'il est permis, *halal*, Allah ne l'a pas interdit. En soi, il n'y a rien de faux là-dedans. Mais comme dans beaucoup de cas, ce qui est dit est vrai, ce qui est sous-entendu l'est beaucoup moins... Il n'y a aucune banalité dans le divorce. Se séparer de sa moitié ne doit pas être vécu comme le fait de changer de paire de chaussettes. L'injonction : *« Et craignez le jour où vous serez ramenés vers Allah. Alors chaque âme sera pleinement rétribuée de ce qu'elle aura acquis. Et ils ne seront point lésés. »* (sourate 2 verset 281) reste valable dans le divorce. Personne ne doit s'imaginer qu'il peut se défaire de son engagement et qu'il ne sera pas interrogé là-dessus. C'est cette banalisation du divorce qui revêt à mes yeux un caractère particulièrement inquiétant. Nous vivons dans des sociétés de consommation. On achète, on utilise, on jette puis on rachète quelque chose de nouveau. Nos sociétés ne représentent pas seulement l'abondance, mais l'excès. Le gaspillage est selon certains spécialistes le fléau de notre ère. Cette surabondance a développé le côté capricieux de l'individu, qui est toujours plus exigeant, ingrat et insatisfait. Exigeant car trop gâté pour apprécier à sa juste valeur ce qu'Allah lui donne. Ingrat car il s'imagine que le bienfait n'est qu'un dû. Insatisfait car ce qui est acquis n'est plus à convoiter, ainsi il s'ennuie et n'a pas d'autre choix que de convoiter à nouveau pour se sentir vivant... Nous sommes également les enfants de l'immédiateté, du très court terme, du « tout et tout de suite ». La patience est une notion devenue étrangère, le plaisir est divinisé. Tout ce qui demande un effort est proscrit, tout ce qui fait mal à l'ego est diabolisé. C'est ainsi que certains définissent la liberté : laisser libre court à toutes leurs pulsions sans règle, ni éthique, ni quoi que ce soit d'autre.

Pourquoi est-ce-que je vous parle de cela ? Parce que vous êtes vous aussi les enfants de ces sociétés. La nature de vos relations est polluée par tout cela. Mais nous sommes musulmans me direz-vous. C'est vrai, Allah dit : *« Ô les croyants! Entrez pleinement dans l'Islam, et ne suivez point les pas du diable, car il est certes pour vous un ennemi déclaré »* (sourate 2 verset 208) Qu'en est-il réellement ? Jusqu'où êtes-vous entrer dans l'Islam ? Rappelez-vous ce qu'Allah a répondu aux bédouins qui se sont prétendus croyants : *« Les Bédouins ont dit: «Nous avons la foi». Dis: «Vous n'avez pas encore la foi. Dites plutôt: Nous nous sommes simplement soumis, car la foi n'a pas encore*

pénétré dans vos cœurs. » (sourate 49 verset 14). Nous sommes musulmans, *al hamdoulillah* ! Mais chacun agira suivant son niveau de foi, de science, de piété réelle. Quoi qu'il en soit, c'est cette barrière de la piété que l'ego souhaite faire sauter en se cachant derrière le *« c'est licite »* ou *« j'ai le droit »* pour divorcer pour un steak trop cuit ou une parole désobligeante. C'est tout de suite plus simple que d'avoir à patienter, de lutter contre le mal qu'il y a en soi, ou d'aider l'autre à grandir. C'est plus facile que de réparer ce qui peut encore l'être. Parce que tout cela nécessite un effort, du temps, de la patience, ce que le modèle de société dans lequel vous vivez ne met pas en valeur. Aujourd'hui, c'est simple, ça ne va pas ? *« Next, la vie est trop courte pour se prendre la tête. »*. Dans son article sur le sujet, cheikh Anas Ahmed Lala rappelle ceci : *« C'est bien ce que Ibn Hajar a mis lui aussi en exergue en détaillant plusieurs catégories de divorces :* **juridiquement valables, certains divorces n'en sont pas moins, sur le plan moral, mauvais (mak'rûh) :** *ainsi en est-il, dit Ibn Hajar, du divorce auquel on a recours sans raison (sérieuse)* (Fath oul-bari,9/429) »(https://www.maison-islam.com/articles/?p=221). C'est ce dont je parlais juste avant. Cette mentalité d'user du divorce pour tout et pour rien en prétextant de *« j'ai le droit »*. C'est ce phénomène qui m'inquiète. Quand la foi n'est pas au top dans les cœurs, la tendance à utiliser les règles religieuses pour satisfaire ses envies est malheureusement prépondérante.

Comment considérer le divorce ?

Comme le bouton rouge de la bombe atomique. C'est-à-dire comme le dernier recours après lequel tout ne sera jamais plus comme avant. Et comme moyen de dissuasion. Ainsi chacun sait que les actions des uns et des autres ne sont pas sans conséquence et qu'il existe un scénario où tout peut s'arrêter. Si le divorce était interdit, vous pourriez vous dire que quoi qu'il arrive, vous n'avez pas le droit de vous quitter, alors peu importe votre manière d'agir c'est du pareil au même. C'est pour ça que je parle de moyen de dissuasion. Ensuite, le divorce met fin au couple, à la structure familiale des enfants s'il y en a, c'est la destruction de toutes les fondations que vous avez bâties, de votre histoire commune. C'est pour cela que je parle de dernier recours après lequel plus rien ne sera comme avant.

En clair, si vous êtes sincères vis-à-vis d'Allah dans votre mariage, le divorce se trouve à la toute fin des solutions qui vous sont offertes. Avant d'y arriver, vous aurez exploité toutes les options, essayé tous les arrangements, travaillé dur sur vous. Vous vous serez accordés du temps pour trouver un équilibre et un rythme de croisière. Et comme pour l'arme nucléaire, aucun d'entre vous ne joue avec le divorce impunément. On n'appuie pas sur le bouton juste pour s'amuser ou voir comment l'autre réagit. Brandir la menace du divorce à tout va maintient un sentiment d'instabilité usant dans le couple. N'utilisez jamais le divorce comme un moyen de pression ou un outil de chantage. C'est pour éviter cela qu'Allah l'a limité à trois. Celui qui dépasse cette limite ne peut plus revenir vers son épouse.

Quand le divorce se justifie-t-il ? Dans son article cheikh Anas cite encore Ibn Hajar en ces termes : « *Par contre, poursuit-il, il existe d'un autre côté le divorce devenu nécessaire : c'est celui auquel on a recours quand les conjoints ne s'entendent plus du tout et que la commission de réconciliation prévue par le Coran préconise la séparation (Fat'h oul-bari, 9/429)* ». Quand toutes vos tentatives ont échoué, que l'ambiance entre vous est asphyxiante, que les conflits ne sont plus l'exception mais la norme, que vos droits sont bafoués à répétition, que la situation est clairement invivable, qu'il y a au final plus de mal que de bien à rester dans cette union, Allah vous a donné une porte de sortie qu'est le divorce.

Comment gérer le divorce ?

Dans le mariage comme dans le divorce, Allah nous appelle à agir avec piété, c'est la base. Allah dit dans l'un des versets qui parle du divorce : « ***Voilà les ordres d'Allah. Ne les transgressez donc pas. Et ceux qui transgressent les ordres d'Allah ceux-là sont les injustes.*** » (sourate 2 verset

229). C'est tout le problème. Quand tout va bien, les discours sont mielleux, vous vous promettez plein de belles choses, mais dès que ça se gâte, les belles promesses se métamorphosent en menaces et coups bas. Certain(e)s se mettent à agir avec l'intention de faire du tort à l'autre par vengeance ou crispation, en refusant de faire le nécessaire pour changer, tout en refusant aussi de divorcer. Allah dit : *« Et quand vous divorcez d'avec vos épouses, et que leur délai expire, alors, reprenez-les conformément à la bienséance ou libérez-les conformément à la bienséance. Mais ne les retenez pas pour leur faire du tort, vous transgresseriez alors et quiconque agit ainsi se fait du tort à lui-même. Ne prenez pas en moquerie les versets d'Allah. Et rappelez-vous le bienfait d'Allah envers vous, ainsi que le Livre et la Sagesse qu'Il vous a fait descendre; par lesquels Il vous exhorte. Et craignez Allah, et sachez qu'Allah est Omniscient »* (sourate 2 verset 231). La prise d'otage n'est pas, et ne sera jamais une solution. Le chantage affectif par les enfants non plus. Comment assumer de tels comportements au Jour du Jugement devant le Seigneur des Mondes ? Comment oublier toute éthique et toute piété dès lors que l'on est en conflit avec quelqu'un ? Dans quel état est votre foi quand vous agissez de cette façon ?

Si vous êtes amenés à vous séparer, c'est dans le but de continuer à avancer vers Allah. Celui ou celle qui respecte les Ordres d'Allah ne sera jamais « une victime » ou « une bonne poire », au contraire. Celui ou celle qui garde sa clairvoyance, ne tombe pas dans les pièges de son ego et ne se laisse pas bercer par les promesses mensongères du diable. Vous ne pouvez que ressortir grandis de telles épreuves quand c'est votre manière de faire. Allah dit : *« Celui qui a créé la mort et la vie afin de vous éprouver (et de savoir) qui de vous est le meilleur en œuvre, et c'est Lui le Puissant, le Pardonneur »* (sourate 67 verset 2). Allah nous appelle à la grandeur d'âme dans tous les aspects de notre existence, y compris les moments douloureux, en nous rappelant que notre manière d'agir aujourd'hui déterminera notre situation dans toutes les étapes qui viennent après la mort.

Lors de divorces, on peut ressentir une terrible sensation d'échec. Pas simple à assumer c'est vrai, cette impression de culpabilité, ces regards arbitraires de la famille, de l'entourage ou les reproches des uns et des autres. Malgré tout, celui ou celle qui a agit avec piété n'a *insha Allah* rien à se reprocher. Quand le divorce est prononcé pour des raisons qui le justifie, il n'y a aucune culpabilité à ressentir. Le sentiment d'échec lui est naturel. Il faut arrêter avec tous ces discours de coachs qui jurent que le jour de la séparation est un jour de fête. Même si vous avez souffert dans votre couple, il y a un sentiment d'échec et il est naturel pour une raison tout à fait logique : Si vous vous êtes investis des années durant dans un projet, c'est parce que vous y avez cru. Toute cette énergie, ce temps, votre santé, ces sentiments, tout cela n'a jamais eu pour vocation le divorce. Vous n'avez jamais espéré que tout se casse la figure, c'est évident ! Il y a une citation qui dit : « *Il n'y a pas de réussite ou d'échec, de victoire ou de défaite, mais quelque chose qui s'appelle le devoir. J'ai fait de mon mieux.* ». Ce doit être votre état d'esprit *insha Allah* après un divorce. Vous avez fait de votre mieux ! Il faut apprendre de ses expériences, comprendre ce qui a fait basculé votre couple pour *insha Allah* ne pas reproduire les mêmes schémas. Sincèrement, les gens qui se réjouissent d'un divorce comme on se réjouit d'une naissance m'inquiètent au plus haut point. Soit ils sont dans un détachement qui n'augure rien de bon pour leurs prochaines relations. Soit ils sont enfermés dans un déni qui fait d'eux de véritables bombes émotionnelles à retardement, qui sait quand et avec qui elles vont exploser.

À l'inverse, ne faites pas porter toute la responsabilité de votre rupture à votre ancienne moitié, à coup de « *moi, je n'ai rien à me reprocher* », « *c'est de son entière responsabilité, moi j'ai toujours tout fait pour que ça fonctionne* », « *c'est un(e) pervers(e) narcissique* », « *il ou elle n'a pas guéri ses blessures antérieures, alors que moi j'ai travaillé sur moi* »... Je pourrais en écrire une page entière... Malheureusement tout cela est faux. Vous êtes tous les deux responsables de cette rupture. Même s'il est beaucoup plus aisé de voir ce qui ne va pas chez l'autre, la vérité est que la personne réagit aussi suivant ce que vous lui proposez. En clair, c'est l'alchimie entre vos deux personnalités qui a échoué. Il n'y a pas forcément un gentil et un méchant, une victime et un bourreau. Il y a juste deux âmes qui ne peuvent plus vivre ensemble, deux êtres qui n'ont pas réussi à tirer le meilleur de leur relation. Qu'est-ce-que ça veut dire ? Que la vérité d'aujourd'hui n'est pas forcément celle de demain. Vous pourrez très bien par la suite, rencontrer des personnes avec qui ça va coller *insha Allah*. Celui ou celle qui a divorcé n'est pas un diable, ou une personne à fuir. Ces stéréotypes ont la vie dure au sein de la communauté, mais encore une fois, si le divorce était la seule option possible, les divorcés, hommes et femmes, n'ont pas à subir de discriminations. En revanche, lors d'une *mouqabala*, il est important de savoir pourquoi la personne a divorcé, dans quelles conditions, au bout de combien de temps. Cela aidera à démasquer ces gens (malheureusement ce sont souvent des hommes) qui jouent avec le mariage et enchaînent ainsi les « conquêtes ». Les mariages de quelques mois, qui plus est à répétition, n'augurent rien de bon. Ça transpire l'instabilité, l'imprévisibilité et autres facteurs dont il faut se méfier. La transition est toute faite pour aborder le sujet qui vient *insha Allah* : le choix du (ou de la) prétendant(e)...

CHOISIR SON (SA)PRETENDANT(E)

Comment s'y prendre pour éviter de se tromper ?

On pourrait penser que je vais te donner des conseils pour déceler chez l'autre tout ce qui ne va pas. C'est un sujet important à n'en pas douter. Cependant, j'aimerais commencer par parler de toi avant de parler de l'autre. Pourquoi ? Parce que les choix que tu fais sont avant tout les tiens ! S'il y a donc quelqu'un à observer en premier lieu, c'est bien toi.

Les actes ne valent que par leurs intentions

Cette parole du Messager d'Allah ﷺ est archi connue : **« *Les actions ne valent que par les intentions et la personne obtient ce qu'elle a eu comme intention. Celui qui a émigré vers Allah et son Prophète alors son émigration est pour Allah et son Prophète. Et celui dont l'émigration est pour obtenir quelque chose de la vie d'ici-bas ou pour se marier avec une femme alors elle est pour la chose qui l'y a poussé.* »** (Rapporté par Al Boukhary dans son

Sahih n°6689 et Mouslim dans son Sahih n°1907). Tu me vois venir, la première des questions est celle qui va interroger ta motivation. Avec quelle intention entreprends-tu le mariage ? Oui, c'est important de définir au préalable sa véritable motivation, parce qu'elle révèle ce que tu peux dissimuler par des prétentions tout à fait nobles. Ce qui m'intéresse ici, c'est non seulement la VRAIE RAISON qui te pousse au mariage, et les vraies raisons qui t'orientent vers telle ou telle personne. Les véritables motivations au mariage peuvent être nombreuses. Celle qui prime est de vouloir en faire un moyen de réussite ici-bas et dans l'au-delà. Avoir une telle intention n'enlève en rien les bénéfices inhérents au mariage, la vie c'est le *dîne* et le *dîne* c'est la vie. Tout acte pratiqué en y respectant la législation d'Allah à la manière de Son Messager ﷺ est un moyen de se rapprocher d'Allah. Dès lors, c'est un peu comme joindre l'utile à l'agréable.

On est attiré par ce qui fait sens en nous. En ce qui concerne les vraies raisons qui t'orientent vers une personne plutôt qu'une autre, je vais éclaircir mon propos en prenant des exemples certes caricaturaux mais suffisamment explicites : un homme motivé par une pression sexuelle forte, pourra cacher cette réalité derrière des prétentions religieuses, mais au moment de faire son choix, il tendra spontanément vers la personne qui lui paraîtra répondre à ses envies. Celle-ci n'étant pas forcément ni la plus pieuse, ni celle dont le caractère lui correspond le mieux. Ce n'est qu'après l'assouvissement de ses besoins, qu'il va commencer à voir la personne telle qu'elle a toujours été. Lui croira à une découverte, à un changement, alors que ce sont ses envies qui l'ont aveuglé. Une femme motivée par des critères purement physiques ou sociaux fera des choix guidés par ceux-ci, même si elle prétend chercher *« un frère dans le dîne qui va la booster dans sa spiritualité »*. Au moment de faire son choix, la réalité de sa motivation va orienter sa décision. Combien de sœurs admirent au fond d'elles les « *bad guys*» et sont attirées par ce type de personnes, sérieusement « *borderline* », à la vie un peu chaotique. Puis une fois mariées, ne cessent de se plaindre de l'indiscipline du mari, de son inconstance ou de son agressivité. Combien de frères sont charmés par des femmes qui n'ont encore rien acquis de la religion ou très peu, et qui se disent que le temps fera le travail. Qu'en est-il après quelques années de mariage, quand aucun changement n'a eu lieu ?

Tout le monde aspire à avoir quelqu'un dans « *le dîne* » dans sa vie, mais est-ce vraiment le cas ? Veux-tu réellement d'une personne qui te motive au bien, qui t'encourage à jeûner, qui te réveille la nuit pour prier, qui te reprend si tu te laisses aller face aux interdits d'Allah ? Veux-tu réellement de quelqu'un qui est détaché de ce bas-monde et ne cherche pas à en faire son Paradis, qui ne suit pas la masse des gens, qui ne voit pas votre valeur dans l'avoir mais dans la foi et les bonnes actions ? Veux-tu de quelqu'un de jaloux vis-à-vis de ta pudeur, sachant que tous ces points risquent fortement de froisser ton *nafs* ? Nombreuses sont les personnes qui veulent quelqu'un dans « *le dîne* » tant que cela ne contrarie pas leurs vrais objectifs. C'est tout le problème. Ce sont ces vrais objectifs qui dictent tes décisions. Beaucoup choisissent ce qui est confortable pour l'ego plutôt que ce qui est réellement profitable. L'épanouissement ne se trouvant pas sur le chemin des caprices de l'ego, mais sur celui de l'effort et de la discipline, tu es face à un dilemme cornélien. Un sage a dit : « *La passion transforme les rois en esclaves et la patience transforme les esclaves en rois* ». Lequel des deux chemins vas-tu emprunter ? Imagine la situation quand certaines des épouses du Messager d'Allah ﷺ ont demandé un peu plus de biens matériels et qu'elles se sont retrouvées avec un choix à faire qui était très simple dans la formulation mais extraordinairement important d'un point de vue de leur relation à Allah. Allah dit : *« Ô Prophète! Dis à tes épouses: «Si c'est la vie présente que vous désirez et sa parure, alors venez! Je vous donnerai (les moyens) d'en jouir et vous libérerai (par un divorce) sans préjudice. Mais si c'est Allah que vous voulez et Son Messager ainsi que la Demeure dernière, Allah a préparé pour les bienfaisantes parmi vous une énorme récompense. »* (sourate 33 verset 29 et 30). Qu'a répondu notre mère Aïcha (qu'Allah l'agrée), quand le Messager d'Allah ﷺ lui a fait cette proposition ? Elle a choisi Allah, Son Messager et la demeure dernière sans sourciller et avec une très grande fermeté ! Il en a été de même pour toutes ses autres épouses (qu'Allah soit satisfait d'elles). Elles savaient clairement ce qu'elles voulaient, où était leur bien, et étaient prêtes à en payer le prix !

Quand tu choisis une personne pour partager ta vie parce qu'elle représente ce qui est le plus confortable à ton *nafs*, tu ne t'inscris clairement pas dans une démarche de progression. C'est même l'inverse qui risque de se produire. Au lieu de vous tirer vers le haut, vous n'allez que vous maintenir dans vos travers, tout en vous vantant d'un semblant de religiosité. « *Les gens se distinguent par leurs ambitions, pas par leurs apparences* » disait Ibn Al Qayyim. Ce doit être un principe fort en toi si tu souhaites faire des choix pertinents par la permission d'Allah.

Dans d'autres cas, il est possible qu'Allah mette dans ta vie une personne qui va être ton équilibre. Je m'explique : quand tu es par exemple quelqu'un de froid, très peu enclin à faire des câlins, Allah peut mettre dans ta vie une personne à l'exact opposé. De là, deux scénarios sont possibles, soit tu t'inspires de ta moitié, soit tu combats ce qui est pour toi une étrangeté. Dans le cas numéro un, vous vous enrichissez mutuellement de vos différences, vous gommez par la compagnie de l'autre certains de vos travers, vous équilibrez vos excès et du coup, vous grandissez en tant que croyants. Cette situation n'enlève donc rien au verset illustrant le mariage comme source de bonté, d'amour et de tendresse. Dans l'autre scénario, vous rentrez dans une guerre d'ego stupide et destructrice. Là encore, vos choix vont dépendre de vos objectifs réels. Si c'est ton ego qui pilote ta vie, tu n'accepteras pas que quelqu'un puisse participer à ta correction. Tu tendras vers une personne « plus gentille », ce qui signifie ici plus laxiste face aux caprices de ton ego, celui-ci n'aimant pas être contrarié. Tu n'accepteras pas que l'autre te challenge dans le bien, parce-que l'ego est orgueilleux. Résultat des courses ? Des divorces dans la plupart des cas, avec des discours diabolisants l'autre parce-qu'il (ou elle) n'a pas satisfait les attentes placées en lui (ou en elle). Mais dans ce cas, le mauvais choix est-il d'avoir accepté telle ou telle personne en mariage ou d'être soumis aux caprices de son *nafs* ? La réponse est évidente, la solution aussi : éduquer son âme !

En conclusion je dirais que tout part de l'intention avec laquelle tu fais les choses. C'est à mes yeux le premier critère auquel tu dois être attentif si tu souhaites éviter de faire des choix que tu vas regretter tôt ou tard. Yahya Ibn Kathir (qu'Allah lui fasse miséricorde) a dit : *« Apprenez ce qu'est l'intention, elle est plus importante que l'action »*.

De bonnes fondations pour de bonnes relations.

Nous parents, sommes très concentrés sur le devenir professionnel de nos enfants. On veut qu'ils soient diplômés, qu'ils brillent en société, que leurs vies matérielles soient confortables. Et ce n'est pas un mal en soi, nous sommes d'accord. Sommes-nous aussi investi quand il s'agit de les former à être des pères, des maris, des mères et des épouses ? C'est pourtant notre rôle, notre responsabilité auprès d'Allah. Le Messager d'Allah ﷺ a dit : *« La meilleure chose qu'un parent peut offrir à son enfant c'est une bonne éducation. »*. Le diplôme ne fait malheureusement pas les qualités humaines. Le statut social n'est malheureusement pas gage de réussite dans le couple, ni même dans la vie de manière générale. L'éducation c'est leur apprendre la politesse et le respect, mais pas que. C'est aussi veiller à leur instruction religieuse. C'est veiller à leur donner le Messager d'Allah ﷺ comme modèle. Parce que oui, les gens calquent les comportements de ceux qu'ils ont érigé en exemple. Allah nous dit à tous, quelle que soit l'époque, peu importe l'endroit, sans distinction de sexe, d'âge ou de rang social : *« En effet, vous avez dans le Messager d'Allah un excellent modèle à suivre »*. Si ce point manque dans l'éducation que l'on donne à ses enfants, c'est avec un handicap immense qu'ils vont affronter les mers tumultueuses de la vie. Quand ils vont vivre des situations qui les bouleversent, dans quel mode de vie vont-ils puiser des réponses à leurs questions ? Celui vendu par Hollywood, par l'industrie de la musique et de la mode ? Celui vendu par l'idéologie matérialiste ? J'entends souvent qu'il faut vivre avec son temps, sous-entendu qu'il faut se soumettre à des valeurs et des modèles qui ne nous correspondent pas, juste parce qu'ils font partie du modèle dominant. Non, non, non, les calculs ne sont pas bons. Il y a des choses qui méritent qu'on s'investissent pour elles, quitte à être un ovni aux yeux de la masse. S'attacher à notre religion en fait partie.

Pour en revenir à notre sujet, la manière dont tu as été forgé, va déterminer les choix que tu vas faire. Et comment veux-tu que ceux-ci soient pertinents quand tes modèles viennent du cinéma et de la chanson ? Comment éviter les erreurs quand tu n'as pas été formé à les reconnaître ? Quelles sont les fondations sur lesquelles reposent ta lecture du monde ? Dans une société qui glorifie le paraître et l'éphémère, es-tu capable de penser en dehors de la boite ? As-tu suffisamment de culture (science religieuse et profane) pour porter un regard critique sur ce que tu as vécu et sur ce que tu vis ? Dans mon livre « DEVIENS » je parle de logiciel d'analyse et de réflexion quand je fais référence à tout ce qui a construit ta manière de concevoir les choses et de définir les mots. Pose-toi par exemple la question de savoir comment tu définis la réussite. Étant tous portés à l'obtenir, cela te permettra d'y voir plus clair sur le chemin que tu vas prendre, et par ricochet les choix que tu vas faire *insha Allah* (dont celui de la personne qui va partager ta vie). Tu peux aussi t'interroger sur ta conception du couple, du rôle de l'homme et de la femme puis établir un comparatif entre celle-ci et l'exemple légué par le Messager d'Allah ﷺ. Pourquoi est-ce important ? Parce-que « *celui qui détient de mauvaises informations prendra toujours de mauvaises décisions* » (Colbert). Et celui qui ne définit pas les mots et les concepts à travers le Coran et la Sounna, détiendra toujours des informations tronquées...Qu'en sera-t-il de ses décisions ? Allah dit : **« Et quiconque soumet son être à Allah, tout en étant bienfaisant, s'accroche réellement à l'anse la plus ferme. La fin de toute chose appartient à Allah. »** (sourate 31 verset 22). Tu cherches de la pertinence dans tes choix, accroche-toi à l'anse la plus solide par ta soumission totale à Allah.

Les gens ne se connaissent pas. Ils ont beaucoup de mal à porter un regard extérieur sur leur propre personne, et c'est tout à fait compréhensible, car l'exercice est délicat et fastidieux. Pourtant, toute personne qui chemine vers Allah passe par des phases d'introspection. Chaque jour, elle se demande des comptes à elle-même. Chaque jour elle observe les exemples laissés par les pieux de cette communauté, afin d'avoir une idée du chemin qui lui reste à parcourir. Elle tient compagnie à ceux qui l'ont précédée dans cette démarche, de près ou de loin, que ce soit en suivant leurs enseignements, en lisant leurs livres ou en étant présente physiquement auprès d'eux. Et plus tu es adeptes de ces pratiques, plus tu te découvres. Tu finis par ressentir ton *nafs* (ego) quand il se manifeste. Tu te connais dans l'aisance, dans la difficulté. Tu sais quelles sont tes faiblesses et les situations dans lesquelles tu dois être particulièrement vigilent. Tu es conscient du travail que tu dois réaliser sur toi, qualité par laquelle Allah t'en accorde une autre : l'humilité. Celle-ci étant la clé de l'authenticité, et donc de la clairvoyance. Plus tu es clairvoyant sur ton état, plus tes choix seront perspicaces par la permission d'Allah. L'autre bienfait qu'Allah t'accorde à travers la clairvoyance, est la prise de conscience de tes besoins. Ainsi tu ne décides plus en fonction des caprices de ton *nafs* mais en fonction des besoins inhérents à ton cheminement. En clair, tes choix seront guidés par des question type « *est-ce-que cela me rapproche d'Allah ou pas ?* ». Trouver les bonnes réponses (c'est-à-dire faire les bons choix) nécessite que tu te poses les bonnes questions. Et cela n'est possible qu'en gagnant en clairvoyance.

La nécessité de se construire une culture générale, une structure religieuse, une routine pour éduquer son âme, une personnalité avec des principes et des valeurs basés sur le Coran et la Sounna n'est nullement facultative. La clairvoyance est l'atout numéro un de toute personne qui espère faire des choix judicieux. Allah dit au sujet de Sa Parole : **« Certes, ce Coran guide vers ce qu'il y a de plus droit (...) »** (sourate 17 verset 9). L'Islam se vit pleinement. De l'intention à l'action. De la parole à l'attitude. De la pensée à l'hygiène de vie. De la croyance à la pratique. Du mindset à l'exemple suivi. De la philosophie à la législation. Tout y est. Le mode d'emploi est complet, sans fausse note, ni oubli. Allah dit : **« Ô les croyants! Entrez pleinement dans l'Islam, et ne suivez point les pas du diable, car il est certes pour vous un ennemi déclaré »** (sourate 2 verset 208)

Donc, le second paramètre à prendre en compte est celui de l'éducation, de l'environnement et de la structure familiale dans lesquels tu as grandi, et ce même pour les convertis. Certes l'Islam est nouveau chez eux, mais il est venu se greffer à une structure déjà existante, c'est de celle-ci dont je parle. Quand les fondations sont bonnes, tu peux espérer *insha Allah* construire de bonnes relations.

L'évolution

C'est un constat à faire. Où en est-tu dans ton cheminement vers Allah ? Je l'ai déjà dit: Tu veux une Fatima-Zahra comme épouse ? Très bien. Mais es-tu un Ali Ibn Abi Talib comme mari ? L'inverse est évidemment vrai aussi. On a parfois les yeux plus gros que le ventre et on appelle cela de l'exigence. La règle en matière d'exigence est celle-ci : commence par toi ! Où en es-tu dans ton lien avec le Coran ? Dans ta connaissance de la religion ? Dans ta pratique de ce que tu as appris ? Dans ton détachement matériel ? Ne viens pas avec des « *c'est pas interdit d'être riche* », ça n'est pas le sujet. La vraie question est : pourquoi aimes-tu la richesse ? Si Allah te l'octroie, comment vas-tu la dépenser ? Aujourd'hui certaines sœurs parlent en dizaine de milliers d'euros quand il s'agit de la dote. Dans quel but ? Ces questions, avant de les poser à quelqu'un, tu dois toi-même y répondre. Fais un bilan de ta propre progression au fil des ans. Combien de versets appris ? D'invocations ? Combien de prière surérogatoires en plus ? Combien d'aumônes ? À quel rythme ? Comment as-tu changé ? Quelles qualités Prophétiques sont tiennes aujourd'hui ? À quel niveau es-tu entré dans la religion, cinq, dix, vingt pour cent ? Tu veux t'assurer des bonnes intentions de l'autre et tu as raison. Qu'as-tu à offrir en retour ? Tu souhaites vivre avec quelqu'un de pieux(se), d'attentif(ve) à tes droits, d'honnête et de sincère. C'est très noble. Par lesquelles de ces qualités les gens qui te connaissent pourraient-ils te définir ? S'il n'y en a aucune c'est qu'il y a un souci. Il existe une catégorie d'hommes et de femmes à laquelle tu ne dois pas appartenir, ce sont ceux qui voient la religion comme leur garantie d'avoir un(e) époux(se) qui respectera leurs droits, alors qu'ils n'ont nullement l'intention de leur rendre la pareille. Des hommes qui cherchent des femmes chastes quand ils ne sont encore que des gens des passions et parfois même de la perversion. Des femmes « déguisées » d'un hijab à la recherche d'un bon parti. Addictes aux réseaux sociaux et à la grande vie matérialiste des gens dont le bas-monde est le paradis, elles connaissent la cruauté d'un individu sans principes. Hors de question qu'elles en soient les victimes. Ce sont des gens qui ont la flemme de faire des efforts pour se réformer et qui misent sur un bon coup pour se mettre bien. Un peu comme tous ceux qui rêvent de devenir millionnaire sans travailler, juste avec deux, trois astuces... Leur objectif ? Tirer le maximum de profit en investissant le minimum d'énergie. Je les appelle les braqueurs. Cette catégorie d'hommes et de femmes est à bannir, purement et simplement. Quand tu prends une chose, c'est en acceptant d'en payer le prix !

Sachant que tu es attiré par ce qui résonne en toi, tes bases religieuses doivent être sérieuses. Tu dois aussi développer certaines qualités comme aimer le bien et la piété, tu seras ainsi aimanté(e) par celles et ceux qui ont ces mêmes qualités (en amitié comme en amour). La maturité joue aussi un rôle important dans tes prises de décisions, elle est le signe que tu es désintoxiqué des mythes du cinéma et de la musique. Pour te convaincre de son importance, pose-toi simplement la question suivante : si tu donnais à un petit enfant un grand sac de bonbons et un petit sac de diamants, lequel des deux garderait-il ? Le sac de bonbons. Sans une certaine dose de maturité, tu feras le même type de choix... Tes choix ne dépendent que de toi, pas de celles et ceux que tu rencontres dans les *mouqabalas*. Ils ne font que ressortir ce qui se cache en toi. C'est pourquoi la base pour trouver un(e) prétendant(e) sérieux(se), est d'être soi-même sérieux(se). Allah ne récompense pas le bien par autre chose que du bien. **« *Y a-t-il d'autre récompense pour le bien, que le bien ? »*** (sourate 55 verset 60).

Attention aux chants des sirènes

On en a parlé dans le chapitre qui traite du manque d'authenticité. De nombreuses personnes confondent leur réalité et leurs prétentions. Ne sois pas de ceux-là. Quand tu te vois plus beau que tu ne l'es, tes choix sont très souvent plus que discutables. Il est même possible qu'Allah mette sur ton chemin la bonne personne, mais que tu sois incapable de t'en rendre compte. Trop imbu de ta propre personne, tu estimeras que tous les prétendant(e)s ne te méritent pas... Vivant dans un monde fantasmé, peuplé d'êtres exceptionnels dont tu fais évidemment partie, tu n'auras que peu d'intérêts pour une personne authentique qui te paraîtra bien trop banale... Mais qui pourra donc te convenir si ce n'est quelqu'un perdu dans la même exagération que toi ? Je te laisse imaginer le niveau de désillusion quand vous allez ouvrir les yeux sur la superficialité de telles prétentions... Vis les choses, ne sois pas comme celui qui, assis confortablement dans son canapé, juge les joueurs sur le terrain, à coups de « *il est nul, il avait juste à faire ceci ou cela*» alors que lui-même n'a jamais chaussé de crampons. C'est très facile de se sentir invincible quand on n'a vécu aucun combat, comme de se sentir parfait quand on ne vit encore aucun cheminement. Pour t'éviter ce genre de déconvenue, pose-toi simplement cette question : « *ce dont je parle existe-t-il concrètement dans ma vie ou pas ?* ». Si ce que tu dis de toi est vrai, tu n'auras aucun mal à en trouver les traces dans ce que tu fais déjà. Tu sauras ce que le mot investissement signifie puisque tu le vis. Tu sauras à quel point grandir en tant qu'individu demande du temps puisque tu le vis. Ainsi, tes pieds seront bien ancrés dans le sol et tu sauras apprécier à sa juste valeur quelqu'un qui chemine comme tu le fais, et ce, malgré ses imperfections. Mou'awiya (qu'Allah l'agrée) a dit : **« *seul celui qui a de l'expérience est magnanime* »** (rapporté par Al Boukhary Al Adeb p256). Cette parole résume tout ce que l'on a dit dans cette partie.

Ce n'est pas tout, ton vécu te permettra de faire la différence entre la personne qui est réellement investie et celle qui ne fait que jeter de la poudre aux yeux. Chose difficile, voire impossible quand un sujet t'est complètement étranger. Imaginons qu'une personne te parle de l'importance de la science religieuse. Si c'est un domaine dont tu ignores tout, peu importe ce que tu entends, tu ne feras pas la différence entre l'ignorant qui parle de ce qu'il ne maîtrise pas et celui qui vit réellement l'apprentissage religieux. Le Messager d'Allah ﷺ a dit qu'il craint pour sa communauté l'hypocrite à la langue éloquente. Alors, comment distinguer le vrai du mirage quand toi-même tu ne vis que par les prétentions et la fatuité ? Dans ce cas, compliqué de ne pas se laisser bercer par les chants des sirènes...

Causes et Tawakkul

Investis-toi par les causes qui sont à ta portée et place ta confiance en Allah. Certaines personnes veulent tellement être sûres de leurs choix, qu'elles ont recours à des stratégies malsaines qui peuvent aller jusqu'à la manipulation. Tu n'as pas à vouloir cerner la personne jusque dans la profondeur de son âme. Le Messager d'Allah ﷺ a dit : *« Il ne m'a pas été ordonné de sonder le cœur des gens, ni d'ouvrir leurs poitrines. »*. Doucement, personne ne t'a demandé d'aller aussi loin et si quelqu'un souhaite te mettre à nu psychologiquement parlant lors d'une *mouqabala*, va-t'en. Dans quel monde les gens se permettent ce que le Messager d'Allah ﷺ ne s'est pas permis et espèrent en tirer un bénéfice ? Quand quelqu'un souhaite faire tomber toutes les barrières de ton âme, ce n'est malheureusement pas pour ton bien. Cela révèle une volonté de contrôle, parfois d'emprise. Les excuses pour justifier ce type de comportement sont légions, « *c'est pour s'assurer que ça matche bien entre nous* », « *j'ai peur de me tromper, j'ai besoin d'être sûr* », « *les gens m'ont fait beaucoup de tort* »... Comme dirait l'autre, « *l'enfer est pavé de bonnes intentions* ». Ne fais pas l'erreur de penser que c'est un privilège que d'être totalement vulnérable face à l'autre, et engage-toi à ne faire subir cela à personne. La manipulation consiste justement à travestir la vérité, afin d'orienter les prises de décisions de l'autre. Ce procédé est à bannir ! Votre effort (d'un côté comme de l'autre) est composé de deux parties : les causes et la pleine confiance en Allah. Allah dit : « ***puis une fois que tu t'es décidé, confie-toi donc à Allah, Allah aime, en vérité, ceux qui Lui font confiance.*** » (sourate 3 verset 159). Et rassurez-vous en sachant que « ***Et quiconque place sa confiance en Allah, Il (Allah) lui suffit.*** » (sourate 65 verset 3). Le Messager d'Allah ﷺ dit quant à Lui : « ***Le croyant fort est meilleur et plus aimé d'Allah que le croyant faible, et en chacun d'eux il y a du bien. Recherche ce qui t'est utile, sollicite l'aide d'Allah et ne capitule pas ! S'il t'arrive quelque chose, ne dis pas : « Si seulement j'avais agi de telle manière, il y aurait eu ceci et cela ! » Dis plutôt : « Ceci est le décret d'Allah et Il fait ce qu'Il veut ! », car « si » ouvre la porte à l'œuvre au diable.*** » (rapporté par Mouslim).

La perfection n'existe pas. Celui ou celle qui est là, à espérer le cent pour cent de correspondance avant de se lancer, risque d'attendre longtemps. Tout comme celles et ceux qui rêvent d'une personne totalement accomplie, arrivée à sa totale maturité, guérie de toutes ses maladies spirituelles... Là encore, gardons les pieds sur terre, tu es quelqu'un qui chemine, et Allah mettra dans ta vie quelqu'un qui chemine. C'est un fait. Tu devras supporter ses défauts comme il (elle) supportera les tiens. Vous allez vous aider à grandir, c'est le propre des relations sociales épanouissantes, elles nous transforment en bien, nous permettent par la grâce d'Allah, de comprendre des vérités que nous n'aurions pas percées seuls. Elles nous guérissent, que ça te plaise ou non. L'idéalisation à outrance, le perfectionnisme exagéré font perdre la notion de réalisme. Pourtant c'est de cela dont on a cruellement besoin dans ses choix, de réalisme.

Pour en revenir à la notion de causes et *tawakkul*, le schéma est plutôt simple : on pose des questions, on se renseigne. Si ce que te montre la personne te satisfait, que les renseignements que tu as obtenus confirment ton ressenti, oriente-toi vers Allah par la prière de consultation. Allah est le Savant dont la science cerne toute chose. Il connaît ce qu'il y a devant et derrière toi, et ce qui se situe entre les deux. Place ta confiance en Lui Seul, Al Wakil, le Garant Fiable, Celui qui veille sur toi, Al Hafiz, ton Protecteur, Al Wadoud, Celui qui t'aime et que tu aimes, Al Khabir, le Parfaitement Informé de toute chose, Al 'Alim, Le Savant, dont la science est absolument parfaite. Selon toi, qui est le plus fiable : un Seigneur dont la perfection résonne dans chacun de Ses Noms et Attributs, ou toi dans toute l'imperfection qui te caractérise en tant qu'être humain ?

Ceux qui ont ce désir brûlant de tout contrôler jusque dans le for intérieur de l'autre, sont souvent des gens qui s'en remettent plus à leur propre personne qu'à leur Seigneur, c'est vraiment dommage. Pourtant, jamais Il ne te laissera tomber, jamais Il ne manque à Ses Promesses, si tu t'en remets à Lui, Il te suffit, Exalté soit-Il. Et jamais il ne se produira autre chose que ce qu'Il décrète. Allah dit : **« Et si Allah fait qu'un mal te touche, nul ne peut l'écarter en dehors de Lui. Et s'Il te veut un bien, nul ne peut repousser Sa grâce. Il en gratifie qui Il veut parmi Ses serviteurs. Et c'est Lui le Pardonneur, le Miséricordieux. »** (sourate 10 verset 109). Quoi qu'il arrive, ne dépassez pas les limites légiférées par le Coran et la Sounna, vous n'en obtiendrez rien de bon. Allah garantit son secours par l'obéissance et le respect de Ses règles, Il dit : **« Et quiconque craint Allah, Il Lui donnera une issue favorable, et lui accordera Ses dons par (des moyens) sur lesquels il ne comptait pas. »** (sourate 65 verset 2-3).

Conclusion

Pour former un couple, vous devez être deux. C'est d'une évidence crasse je te l'accorde. Pourtant, on a souvent tendance à faire reposer sur l'autre la responsabilité de nous convenir. Mais a-t-on les bonnes exigences ? Notre logiciel d'analyse et de réflexion est-il programmé pour nous diriger vers l'agrément d'Allah ? C'est bien beau de vouloir choisir la bonne personne, mais que fait-on pour développer notre clairvoyance ? Sommes-nous de bonnes personnes ? Tu vois qu'il y a beaucoup de questions à se poser nous concernant avant même de se projeter dans les critères d'un(e) prétendant(e). Aujourd'hui les formations et autres coachings font fureurs, notamment chez les femmes. Ce besoin de se connaître, de se comprendre est tout à fait légitime, mais est-ce la seule voie possible ? Je ne pense pas. Est-ce indispensable ? Non plus. Il y a bien d'autres moyens, plus simples, plus efficace, moins onéreux et plus en adéquation avec notre religion que tous ces outils. La « *tazkiyatou nafs* », qu'on traduirait par la « purification de âme » par exemple est un excellent cheminement initiatique. Les ouvrages traitant le sujet, les « exercices spirituels » sont nombreux. La compagnie des hommes de science est aussi un moyen de découvrir qui on est, de s'éduquer et de grandir. Le Messager d'Allah ﷺ a formé les Compagnons, non pas en leur transmettant uniquement la religion mais en leur enseignant la manière dont celle-ci se construit dans leurs vies. Allah dit : *« Et quant à ceux qui luttent pour Notre cause, Nous les guiderons certes sur Nos sentiers. Allah est en vérité avec les bienfaisants. »* (sourate 29 verset 69), verset que Ibn Al Qayyim explicite en disant : « *Allah a lié la droiture à l'effort. Ainsi l'homme le plus droit est celui qui luttera le plus. L'effort le plus vital est celui que l'on doit mener contre son nafs, ses passions, le diable et (l'amour de) ce bas-monde. Celui qui lutte contre ces quatre pour Allah, Il le guidera vers les sentiers de Son Agrément (la religion complète) qui mènent à Son Paradis. Et celui qui délaisse cet effort, manquera de droiture en fonction de ce qu'il aura délaissé de l'effort.* » (Al Fawaid p135). L'enjeu va bien au delà de la seule connaissance de soi, de ses modes de fonctionnement ou de ses besoins. Tu as besoin d'un effort qui englobe les quatre points dont parle Ibn Al Qayyim pour guérir des maladies du cœur qui te sabotent, et ce, jusque dans le couple. C'est en cela que je vois toutes ces formations et tous ces outils de connaissance de soi (ennéagramme, psychologie moderne, coaching etc...) comme ayant une portée limitée et incomplète dans le meilleur des cas, voire carrément dangereuse quand ils ne respectent pas la Législation d'Allah. Ceci étant, tu es la première personne envers qui tu dois être exigeante, fais-en un principe de vie *insha Allah*, Allah dit : « *Et quiconque a été protégé contre sa propre avidité... ceux-là sont ceux qui réussissent* » (sourate 64 verset 16).

Quels critères pour un(e) prétendant(e) ?

Enfin... C'est le sujet que vous attendiez tous, après une première partie dans laquelle je n'ai pas été tendre avec toi (c'est pour ton bien:)), on va aborder LE SUJET... quels sont les critères que tu dois observer à la loupe chez un(e) prétendant(e) ? En réalité, si on est un peu cohérent, les exigences qu'on a vis-à-vis de soi-même sont celles que l'on a vis-à-vis de l'autre. Je vais essayer de ne pas trop me répéter. Le Messager d'Allah ﷺ a dit : *«Lorsque vient à vous pour demander la main, celui dont vous êtes satisfait de sa religion et de son comportement, alors mariez-le. Si vous ne le faites pas il y aura sur la terre une épreuve et un grand désordre. »* (rapporté par Attirmidhi n°1084,1085)

Premier challenge, définir les signes de religiosité d'une personne. On confond souvent les signes extérieurs (barbe, hijab...) et les qualités inhérentes à la religiosité. Traduction : Allah et son Messager ﷺ définissent le croyant et la croyante à travers des qualités spécifiques, des attitudes et des habitudes bien particulières, une manière d'appréhender le monde et la société que tu reconnais tout de suite. Nous ne devons pas nous limiter à l'expression visible de la religion. La citation « *l'habit ne fait pas le moine* » est tout à fait vraie. Même si pratiquer les Ordres d'Allah et la Sounna de Son

Messager ﷺ dans l'aspect extérieur est déjà une qualité, il y en a bien d'autres pour déterminer la piété. Dans la suite du hadith, le Messager d'Allah ﷺ parle du comportement de la personne, en disant **« celui dont vous êtes satisfait de sa religion et de son comportement. »** Selon l'imam Malik, les critères de compatibilité sont le niveau religieux et le caractère (comme cité dans le hadith). C'est là que la parole de cheikh Al Outhaymine prend toute son importance : *« Aussi, nous ne sommes pas tenus de nous engager sur ce qu'il va advenir, mais plutôt de faire face à la situation présente. »*. Premier point : Ne vous projetez pas dans d'hypothétiques changements futurs. Ce qui compte, c'est ce que vous êtes au jour où vous vous rencontrez. Le mariage ne doit pas être basé sur des promesses, mais sur un état de fait. Personne ne sait de quoi l'avenir est fait à part Allah. S'il y a bien un moment pour faire preuve de pragmatisme, c'est celui-là ! Pour finir mon introduction, je tiens à préciser que je vais utiliser le masculin dans mes phrases, mais il est manifeste que je parle autant de la femme que de l'homme, qu'il n'y est entre nous aucun malentendu à ce sujet. Enfin, je vais te paraître dur dans certains de mes propos, mais les dégâts causés par notre manque de discernement concernant la notion de religiosité, nécessite qu'on aborde ce sujet avec un certain franc-parler.

L'éducation religieuse

Le (la) prétendant(e) doit avoir une éducation religieuse. C'est une fondation indispensable sans laquelle ton couple, même avec la meilleure volonté du monde sera bancal. Mais de quoi parle-t-on quand on fait référence à l'éducation religieuse ? C'est ce qu'on va tenter d'éclaircir dans les prochaines lignes *insha Allah*. Ces dernières années, la notion de « science religieuse » est devenue « à la mode ». Tout le monde en parle, la revendique, prétend y appartenir. On s'imagine pour beaucoup, qu'apprendre des formules par cœur et avoir de la science sont synonymes. Est-ce le cas ? Voici quelques éléments de contextes :

Allah dit : *« Parmi Ses serviteurs, seuls les savants craignent Allah. Allah est, certes, Puissant et Pardonneur. »* (sourate 35 verset 28)

Le Messager d'Allah ﷺ cherchait refuge auprès d'Allah contre une science stérile (qui n'est pas suivie d'actes), et au contraire Il ﷺ demandait à Allah de Lui accorder une science utile et profitable (qui est suivie par sa mise en pratique). Il ﷺ a dit aussi : *« Le jour du Jugement, les pieds du serviteur d'Allah resteront cloués à leur emplacement tant qu'il ne sera pas questionné sur sa vie, et à quoi il l'a consacré. S'il a pratiqué la science religieuse qu'il possédait (...) »* (rapporté par Attirmidhi dans un hadith plus long)

Abdallah Ibn Mas'ud (qu'Allah l'agrée) a dit : « *La science n'est pas l'accumulation de récits. La science c'est la crainte d'Allah. ».* Il a dit aussi qu'Allah va interroger chacun d'entre nous en ces termes : *« (...) Ô fils de Adam ! Qu'as-tu pratiqué comme œuvre avec ce que tu as eu comme science ? Ô fils de Adam ! Qu'as-tu pratiqué comme œuvre avec ce que tu as eu comme science ? Ô fils de Adam ! Qu'as-tu pratiqué comme œuvre avec ce que tu as eu comme science ? »* (Rapporté par Tabarani dans Al Mou'jam Al Kabir n°8899)

Abou Darda (qu'Allah l'agrée) a dit: *« Certes j'ai peur que le Jour de la Résurrection mon Seigneur m'appelle devant tout le monde et dise: Ô Ouwaymir ! Alors je répondrai: Me voilà Seigneur ! Et qu'alors Il me dise: Qu'as-tu fais comme œuvres avec ce que tu savais ? ».*

Al Hassan Al Basri (qu'Allah lui fasse miséricorde) a dit : *« La science est de deux types : une science qui est dans le cœur et ceci est la science bénéfique et une science qui est sur la langue et ceci est la preuve établie par Allah à l'encontre du fils de Adam ».*

L'imam As-Shafi'i (qu'Allah lui fasse miséricorde) disait : *« La science n'est pas ce qui est mémorisé, mais ce qui est utile. ».*

Aujourd'hui, celui qui mémorise les formules ou une partie d'entre elles, comme celui qui se contente de les répéter est considéré comme ayant de la science. Chez les anciens, la science véritable était celle qui débouchaient sur des actes et un état spirituel bien précis appelé « piété ». Bien définir les mots aide à s'y retrouver. Ce récit de la mère des croyants

Aïcha (qu'Allah l'agrée) est connu : on lui a demandé comment était le comportement du Prophète ﷺ. Ce à quoi elle a répondu : « Ne lis-tu pas le Coran ? ». L'homme dit : « Si évidemment. » Elle lui dit : **« Son comportement était le Coran ».**

De plus, chez nos prédécesseurs, l'éducation était un prérequis à l'apprentissage de la science religieuse. Il était inconcevable d'imaginer quelqu'un se lancer à l'assaut de la science, sans être au préalable passé par une phase d'éducation. Abdallah Ibn Al Moubarak (qu'Allah lui fasse miséricorde) a dit : *« J'ai appris le comportement pendant trente ans et j'ai recherché la science pendant vingt ans. Et les étudiants apprenaient le comportement ensuite la science ».* Ibn Al Qayyim quant à lui a dit : *« La religion toute entière est une question de comportement. Celui donc qui te surpasse dans le comportement, te surpasse en religion »* (Madarij Assalikin 2/294). Cette étape est largement ignorée aujourd'hui. Pourtant, au delà des apparences, des formulations apprises par cœur, il y a dans le comportement d'une personne les signes évidents de son niveau d'éducation religieuse. Jusqu'à ce que Al Hassan Al Basri dise : *« Celui qui n'a pas d'éducation, n'a pas de science ».* Quand tu cherches une personne religieusement investie, regarde au delà des apparences et des discours et porte une attention particulière aux bonnes manières du prétendant ou de la prétendante. Comment s'y prendre ? Ibn Al Qayyim dit ceci dans Al Fawaid : *« Parmi les signes du bonheur et du succès, on* compte le fait que plus la science du serviteur augmente, plus il devient modeste et clément. Plus il accomplit de bonnes actions, plus il craint et redoute Allah (...) ». Puis il dit : «Les signes de la déchéance sont les suivants : plus les connaissances du serviteur augmentent et plus son orgueil et sa vanité prennent de l'importance. Plus il accomplit de bonnes actions, plus il est vantard, plein de suffisance et méprise les autres (...) (page 328). Les ingrédients sont là. Malgré l'accomplissement des bonnes actions, tu es face à quelqu'un qui garde les pieds sur terre, qui sait pertinemment que cette faveur ne vient que d'Allah, qu'il n'y est pour pas grand chose. Dans chacune de ses attitudes, postures, ou paroles, il y a de la modestie. Tu ne trouves pas de vantardise, de suffisance ou d'auto-satisfaction quand la personne parle d'elle. De même que tu n'y vois aucun mépris concernant les autres. D'ailleurs, sa langue n'est occupée que par la parole bénéfique, soit elle parle en bien, soit elle se tait. Le Messager d'Allah ﷺ a dit : **« Le musulman ne critique pas, ne maudit pas, n'est pas obscène et n'est pas grossier ».** Plus une personne progresse dans sa religion, plus tout son être revivifie ce qu'a légué le Messager d'Allah ﷺ. Pose-toi la question de savoir quel Ordre d'Allah, quel comportement du Messager d'Allah ﷺ incarne (à travers ce qu'il est) celui qui espère partager ta vie.

Quand tu réalises que sa bouche te dit : « Je suis ce qu'Allah et Son Messager ont légué » et que son comportement te prouve le contraire, c'est qu'il y a un gros problème de cohérence et d'authenticité. Quand derrière le qamis ou le hijab, tu trouves des gens aux cœurs durs, plein de méchanceté, avares, prétentieux, imbus de leurs propres personnes. Calomniateurs et diffamateurs, inconscients de leurs propres défauts, que peux-tu espérer ? Quel genre de mariage espères-tu construire ? Quand la notion de science est mal définie, les maladies spirituelles ne sont pas soignées. Tu risques alors de te retrouver face à des gens à l'aspect religieux mais aux jugements arbitraires, dont les comportements suscitent animosité et division. Des gens à la compréhension limitée, qui, malgré eux, rendent le chemin vers Allah tortueux. Peut-on considérer à ce moment-là, que l'éducation religieuse est satisfaisante pour le mariage ? Je ne pense pas.

Une personne qui limite son cheminement vers Allah à l'apprentissage pur et dur des formules sans y mettre de spiritualité, risque d'avoir le cœur dur. Ibn Al Qayyim dit en ce sens : *« Le faqih qui enseigne la jurisprudence doit imprégner son cours d'éthique et de spiritualité sans quoi le cœur va se durcir »* (Les voies du cheminement spirituel de Ibn Taymiyyah). Or, les gens qui sont le plus éloignés d'Allah sont les gens au cœur dur. Quand on ne voit la religion qu'à travers le prisme de l'apprentissage stricto sensu, les raisonnements sont parfois rigides, avec des modes type *« tu apprends, tu fais, c'est tout ! »*, négligeant l'importance de la foi, de l'amour et de la crainte d'Allah ou encore des étapes d'éducation de l'âme. La bonne compréhension des textes et la pratique de celle-ci passent pourtant par la purification de l'âme et l'éveil du cœur. Les négliger n'est pas bon signe. De cette vision rigide et limitée de la religion naît un danger aisément identifiable : tu vas vivre avec une personne rendant la religion difficile et pesante alors qu'elle est facile et légère. Le Messager d'Allah ﷺ a dit : **« Certes la religion est facilité et personne n'est dur dans la religion sans qu'elle ne l'écrase. Ainsi œuvrez avec perfection ou tentez de l'atteindre et soyez optimistes. Et aidez vous par vos allers et retours vers la mosquée le matin, l'après-midi et un moment de la fin de la nuit ».** (Rapporté par Al Boukhary dans son Sahih n°39)

Si on ne se base que sur les prétentions, il y aura forcément des gens qui vont réclamer ce qui ne leur revient pas. C'est comme ça qu'on en arrive à épouser des personnes pour découvrir par la suite qu'elles ne correspondent en rien à l'image qu'elles ont donnée d'elles. Abdallah Ibn Al Mout'az (qu'Allah lui fasse miséricorde) a dit : *« La science sans pratique est comme un arbre sans fruits. La science de l'hypocrite, ce sont ses paroles, et la science du croyant ce sont ses actes. »* (Iqtidhau al 'ilm al 'amal) .

Je ne parle pas d'exiger d'une personne qu'elle ait le même niveau que les Compagnons (qu'Allah soit satisfait d'eux), mais qu'elle cherche à leur ressembler. *« Un homme a demandé au Prophète ﷺ: Quand aura lieu l'Heure? Le Prophète ﷺ a dit: Et qu'as-tu préparé pour elle ?*

L'homme a dit: Rien, si ce n'est que j'aime Allah et Son Messager. Le Prophète ﷺ a dit: Tu es avec ceux que tu as aimés. Anas (qu'Allah l'agrée) a dit: Nous n'avons jamais été aussi content pour une chose que nous l'avons été pour la parole du Prophète ﷺ : « Tu es avec ceux que tu as aimés ». Car j'aime le Prophète ﷺ et j'aime Abou Bakr et Omar (qu'Allah les agrée) et j'espère être avec eux par rapport à mon amour pour eux, même si mes actes ne sont pas comme les leurs. » (Rapporté par Al Boukhary dans son Sahih n°3688 et Mouslim dans son Sahih n°2639). Ceux que tu as aimés sont ceux à qui tu as cherché à ressembler. Un peu comme l'enfant qui copie son père en faisant semblant de conduire alors que ses pieds ne touchent pas encore les pédales.

À l'opposé, celui ou celle qui prétend que la foi n'est que dans le cœur, sous-entendant que cela ne se manifeste pas nécessairement par les actions. Qu'il faut d'abord corriger son intérieur avant de vouloir l'exprimer à l'extérieur. Que ce qui compte c'est d'aimer Allah de tout son cœur. Qui met en avant le bon comportement. Tout cela comme pour signifier que les règles du « halal » et du « haram »ou des obligations sont secondaires. Ce type d'individu va aussi poser problème. Même si contrairement au cas précédent, tu auras une personne beaucoup plus douce (ce qui est bien plus agréable), son mode de raisonnement n'en sera pas moins délétère. Allah a lié la foi aux bonnes actions, Il a lié l'amour qu'on Lui porte à la suivie du Messager d'Allah ﷺ, Il a fait de la manifestation extérieure, une preuve de l'état intérieur. Ibn

Rajab Al Hanbali (qu'Allah lui fasse miséricorde) a dit : « *L'amour d'Allah ne peut être atteint qu'en lui obéissant et il n'y a aucun moyen de lui obéir sauf en suivant Son Messager* ﷺ ». Allah nous donne l'occasion d'exprimer notre amour et notre révérence vis-à-vis de Lui par le respect des règles qu'Il a révélées. Celui qui prétend le contraire est une personne qui suit ses envies lorsqu'il a des choix à faire en négligeant ce qu'Allah a légiféré. Et le premier à en pâtir ce sera toi ! Est-ce plus rassurant que le précédent ? Loin de là !

Attention à la fausse modestie. Certains loups se déguisent en moutons, prennent des postures d'humilité tout en nourrissant un orgueil démesuré. Leurs phrases sont souvent agrémentées de « *je ne dis pas ça pour me vanter* » ou « *ce n'est vraiment pas grand-chose* » après t'avoir fait un exposé détaillé de leurs actions. Si ça n'a pas d'importance, pourquoi l'avoir raconté dans le moindre détail ? Le Messager d'Allah ﷺ a dit : **« *Le croyant est naïf et généreux tandis que le pervers est malin et avare.* »** (Rapporté par Abou Daoud). Le croyant est naïf dans le sens où il parle avec sincérité, sans arrière-pensée ni calcul. Quand au pervers, son discours est orienté, limite planifié. Ce n'est ni naturel, ni authentique. Plus il dit qu'il ne parle pas pour se vanter, plus tu ressens le contraire. Il a souvent besoin de rabaisser les autres pour mieux se mettre en avant. Les critiques sont souvent parsemées de « *je ne juge pas, mais quand même* », « *moi, ce n'est pas comme ça que je fais* », sous-entendant, « *moi, je suis meilleur* ».

Derrière l'apparente douceur, il y a parfois une personne en conflit intérieur. Quelqu'un qui a besoin de s'affirmer, d'appartenir à un groupe pour se sentir fort. Quelqu'un d'influençable, un agneau qui peut à tout moment se changer en loup, suivant les influences qu'il va subir. Il est important de s'en rendre compte pour limiter l'effet de surprise *insha Allah*. D'autres se sentent grands de par leurs origines ou parce qu'ils sont musulmans de naissance quand toi, tu es converti par exemple. Ou parce qu'ils sont issus de familles connues pour leur attachement à la religion etc... Ils ne le disent pas frontalement mais par sous-entendus. La vantardise est camouflée derrière un sourire ou une voix douce, ponctuée par des « *nous, contrairement à vous, sommes ceci* », « *nous possédons cela* »... Là encore, cette mentalité peut devenir une source de conflit à l'avenir. L'humilité est une marque indéniable de grandeur. Celui qui l'ignore, ignore ce qu'est la grandeur. Les exemples chez nos anciens pieux sont nombreux dans le domaine. Allah a honoré ta famille, ou Allah t'a préservé et t'a fait grandir dans l'Islam. Ce sont des bienfaits à n'en pas douter. Ceci étant, tout cela n'autorise pas le mépris et la condescendance. **« Soyez modeste jusqu'à ce que nul se vante de sa supériorité sur son prochain et que nul n'agresse son prochain »** a dit le Messager d'Allah ﷺ.

Ne fais pas l'erreur de limiter les portes du bien. Il est dit que Abdallah Al 'Omari Al 'Abid écrivit à l'imam Malik, l'exhortant à se mettre en retrait, isolé, et à œuvrer. L'imam lui répondit en écrivant : « *Certes Allah a réparti les œuvres tout comme il a réparti les subsistances. Il se peut alors qu'il ait été ouvert à un homme une porte vers la prière et pas vers le jeûne. Et qu'il ait été ouvert à un autre une porte vers l'aumône mais pas vers le jeûne. Et qu'il ait été ouvert à un autre une porte vers le combat. La propagation de la science fait partie des meilleures œuvres de piété. Et j'agrée ce qui m'a été accordé comme partage. Je ne pense pas que ce dans quoi je suis soit supérieur à ce dans quoi tu es. J'espère que nous soyons tous deux sur le bien et la piété.* ». Allah n'ouvre pas forcément les mêmes portes de bien à tous les croyants. Aujourd'hui notamment, certaines sœurs ne recherchent que des frères portant le statut d'« étudiant religieux », négligeant les autres portes du bien. Ce qui est recherché, c'est une personne qui a pris le chemin de la piété, pas un statut ! Le titre n'offre malheureusement que très peu de garantie. Ce que vous souhaitez en vous mariant, c'est de vivre en croyants, n'est-ce-pas ? Quelle que soit la porte du bien qu'Allah vous ouvre, ce qui importe c'est que vous cheminiez vers la piété. Garde toujours ce principe à l'esprit *insha Allah* !

Quand une personne met en avant son rang social pour se mettre en valeur aux dépens de sa religion, c'est le signe qu'elle est malheureusement à côté de ses pompes. Le Messager d'Allah ﷺ a dit : **« *Certes, Allah accorde les avantages mondains à celui qu'Il aime comme à celui qu'Il n'aime pas. Mais Il n'accorde la religion qu'à celui qu'Il***

aime ». Et Il ﷺ a dit **« *Si le bas monde avait pour Allah la valeur de l'aile d'un moustique, alors Il ne consentirait pas à accorder ne serait-ce qu'une gorgée d'eau au mécréant* ».** Difficile de faire plus clair. Vous ne devez pas camoufler votre manque d'investissement religieux derrière une réussite éphémère et illusoire qui n'est ni la preuve que vous êtes des gens biens, ni l'illustration d'une quelconque piété. Si le (ou la) prétendant(e) n'a que ça à offrir, ce n'est pas bon signe.

Le bon équilibre se trouve dans une personne à qui Allah a octroyé un effort complet. C'est ce qu'explique Ibn Al Qayyim quand il parle du verset où Allah dit : **« *Et quant à ceux qui luttent pour Notre cause, Nous les guiderons certes sur Nos sentiers. Allah est en vérité avec les bienfaisants.* »** (sourate 29 verset 69). La lutte est une condition obligatoire à l'obtention de la droiture. Mais lutter contre qui ? Le cheikh cite quatre ennemis, à savoir soi-même, ses passions, le diable, et l'amour de ce bas-monde. Il dit : « *Celui qui combat ces quatre choses pour Allah, Il le guidera vers les sentiers de Son Agrément qui mènent au Paradis.* » (Al Fawaid p135). Quand tu rencontres quelqu'un dont l'organisation de vie comporte des actions pour lutter contre ces quatre, tu as insha Allah, trouvé quelqu'un d'équilibré et de cohérent. Quand la personne est à la recherche de la science utile en même temps que de spiritualité. Qu'elle mêle mise en pratique et effort de purification du cœur. Qu'elle respecte le sens des priorités entre les obligations canoniques (conforme à des règles) et la recherche des sens profonds et des sagesses de la Révélation. Qu'elle mène un effort d'amélioration de sa manière d'être en luttant contre les mauvais penchants de son âme. Quand tu es face à une personne qui tente d'incarner la cohérence décrite dans le hadith suivant, tu as trouvé la perle rare. Abdallah Ibn 'Abbas (qu'Allah soit satisfait de lui et de son père) rapporte qu'on a demandé au Messager d'Allah ﷺ : *« Ô Messager d'Allah, quelle est la meilleure compagnie ? Il répondit : « Celle d'une personne dont la vue vous fait penser à Allah, les paroles vous incitent aux bonnes actions et le comportement vous rappelle l'au-delà. »* (rapporté par Abou Ya'la). Attention ! Je parle ici de cheminement, de direction de vie. Je ne suis pas en train de décrire la personne idéale, mais l'effort sur soi idéal. Peu importe le niveau spirituel du (de la) prétendant(e). Si l'effort est complet, le résultat le sera également *insha Allah*. J'en suis convaincu parce que la promesse vient d'Allah. Ça prendra le temps qu'il faut, mais une fois que vous avez pris la bonne direction, laissez-vous le temps de cheminer. Ne lis pas ces lignes en te mettant une pression inutile. Arriver à la piété est le travail de toute une vie.

La personnalité

On s'imagine que seule la religion suffit pour bien s'entendre et que le couple fonctionne. Si tel était le cas, le divorce n'existerait pas chez les musulmans, et n'aurait pas existé chez les Compagnons du Messager d'Allah ﷺ. Le fait est que certains types de caractères ont beaucoup de mal à coexister. Il arrive également que les habitudes des uns et des autres ne soient pas du tout en adéquation. De même qu'il est possible que les modes de fonctionnement ne s'accordent pas. C'est un peu comme si deux pianistes jouaient chacun leur symphonie sur le même piano. Il existe pour moi deux concepts étroitement liés : le premier est **le tempérament.** Je fais essentiellement référence ici au caractère de la personne. J'y inclus tout ce qui a contribué à construire sa perception des choses (éducation familiale, âge, vécu, contexte culturelle, mentalité...). Ce n'est pas tout. J'y mets aussi les qualités de l'âme, celles-ci se manifestant dans le caractère. Le second est **le mode de fonctionnement.** C'est-à-dire comment s'exprime le tempérament. À mes yeux, tu dois être attentif aux deux. Les âmes s'attirent ou se repoussent comme l'a dit le Messager d'Allah ﷺ : *« Les âmes sont comme des soldats mobilisés. Celles d'entre elles qui se connaissent, vivent en harmonie. Celles qui s'ignorent, demeurent en discordance. »* Al Qourtoubi dit en explication à ce hadith : *« Mêmes si les âmes sont naturellement identiques, elles comportent des distinctions qui les rangent en catégories. Les personnes se rassemblent en raison d'une essence propre à leur catégorie. ».* Ibn Al Qayyim dit quant à lui : *« La compatibilité entre les âmes est l'une des causes les plus fortes de l'amour ».* Il a dit aussi : *« Certains médecins ont dit que l'amour est la symbiose d'une âme avec l'autre en ce qu'il y a comme complémentarité et conformité. Lorsque l'eau se*

mélange à de l'eau, il serait impossible de les en dissocier. »
(Rawdat Oul Mouhibbin p 400)

Globalement on peut dire sans prendre trop de risques que plus vous avez d'affinités, mieux *insha Allah* vous allez vous entendre, mieux vous allez vous comprendre, ce qui va grandement contribuer à l'attirance de l'un vers l'autre. L'âge, le vécu, l'endroit où vous vivez, l'ambiance culturelle dans laquelle vous évoluez, et bien sûr le niveau religieux. Il y a un certain nombre de critères à prendre en compte. Parmi eux, il est important de connaître les parents du prétendant (homme ou femme). Pourquoi ? Ce sont eux qui ont éduqué leur enfant. Ils lui ont inculqué des valeurs, une perception de lui-même et des autres. Ils ont laissé des traces profondes, positives ou négatives dans la personnalité de l'individu que tu vas rencontrer. Ils lui ont donné des habitudes de vie, et ont participé à écrire les premières pages de son histoire. Ce que tu vas voir chez les parents te donnera un avant-goût de l'attitude de leur enfant. D'un autre côté, sois conscient que l'union de deux personnes est aussi l'union de deux familles. Ce sont vos deux mondes qui vont apprendre à cohabiter.

Pour autant, quand on parle tempérament, tu es face à deux cas de figure : soit vous vous ressemblez, soit vous êtes diamétralement opposés. Chez certaines personnes, la stabilité et la sécurité passent par la compagnie de quelqu'un qui leur ressemble, très bien. Chez d'autres, c'est la complémentarité qui prime. À toi de déterminer auquel des deux groupes tu appartiens. Je parle de complémentarité quand tu es quelqu'un qui apprécie la compagnie de gens qui ont des qualités que tu n'as pas forcément. Ensemble, vous vous complétez, et chacun « gomme » les lacunes de l'autre en quelque sorte. Cependant, vos disparités vont aussi s'exprimer dans d'autres domaines, et là, pas sûr d'obtenir le même résultat... Il se peut que tu sois plutôt communicant quand l'autre est silencieux et pensif. Toi plutôt casanier quand l'autre a besoin de sortir pour décompresser. Tu es archi organisé, quant l'autre est en mode « tout à la dernière minute ». Tu relativises toujours tout, quand ton (ta) prétendant(e) est très procédurier (ière), etc... Ça n'a pas l'air terrible comme différends me diras-tu. C'est vrai. Le tout est de savoir si tout cela ne va pas conduire à une cassure entre vous avec le temps, et les différentes expériences que vous allez traverser. Beaucoup de rancunes naissent de blessures dues à ce genre de divergences. *« Tu réagis de telle manière, je ne l'accepte pas, je t'en veux, tu ne le comprends pas, quelque chose s'est brisé avec le temps entre nous... »* serait à peu de chose près le schéma pour illustrer cela. Ce sont des propos que l'on entend de la part de couples qui en sont parfois à l'envie de se séparer. Il existe également des gens attentifs au moindre détails. Dans cette quête de perfection, l'écart le plus minime provoque des conflits et de grosses remises en question, ce qui n'est pas bon pour l'équilibre d'un couple. Quand tu remarques ce genre de perfectionnisme chez une personne lors d'une *mouqabala*, voire un côté un peu maniaque (qui s'attache avec un goût et un soin excessifs à des détails) et que cela ne correspond pas du tout à ta personnalité, peut-être est-il préférable de laisser tomber tout de suite. Il ne s'agit pas de dire que les uns sont mauvais par rapport aux autres, mais de rappeler que tous les caractères ne sont pas faits pour vivre ensemble. Lorsque tu constates clairement que vous n'allez pas vous entendre, tu as deux options, te lancer et accepter que vous allez devoir patienter très fort l'un vis-à-vis de l'autre, ou te retirer.

Attention, le fait que vous soyez diamétralement opposés dans vos modes de fonctionnement n'est pas toujours rédhibitoire (qui constitue un obstacle radical à une action). Il ne faut pas confondre la compatibilité des âmes et la similarité des modes de fonctionnement. Je m'explique : Les âmes qui se ressemblent s'attirent de par les qualités qu'elles ont en commun. C'est la compatibilité des âmes. Les gens réfléchissent, apprennent, appréhendent les situations de manières différentes. Ce sont les modes de fonctionnement. J'ai un exemple pour illustrer mon propos : Aïcha et Asma (qu'Allah soit satisfait d'elles deux) aimaient faire l'aumône et étaient très généreuses (ce sont là les qualités de leurs âmes). Mais Aïcha préférait amasser un petit tas avant de faire l'aumône quand Asma donnait instantanément tout ce qu'elle avait, quelle que soit sa quantité (c'est le mode de fonctionnement). Aujourd'hui beaucoup recherchent des clones dans leur mode de fonctionnement, pensant trouver ainsi quelqu'un avec qui ils (ou elles) vont s'entendre à merveille...Ce n'est pas toujours le cas. À l'inverse, tu vois des gens que tu n'aurais jamais imaginés ensemble, vivre une vie maritale épanouissante et stable. C'est peut-être par la proximité des qualités de leur âme et parce qu'ils ont su tirer profit de leurs différences de fonctionnement pour s'enrichir au lieu de se déchirer ? Les affinités se développent parfois avec le temps.

Trop de questions tue la question. Quel est son caractère ? Plutôt leader autoritaire ou persuasif ? Plutôt dans la communication et l'écoute ou les directives et l'obéissance ? Quand tu vas le (la) contrarier, ce sera plutôt en mode « boudage » ou « désaccord frontal » ? **La vraie question porte sur votre capacité d'adaptation.** Si ton homme est trop sec dans sa manière de te parler, seras-tu en mesure de prendre sur toi et de l'aider à évoluer dans le bien ? Si ton épouse est trop contrôlante, seras-tu prêt à patienter jusqu'à lui permettre d'évoluer dans le bien ? Si vous n'avez pas les mêmes manières de voir les choses, serez-vous capables de vous écouter et de faire des compromis ?

J'ai une petite remarque qui concerne les adeptes de la vague du développement personnel qui prétendent que l'un dans le couple n'est pas là pour supporter les travers de l'autre. Ma question est simple : à quoi sers-tu si en ta compagnie je ne m'améliore pas ? Évidemment qu'un couple épanoui est une relation qui te rend meilleur par la permission d'Allah. Qui dit meilleur, dit progression en compagnie de la personne qui partage ta vie. Nous sommes faits pour grandir. Notre couple, comme toute expérience, participe à cela. Arrêtons avec cette quête d'une perfection fantasmée vendue par l'industrie du « bien-être ». Comme je l'ai dit au début du livre, tu viens avec l'effort que tu as à mener sur toi et je viens avec le mien. Le plaisir sans l'effort se trouve au Paradis... patience.

La mentalité, la façon de vivre, tout cela varie même si les règles islamiques sont respectées. Si vous n'avez pas les mêmes habitudes de vie, vous devrez vous tolérer, pas chercher à convertir de force l'autre aux vôtres. Je répète ici ce que j'ai écris dans le point 1 au début du livre : *« Il faut rappeler un point important : ce qui est obligatoire, bon, mauvais et interdit, conseillé ou déconseillé, tout cela relève de la Révélation. Nous n'avons pas notre mots à dire là-dessus. Pour ce qui est des « 'adat » (ce que les gens ont pris l'habitude de faire dans leurs affaires du monde), la règle est la permission tant que cela n'est pas interdit par la législation islamique. En clair, tu ne peux pas convertir quelqu'un à ton mode de vie, à tes habitudes ou traditions sous couvert d'Islam. Les gens ont leur mode vie, leurs habitudes culinaires ou vestimentaires, leurs habitudes sociales aussi. Si tu ressens une perte de repères ou un profond malaise à l'idée de vivre avec quelqu'un de différent dans les habitudes du quotidien, tu sauras qu'il est préférable pour toi de te marier avec une personne qui te ressemble. »* et il n'y a pas de mal en cela. Il faut juste être clair là-dessus et l'assumer. **Le véritable fléau** sont ces traits de caractère qui agissent sur toi comme des coups de massue. Qui annihilent ta motivation, ou font ressortir ce qu'il y a de plus mauvais en toi. Quand le courant ne passe pas, accepte-le. L'idée de patienter est souvent très belle avant le mariage, mais dès que vous vivrez ensemble, il y a de fortes chances que tout se gâte rapidement et que l'atmosphère devienne irrespirable. Énormément de couples en arrivent à se détester à cause de cela : La manière de faire de l'un, ne provoque comme réaction que le pire de l'autre. Je te laisse imaginer l'ambiance du foyer qui vit de cette façon. L'attitude de l'époux(se) dans leurs interactions, l'enlaidit. Ses habitudes de vie, sa manière d'être agissent comme un repoussoir jusqu'à aboutir à un dégoût pur et simple.

Le dernier point que je souhaite aborder, concerne la femme en particulier. Le Messager d'Allah ﷺ a dit : **« Ne retarde pas trois choses, la prière, la prière mortuaire, et le mariage d'une célibataire lorsqu'elle rencontre quelqu'un qui veut l'épouser, qu'elle veut épouser et qui est _d'un niveau comparable au sien._ »** (rapporté par Attirmidhi)

L'homme doit être d'un niveau supérieur ou égal à celui de la femme qu'il convoite. Dans quels domaines ? Religieux, mais aussi dans le caractère et les bonnes manières. Il a le rôle de locomotive dans le couple. C'est lui qui a la charge de tracter tout le monde vers le haut. S'il est instable dans sa foi ou dans son caractère, il va plonger toute sa famille dans l'instabilité. Si c'est un homme aux mauvaises manières, il tentera de les imposer en usant injustement de son rôle d'émir de la maison. Énormément de conflits conjugaux tournent autour de ce problème. Un mauvais chef ne peut que prendre de mauvaises décisions pour les gens dont il a la responsabilité, et le Messager d'Allah ﷺ a dit : *« Le pire berger est celui qui les brise. »*. Beaucoup de femmes savent quels types d'hommes elles ont face à elles. Elles imaginent qu'elles vont réussir à les transformer. Mais lorsqu'elles se lancent dans l'aventure d'avoir à booster leur homme, elles finissent avec l'étrange impression d'avoir un enfant en plus à gérer. Ce n'est pas cela qui est recherché par le mariage. Et ce n'est de toute façon pas un schéma de couple tenable sur le long terme.

Ma sœur, applique la parole du Messager d'Allah ﷺ (*qui est d'un niveau comparable au sien*) avec beaucoup de fermeté *insha Allah*. Les charmeurs savent séduire par de belles promesses. Ne te fais pas renverser par tes émotions quand tu tombes sur un « gentil » ou « adorable » personnage qui a tout du mari parfait...alors qu'il néglige l'aspect religieux. Celui qui te veux du bien te souhaite le Paradis, pas l'Enfer. Et la gentillesse ou la douceur sans la foi ne garantissent rien. Comment Iblis le maudit à tenter Adam et Hawa (sur eux la paix) ? Est-il arrivé avec ses gros sabots en disant : « *suivez-moi je vais vous gâcher la vie* » ? Non, pas du tout. Il leur est venu avec l'habit du conseiller sincère, avec des mots séduisants et une attitude douce et inoffensive. Allah relate cette histoire en rapportant les propos d'Iblis : *« Votre Seigneur ne vous a interdit cet arbre que pour vous empêcher de devenir des anges ou de devenir immortels »* *« Et il leur jura : je suis pour vous deux un bon*

conseiller » (sourate 7 verset 20-21). Pour quels résultats ? On connaît la suite. Négliger le lien avec Allah est une grande injustice même si elle perpétrée par quelqu'un de très gentil avec les gens. Une bonne personne l'est dans chaque compartiment de sa vie. Pour s'en convaincre, il suffit de poser la question différemment : Un homme, chef d'entreprise, qui paie honnêtement tous ses employés, ses charges jusqu'au dernier centime. Qui ne soudoie personne pour obtenir du travail, respecte la concurrence et déclare ses revenus sans tricher. MAIS qui est ingrat envers sa mère alors que celle-ci a tout fait pour lui, sacrifié son temps, sa santé, son argent pour le bonheur de son fils. Il est ingrat jusqu'à se montrer insultant et lui lâcher en pleine tête « *je ne te dois rien* », « *je me suis fais tout seul* », « *tu n'es personne pour moi* ». Est-ce quelqu'un de bon ? Vas-tu te contenter de regarder son comportement dans le domaine professionnel ? Non ! Tu seras obligée de reconnaître qu'il y a une part d'ombre en lui, un côté malsain, voire dangereux. Vas-tu faire comme si ça n'existait pas ? Certainement pas ! Si cet homme est capable d'être aussi injuste envers l'être humain qui lui a tout donné, qu'en sera-t-il avec toi ? Cette injustice est d'autant plus grave quand elle vise Allah, notre Créateur, Celui qui nous a octroyé tous les bienfaits dont nous jouissons. Ainsi, celui qui est bon avec les créatures et injuste vis-à-vis d'Allah porte en lui une énorme part d'ombre. Tu ne peux pas faire comme si elle n'existait pas, juste parce que c'est momentanément confortable. Pense « conséquence » avant de penser « plaisir » *insha Allah.*

Le niveau social rentre également en ligne de compte. Pour éviter toute fracture, il est important que vous soyez sur la même longueur d'onde quand il s'agit du mode de vie que vous souhaitez avoir. Quand la future épouse est habituée à un certain mode de vie, tu devras t'assurer d'être en capacité de le lui fournir. Je ne parle pas uniquement de l'aspect matériel et financier. Tu devras, en tant que prétendant, tenir compte de la manière dont elle a grandi. Si, par exemple c'est une femme qui n'a jamais été habitué à gérer seule toutes les tâches ménagères de la maison, il te faudra t'y adapter et pas lui imposer quelque chose qu'elle n'a jamais connue.

Attirance physique

Oui, c'est un critère important. Plus encore pour des personnes ayant grandi en France, abreuvés aux films hollywoodiens, biberonnés aux standards de beauté occidentaux. Mais il est vrai que même en Islam, l'alchimie physique demeure un point important. Al Moughira Ibn Shou'ba (qu'Allah soit satisfait de lui) a dit: *« J'ai demandé la main d'une femme et le Messager d'Allah ﷺ m'a dit : L'as-tu vue ? Non, lui ai-je dit. Regarde la, car cela est plus à même de consolider votre union, dit-il. »* (Rapporté par ad-Daraqutni, 3/252 (31, 32) et Ibn Madjah, 1/574)

Il existe selon moi deux catégories d'erreur :

-Celles et ceux qui négligent cet aspect lors de la *mouqabala*. Motivés par une volonté de mettre le côté religieux en avant, ils oublient de prendre les recommandations prophétiques dans leur ensemble. Le Messager d'Allah ﷺ a dit : *« On se marie avec une femme pour quatre choses: pour son argent, pour sa noblesse, pour sa beauté et pour sa religion. Choisis celle qui a la religion ainsi tu seras gagnant »* (Rapporté par Al Boukhary dans son Sahih n°5090 et Mouslim dans son Sahih n°1466) et Il ﷺ a aussi dit à Al Moughira lorsqu'il a émis l'intention de se marier : *« Regarde-la car cela est plus à même de consolider votre union »*. Le danger de négliger cet aspect est d'en arriver à l'aversion vis-à-vis de sa moitié. En clair, tu vas patienter un certain temps mais tu finiras par te fatiguer, le diable va exploiter cette faille pour te pousser à la faute. Ce malaise va créer une ambiance malsaine, de la distance, des reproches, et des fantasmes sur un (e) autre pour au final demander le divorce.

-Et il y a celles et ceux qui en font trop, pour qui la beauté physique est LE critère déterminant. Même si bien sûr on va s'assurer qu'il y est un minimum de religiosité extérieure (les prières quotidiennes, un hijab ou une barbe, et encore...), la beauté physique va être décisive dans leurs décisions. Certains hommes ont des actrices ou des chanteuses comme références, idem chez les femmes. D'autres ont des exigences précises au centimètre près, au kilo près... Cela me rappelle un passage du film « Les trois frères » des Inconnus, sorti en 1995 (oui c'est pas tout récent) où l'un des personnages décrit sa vision de la femme idéale en disant : *« Les jambes de Kim*

Basinger, les hanches de Cindy Crowford, la poitrine de Demi Moore, les lèvres de Michelle Pfieffer, et les yeux de Sharon Stone ». Sa femme idéale est un mix entre différentes actrices et mannequins. Dis-toi que cette réplique vient d'une comédie, c'est censé être drôle. Que dire quand cette réflexion est celle d'un individu tout à fait réel dans un monde qu'il l'est tout autant ? Il faut se calmer et garder les pieds sur terre *insha Allah*. On ne doit pas en arriver à de telles extrémités. L'important est de vous plaire tout en sachant qu'il y aura des petits aspects sur lesquels il faudra baisser les yeux, tout en gardant à l'esprit que les corps changent avec le temps, que vous le vouliez ou non. Si ta seule préoccupation est l'aspect physique de ta moitié, tu vas vivre une véritable désillusion. La validation d'un(e) prétendant(e) passe par la symbiose de plusieurs éléments. Le physique en est un, mais ne doit pas être le seul. Imaginons que tu tombes sur une personne magnifique en tous points : caractère, éducation, cheminement spirituel, tempérament, et que tu le (la) trouves trop petit(e), que vas-tu faire ? Ou s'il (elle) n'est pas aussi athlétique que tu le souhaites ? Et si c'est l'élément qui te préoccupe le plus en tant qu'homme, comment vas-tu réagir après la première grossesse ? Et après la seconde ? Tu vois où je veux en venir. L'attirance doit reposer sur d'autres critères en plus de l'attrait physique pour que le couple dure dans le temps. La beauté d'une personne s'exprime aussi dans ses bonnes manières. Tu dois choisir la personne pour ce qu'elle est de manière globale, et aussi, apprendre à l'aimer par ce qui est aimé par Allah en elle.

L'hygiène de vie

Commençons par la définir : L'hygiène de vie désigne toutes les actions qu'un individu met en place afin de préserver et de conserver une santé optimale, physique, mentale et spirituelle. Pourquoi c'est important ? L'hygiène de vie définit la qualité de vie de l'individu. Ce qui te donne un aperçu de ce à quoi t'attendre si tu partages son quotidien. Plus la personne est ambitieuse, plus cela transparaît sur son hygiène de vie. **Le facteur temps** est le premier point à observé. D'une part parce que la manière dont la personne organise son temps te révèle ses priorités. D'autre part, plus cette hygiène de vie existe depuis longtemps, plus elle est ancrée dans la personne. Quelqu'un qui tient un rythme depuis quinze jours n'est pas à mettre au même niveau qu'une personne qui le vit depuis plusieurs années. Sans manquer de respect à qui que ce soit, c'est un élément à prendre en compte, car il existe des frères et des sœurs qui vivent des transformations expresses, qui passent brutalement du quartier à la mosquée, du jogging au jilbab ou au qamis. Et qui dans la foulée veulent se marier ou sont demandés en mariage. Le facteur temps est important. Je ne juge personne toutefois, le temps révèle la réalité de chacun. Laissons-leur un moment pour que les habitudes religieuses se gravent en eux *insha Allah*.

Pour les hommes, il y a la fréquentation régulière de la mosquée. Les endroits que tu fréquentes reflètent la personne que tu es. Le Messager d'Allah ﷺ a dit : « Quand vous voyez quelqu'un fréquenter assidûment la mosquée, témoignez de sa foi car Allah a dit : **« *Ne peupleront les mosquées d'Allah que ceux qui croient en Allah et au Jour dernier, accomplissent la Salât, acquittent la Zakât et ne craignent qu'Allah. Il se peut que ceux-là soient du nombre des bien-guidés.* »** (sourate 9 verset 18). Si c'est un parfait inconnu pour les gens de sa mosquée, ce n'est pas normal. Je ne dis pas qu'il faille qu'il soit présent pour les cinq prières quotidiennes (encore que...) sachant qu'il y a le travail et toutes les autres occupations. Mais une personne investie religieusement fréquentera sa mosquée. Si tu veux aller plus loin, tu peux te renseigner sur les prières les plus « difficiles » à accomplir en groupe, à savoir *soubh et isha* (les prières du matin et du soir) et voir s'il y assiste.

Peut-être vas-tu penser que l'accomplissement de la prière aurait dû être le premier niveau, mais la vérité est qu'une personne qui ne prie pas doit être rayée de ta liste. Pire encore si la personne t'annonce qu'elle compte s'y mettre en se mariant. Pourquoi ? On ne pratique pas la religion suivant les situations, au contraire, on s'attache à pratiquer sa religion quelles que soient les circonstances. Ce bas-monde est un monde d'épreuves, parfois tu auras ce que tu veux, d'autres fois non. Parfois tu tomberas malade ou sera éprouvé par un autre phénomène. Il y a des gens comme cela, qui prient pour obtenir un diplôme ou un travail et qui dès lors que leur préoccupation est passée, arrêtent tout bonnement de prier. Cette instabilité est dangereuse. Ô Allah ! Établit fermement nos cœurs dans ton obéissance. Amine !

Les fréquentations sont un autre point à observer avec attention. La parole du Messager d'Allah ﷺ à ce sujet est lisible partout, rares sont les comptes de rappels qui ne l'ont jamais citée. Jusqu'à ce que sa recommandation ne sonne plus que comme une belle sagesse aux oreilles de la plupart des gens. Pourtant, ceux qui te sont proches incarnent la personnalité que tu as, c'est un fait. Il ﷺ a dit : *« L'homme a la même religion que son ami proche. Ainsi que l'un d'entre vous regarde qui il prend comme ami proche »*. (Rapporté par Abou Daoud dans ses Sounan n°4833). Les gens s'influencent mutuellement. Plus tu passes de temps en compagnie de personnes, plus tu t'imprègnes de leurs manières d'être. C'est tout le danger que représente le jeu d'équilibriste de certain(e)s, qui essaient de jongler entre leurs anciennes vies et leurs ambitions religieuses présentes. À tous moments, les choses peuvent basculer d'un côté ou de l'autre. L'instabilité que cela génère est vraiment nocive. Le (la) prétendant(e) doit avoir tranché sur la vie qu'il (ou elle) souhaite avoir *insha Allah*. Et cette résolution s'exprime par les fréquentations que l'on décide d'avoir.

Second révélateur très pertinent : Les réseaux sociaux. Comment ne pas en parler tant ils occupent une part importante de notre vie (pour le pire plus que le meilleur...). L'impression d'impunité et d'anonymat est propice à l'expression de ses instincts les plus bas. Sincèrement, avec la conduite automobile, les réseaux sociaux sont un révélateur de personnalité très intéressant. La tentation au voyeurisme est extrême. Tu peux commenter, te moquer, insulter, calomnier, sans grandes conséquences, du moins avec les créatures. Tu peux faire toute sorte de « rencontres », pouvant aller jusqu'au pire. Bref, il y a matière à nous mettre à l'épreuve. Globalement, on y retrouve le même principe que pour les amis « réels » : dis-moi qui tu suis, quels contenus t'intéressent, quels sont ceux que tu postes, je te dirais qui tu es (pour les amis, on aurait dit « dis-moi qui tu fréquentes et quels sont les sujets que vous aimez abordés » je te dirais qui tu es). Un autre indicateur est à prendre en compte : la durée de connexion quotidienne de la personne. Sans motif particulier, combien de temps passe-t-elle sur les réseaux ? C'est un moyen de savoir dans laquelle de ses deux vies, la personne s'investit le plus, la réelle ou la virtuelle ? C'est aussi un indice sur son organisation de vie. Si quelqu'un est capable de passer toute une matinée le nez dans son téléphone à suivre tel ou tel compte, c'est important de le savoir avant que vous n'aménagiez ensemble. De manière générale, quelle place occupent les écrans. Certains sont férus de cinéma, d'autres de jeux vidéos. Tout cela a un impact sur l'hygiène de vie de l'individu.

Entre en ligne de compte, quand on parle hygiène de vie, l'aspect professionnel. D'une part, cela te permet de jauger l'autonomie de la personne, notamment chez les hommes, car ils ont la responsabilité financière de leur futur foyer. D'autre part, l'activité professionnelle préserve de l'oisiveté. Tu sais que tu es face à quelqu'un de dynamique, qui se lève le matin pour bosser, et non pas face à quelqu'un qui est capable de dormir jusqu'à pas d'heures, dont les journées ne sont investies dans rien de profitable. Ibn Mas'ud (qu'Allah l'agrée) a dit : *« Je déteste voir un homme inactif, sans occuper son temps par les affaires de ce bas-monde, ni par celles de l'au-delà. ».*

En ayant le portrait robot d'une journée type de ton (ta) prétendant(e), tu y verras plus clair. Quelle place occupe les ami(e)s, quelle routine à la maison, à quelle heure il (ou elle) se lève et se couche, plutôt type animal diurne ou nocturne ? Fan de consoles et de jeux en ligne ? Autonome ou pas dans la gestion de la maison ? Organisé(e) ou « bordélique », ponctuel(le) ou cumulard(e) de factures impayées ? Quelles occupations en dehors du travail, quels projets spirituels, quelles lectures ou quels cours suivis, quel mode de fonctionnement, plutôt à suivre des gens sur les réseaux, ou plutôt à plonger dans les livres pour tenter d'aller à la source de la connaissance ? Quelle place occupe sa famille, qui deviendra aussi la tienne ? Es-tu prêt à déjeuner chez tes beaux-parents tous les dimanches par exemple ? Quand tu décryptes l'hygiène de vie de quelqu'un, cela te permet de trouver les réponses à ces questions. Et c'est primordial de savoir dans quoi tu mets les pieds avant de te retrouver devant le fait accompli. Le mariage est une Sounna du Messager d'Allah ﷺ, un acte d'adoration, et plus on va s'investir pour lui donner de la consistance, plus cet acte nous sera *insha Allah* profitable et aura de la valeur auprès d'Allah.

CONCLUSION

Le mariage est un bienfait. Il y a certes des droits et des devoirs, mais tout cela est le prix à payer pour faire du couple une cause de bonheur ici-bas et dans l'au-delà. Si le couple était une maison, les droits et devoirs en seraient la structure, la foi et la piété, les fondations, tout le reste pourrait être aménagé selon vos choix. Ça laisse une marge de manœuvre extrêmement large *masha Allah* !

En conclusion, je dirais que plus nous allons être des gens de qualités plus nos relations vont être faciles à gérer, notamment dans le couple. Il arrive, après quelques années de mariage, qu'on s'enferme dans des schémas qui ne nous apportent pas satisfaction, et qu'on finisse malgré tout par les ériger en fatalités absolues. À travers ce livre, j'ai souhaité questionner cela. Que l'on réalise que les solutions concrètes ne manquent pas pour qu'Allah nous accorde beaucoup mieux, que les recommandations tirées du Coran et de la Sounna ne manquent pas pour répondre à ce genre de challenge. J'espère vous les avoir apportées à travers ces quelques pages.

Nous ne sommes pas des produits finis. Avant le mariage chacun doit être dans une dynamique, un cheminement vers Allah. Cela ne doit pas changer pendant la vie commune. Chacun lorsqu'il se marie, a encore beaucoup à apprendre sur lui. Le chemin est encore long avant de parler d'accomplissement de soi. On a encore beaucoup à prouver. C'est peut-être cela que l'on vit mal. Cette pression transforme l'individu. Il perd sincérité, honnêteté, et authenticité, alors qu'au contraire, c'est avec cela qu'il devrait entrer dans la vie de couple. Peut-être n'aborde-t-on pas la chose avec le bon état d'esprit ? Il est vrai que les attentes sont nombreuses d'un côté comme de l'autre. Mais dès lors que les bases sont bonnes, il faut laisser au couple le temps de vivre, *soubhan Allah !* Que se développe la complicité entre les époux, qu'ils apprennent le mode de fonctionnement de chacun, et qu'ils arrivent à faire avec. Abou Sa'id (qu'Allah l'agrée) a dit : *« seul celui qui a de l'expérience est sage »*, donc prenez le temps de vivre, vous atteindrez ainsi *insha Allah* la sagesse et la clairvoyance.

La vie de couple nécessite que l'on sache associer cheminement personnel et progression collective vers Allah. N'exige pas d'une personne qu'elle soit accomplie avant de se marier, mais exige que ses fondations en terme de croyances, de pratique religieuse, d'éducation et de personnalité soient en adéquation avec ce que tu es. Et par-dessus tout, assure-toi d'être toi aussi dans la même énergie. Trop de nos jeunes veulent des époux « droits » sans souhaiter être eux-mêmes des gens de la droiture. Comment voulez-vous que ça fonctionne ? C'est important de tirer dans la même direction, peu importe la force que vous y mettez. L'important c'est l'objectif visé. *« Peu importe la vitesse à laquelle tu avances, tu iras toujours plus vite que ceux qui ne font rien».*

C'est tout le défi de la préparation au mariage. Avant de te lancer à la recherche de ta moitié, réponds à cette question : **Suis-je mariable ?** Si les gens qui te connaissent le mieux te valident (famille, amis sincères et droits, imams ou gens de science...) alors mets-toi en route. Sinon ? Attends et prépare-toi. Un effort de préparation vaut mieux qu'un effort de réparation. L'empressement au mariage est souvent le signe d'une intention tronquée (qui n'est pas entière). Dans une époque où le sexe est omniprésent, le mariage se limite chez certains à la possibilité d'extérioriser ses pulsions. Chez d'autres, c'est une bonne façon de reproduire le foyer parental, où quand tu rentres, maman a préparé le repas, repassé tes vêtements pendant que tu vadrouillais dehors. Ta femme n'aura pas la même patience. De toutes les manières, l'épouse n'a pas à jouer le rôle de la maman. Tu n'es pas son fils, mais son mari. De même, le mariage n'est pas une porte de sortie pour jeunes filles frustrées chez leurs parents, qui rêvent de vivre la « grande vie ». Les histoires de princes charmants, de vie idéale à coups de « *ils vécurent heureux avec beaucoup d'argent* » sont des mythes. Le mariage est un engagement, ton mari n'est pas le génie de la lampe là pour exaucer tes vœux. La vie est une association d'aventures diverses, parfois agréables, parfois blessantes. Si tu t'attends à un long fleuve tranquille, tu vas tomber de haut.

Pour résumer tout cela je dirais ceci : *« Apprenez l'intention car elle est plus importante que l'action »* (Parole de Yahya Ibn Kathir). L'intention est le point de départ de ton plan d'action. Avant l'organisation, la formation, et tout le reste, il y a ce que tu veux réellement au fond de toi. C'est cela qui va définir la valeur de tous tes efforts, qui va définir la valeur de tes actions. Le Messager d'Allah ﷺ a dit : *« Les actes ne valent que par leurs intentions (...) »* Parfois, quand le mariage part totalement en vrille, on réalise que l'intention de départ n'était pas correcte. Qu'aime-t-on répéter quand il s'agit des actes d'adorations aussi bien que pour des business qu'on espère lancer ? Qu'il faut se former. Al Boukhary (qu'Allah lui fasse miséricorde) a dit : *« La science avant la parole et l'action »*. L'acquisition de la science passe par l'éducation. C'est pour cela qu'on ne doit pas tolérer la démission d'une bonne partie des parents dans ce domaine. Ça pique, certains vont se sentir attaqués, j'en suis désolé, mais il faut appuyer là où ça fait mal, l'enjeu est trop important. Nous sommes les premiers responsables de l'éducation et de la formation de nos enfants. Je ne parle pas de formation professionnelle, mais d'être formés à devenir un mari, une épouse, un père, une mère. En tant que père je sais à quel point on souhaite le meilleur à notre progéniture. Encore faut-il définir correctement la notion de meilleur. Leur permettre d'avoir les derniers smartphones, d'utiliser n'importe quelle application ou d'être présent sur les réseaux sociaux, tout cela fait-il partie de la définition de ce qui est meilleur pour eux ? Prétexter de leur jeune âge pour retarder leur éducation religieuse fait-il partie de la définition de ce qui est meilleur ? Ne proposer aucune alternative aux modèles imposés par la mode, le cinéma, la musique et toute la propagande matérialiste, fait-il partie de la définition de ce qui est meilleur ?

Les parents ont un nombre impressionnant de challenges à relever sans pour autant se sentir prêt à cela. Chacun faisant « de son mieux ». Je vous l'accorde, on fait de notre mieux. Quand ce mieux n'est pas suffisant, nous devons réfléchir, avoir un souci profond et continu pour répondre aux défis qui nous font face. Dire que chacun fait de son mieux n'est pas une excuse à la fatalité et au renoncement. Et cette idée de mieux peut être améliorée quand il y a de l'entraide. C'est en cela que notre participation à l'existence de structures (mosquées, madrassas, instituts, associations, et autres) est de notre responsabilité. Ce que tu es dans l'incapacité d'apporter, d'autres *insha Allah* le pourront. Le Messager d'Allah ﷺ a dit : *« Les croyants entre eux sont comme une construction, ils se soutiennent les uns les autres. Et il a croisé ses doigts. »* (Rapporté par Al Boukhary dans son Sahih n°2446 et Mouslim dans son Sahih n°2585)

En second lieu, nos gens de science, savants, imams, doivent aussi inclure ce module dans leurs formations religieuses, dans les cours qu'ils dispensent, dans les discours du vendredi ou simplement dans les thèmes abordés lors de rappels. On s'inquiète de l'augmentation des divorces, mais nous inquiétons-nous de l'évolution de nos jeunes adolescents ? Il existe des prédicateurs qui, pour provoquer un sentiment d'identification chez les jeunes, parlent comme eux, utilisent les mêmes codes (agressivité, dureté dans les propos, posture accusatrice et humiliante et j'en passe) et se disent que de toute façon c'est le seul langage qu'ils comprennent. En agissant ainsi, on ne fait que les conforter dans leur mode de fonctionnement alors qu'on devrait représenter l'alternative. La fierté, l'ego sont les codes de la rue. Imagine les dégâts quand une personne perçoit ces codes comme étant ceux de la religion. Imagine son comportement futur dans son foyer. Sois l'alternative, la solution, n'alimente pas le problème. On s'étonne ensuite de voir des couples avec une apparence religieuse, se comporter avec les codes de la rue. N'oublions pas ce principe, « vider avant de remplir ». Se débarrasser des modes de fonctionnement parasites et opter pour ceux qui vont nous faire grandir *insha Allah*. Le prédicateur doit être la porte qui donne sur cette transformation.

Quoi qu'il en soit, quelqu'un de sincère, se montrera toujours attiré par ce qu'Allah aime, il tendra vers cela quand bien même il ne l'atteint pas. Quelqu'un de sincère réussira à se remettre en question pour progresser, il (ou elle) saura switcher si cela s'avère nécessaire. Pourquoi ? Parce qu'il n'a pas pour objectif de satisfaire son ego mais son Seigneur. Il (ou elle) se méfie du mal dont il (ou elle) peut faire preuve s'il baisse sa garde, et se laisse amadouer par les douces mélodies mensongères de son ego et du diable. Le croyant est éveillé, conscient, attentif, et non pas capricieux, lâche et malhonnête. Ô Allah compte-nous parmi les vrais croyants. Amine. Les choses sont simples, ce sont les gens qui sont compliqués. Apprenons à être des gens simples et la vie sera par la Permission d'Allah beaucoup plus fluide.

Certaines idées se sont répétées, c'était nécessaire, car un même concept peut être pertinent à différents moments de la réflexion. J'espère sincèrement que cette lecture vous a apporté. Les mots expriment des idées. Rien ne peut permettre la compréhension de celles-ci mieux que l'action. C'est cette partie qui relève de ton entière responsabilité. Soit tu cumules jusqu'à ras bord les idées et autres réflexions. Soit tu appliques au fur et à mesure jusqu'à vivre par toi-même l'expérience d'une vie maritale bien meilleure. Et c'est Allah qui accorde le succès.

Mes remerciements vont naturellement à celle qui partage mes moments paisibles comme mes tempêtes depuis près de 26 ans. Nous sommes loin d'être parfaits, mais on fait de son mieux chaque jour. Tomber sept fois, se relever huit ! Je pense que cela nous caractérise plutôt bien, *al hamdoulillah* ! Je suis reconnaissant auprès d'Allah de notre histoire. Des bienfaits qu'Il a mis dans notre vie. De ta présence. De ton soutien. De ton énergie. De ta patience. Qu'Allah nous préserve. Amine !

Qu'Allah nous guide. Qu'Il améliore notre situation. Qu'Il remplisse nos foyers d'amour et de miséricorde. Qu'Il raffermisse la foi dans nos cœurs. Et qu'Il nous accorde la réussite ici-bas et dans l'au-delà. Amine

Abderrahman Fred

Saint Pierre de La Réunion

Mes autres ouvrages :

- DEVIENS LA MEILLEURE VERSION DE TOI À TRAVERS LE MODELE PROPHETIQUE
- DEVELOPPEMENT PERSONNEL, TRAVERS & SOLUTIONS
- CONSEILS POUR UNE VIE MEILLEURE
- LA DIGNITE DE L'ÂME

Suivez-moi sur instagram : **irada_ihsan**

sur Facebook : **irada.ihsan.par.abderrahmane.f**

Printed in France by Amazon
Brétigny-sur-Orge, FR

18087838R00189